技术研究中心对外服务能力

智能信息领域

农产品品种鉴别、产地溯源与掺伪识别技术

近年来，“马肉丑闻”、“羊肉掺假门”、“老鼠肉冒充羊肉”等事件屡屡曝光。以假乱真、以次充好、掺假造假等的现象时常发生，严重危害了消费者的利益和健康，造成了不正当竞争。

因此，鉴别农产品种类、识别掺假造假是保障农产品安全的重要措施之一。基于近红外光谱、电子鼻等技术结合模式识别方法，对不同品种、不同产地农产品进行鉴别和分类，对农产品真伪、掺假进行识别，对打击伪劣、保护地理标志产品、提高农产品质量安全检测水平具有重要作用。本技术克服了现有鉴别方法操作烦琐，检测时间长，化学试剂用量多，成本高的缺点，具有快速、无损、准确、稳定的优势。鉴别过程简单，不需要专业人员即可进行，易于在食品行业和食品执法监督部门推广应用。

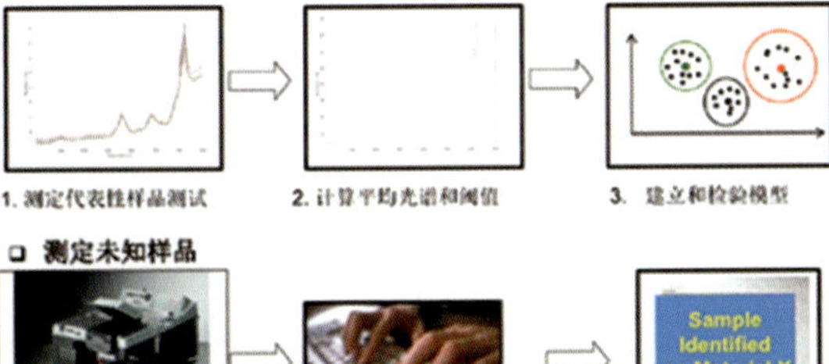

多温区冷库（气调库、减压库）温湿度环境监控报警系统

系统可对各个冷库的温湿度进行实时监控，并将温湿度数据实时地记录在存储卡上。超温湿度范围报警：系统可针对每个冷库设置各自的温湿度阈值。当某个冷库（气调库、减压库）的温湿度超阈值时，即刻向多个指定的手机发出报警短信。断电报警：系统配备可充电电池和火电双电源。当火电断电时，即刻向多个指定的手机发出报警短信；此时系统依靠电池供电仍可继续工作24小时。传感器故障报警：当系统检测到冷库（气调库、减压库）内任意传感器出现故障时，即刻向多个指定的手机发出报警短信。

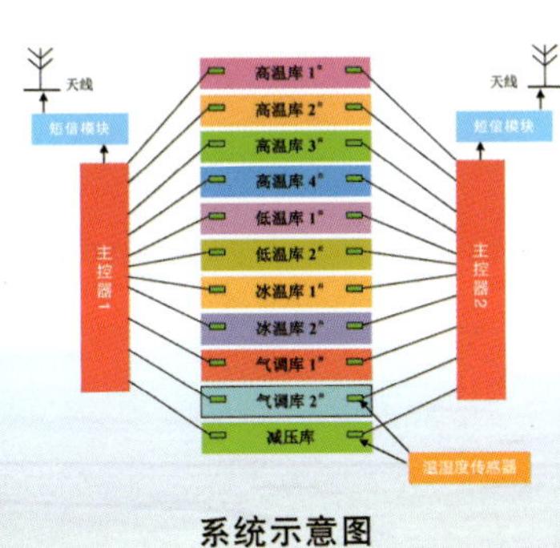

系统示意图

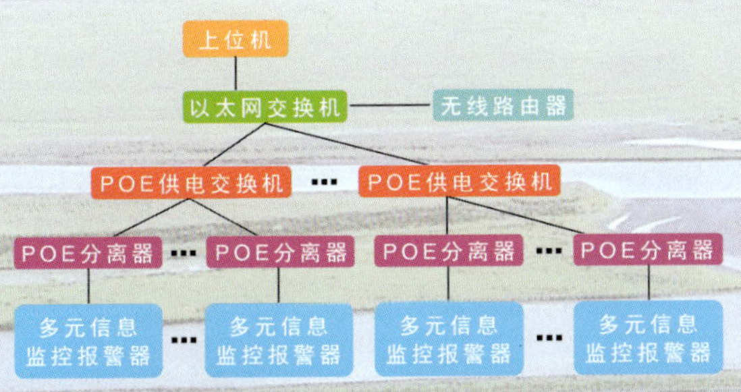

以太网星形网络结构分布式监控报警系统

本系统的多远信息监控报警器可同时采集温湿度、CO_2（二氧化碳）浓度、光照强度、雨量大小、pH值、设备GPS（全球定位系统）定位位置等现场数据并将其存储在板载SD卡上；若网络通常，多远信息监控报警器能够通过网络取得电能，并将以上采集的现场数据经星形网络或者GPRS（通用分组无线服务）/ CDMA（码分多址）无线信道，实时传输到上位机；若网络不通、不畅，开启相应的板载报警指示灯，且经短信模块向手机发出报警短信。POE供电交换机、POE分离器、以太网交换机组成星形网络拓扑结构，可大范围大批量布点多元信息监控报警器；POE（有源以太网）分离器、多元信息监控报警器由以太网供电，现场布线简洁、维护更加简单、减少火灾隐患和工作现场的危险系数。

本系统已用于大棚、食品加工车间、冷库、货架期等的环境实时监控。

冷库温湿度红外可视化监控系统

- 传感设备和可视化集成，食品加工和储藏环节进行数据可视化感知和采集
- 摄像头用于远程对需要监控的车辆、货物或冰柜位置进行摄像、拍照；
- 云台装置用于调节摄像装置的镜头参数和镜头的上下、左右运动；
- 红外测温传感器用于远程测试摄像装置聚焦位置的温度；
- 激光测距传感器用于测量激光测距传感器与聚焦位置的距离；
- 计算机根据接收到的温度信息和距离信息计算出聚焦位置的温度；
- 超过温度预警值时，计算机进行报警

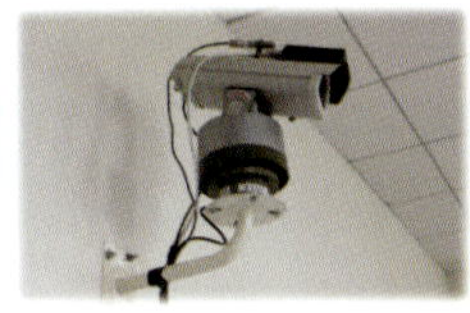

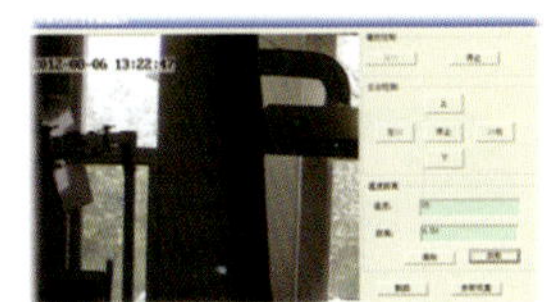

整体解决方案与技术咨询服务

农产品物流园、低温配送中心、冷库规划咨询

国家农产品现代物流工程技术研究中心具有一批出色的农产品物流领域的专家团队，在冷链物流工程技术、农产品品质控制技术、食品安全检测技术、物流信息技术等领域开展了大量研究与工程化应用，可为各类农产品物流园区、低温配送中心、冷库开展规划设计与咨询服务。现已为多省市多个物流园区、低温配送中心提供规划设计和咨询服务。

电子商务、电商物流规划咨询与运营

国家农产品现代物流工程技术研究中心多年从事电子商务与物流的研究，面向全国提供生鲜农产品电商物流战略咨询。可为传统企业发展生鲜农产品电商物流提供一揽子解决方案；为解决生鲜农产品电商物流企业面临的普遍及个性化问题提出实战实效的解决方法。

农产品贮藏保鲜与冷链物流实验室整体解决方案

国家农产品现代物流工程技术研究中心在开展多年农产品保鲜技术、设备和冷链物流研究的基础上，针对高校培养冷链物流人才的需求，可为高校提供冷链物流实验室规划、设计与建设的一揽子解决方案，形成以冷链物流信息系统为中枢、冷链物流装备为框架、冷链物流技术为支撑的实验室建设方案；并设计开发了一系列农产品贮藏保鲜实验系统，包括：冷藏、冷冻、冰温贮藏、气调贮藏、气体分析检测、贮藏环境检测、集中自动化控制、数据远程采集等功能。中心当前已对外提供了多项农产品贮藏保鲜与冷链物流实验室规划咨询服务。

O2O生鲜供应链服务商

整合产业链　优化供应链　重构价值链

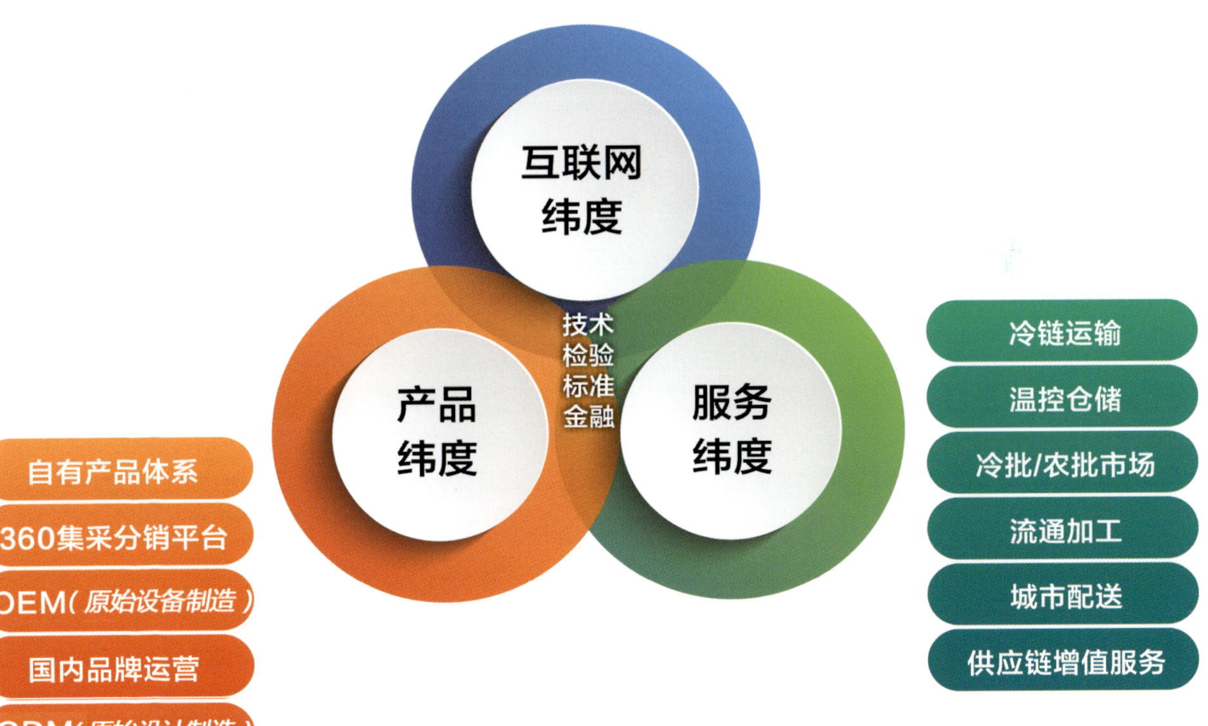

上海领鲜物流有限公司成立于2003年,隶属于光明乳业股份有限公司，是具有雄厚实力和丰富物流管理经验的冷链物流企业。不仅为光明乳业提供仓储配送服务，也面向社会为第三方客户提供专业的物流服务。公司物流营运团队深谙冷链体系及物流服务体系建设 ,具有极为丰富的冷链物流运作及实战经验。

截至2015年，领鲜物流已在上海为中心的华东地区建立起强大的冷链物流网络，拥有配送中心23座，常温、冷藏和冷冻库面积5.5万平方米，拥有冷藏车辆258辆，合作承运商冷藏车辆350余辆，日配送终端网点近16000家，形成了24小时内送达的高效物流网络。

2007年，领鲜物流引入WMS仓储管理系统；TMS运输管理系统；DPS电子标签拣货系统；GPS线路跟踪系统以及现场可视化监控系统等，通过信息化手段大幅提升物流现代化管理水平。

领鲜物流是中国物流与采购联合会冷链委副理事长单位；中国冷链联盟常务理事单位；中国食品工业协会会员单位；上海冷藏库协会副理事长单位；上海物流协会会员单位，是中国物流与采购联合会冷链委认证的“AAAA级物流企业”和“五星级冷链物流企业”。同时，连续3年荣获中国物流与采购联合会冷链委“冷链物流百强企业”称号、中国冷链物流联盟“中国冷链物流50强企业”，连续4年荣获中国食品工业协会“中国食品物流50强企业”，是全国《食品冷链物流追溯管理要求》国标试点企业和《餐饮冷链物流服务规范》行业标准试点企业。2014年，领鲜物流通过了IOS 9001的质量认证。

领鲜物流的合作伙伴包括光明乳业、泰森、雨润、荷美尔、万威客、宝迪、圣华、德清源、避风塘、欧福、安得利、太古、快客、光明便利等等。领鲜物流依托良好的物流基础设施、优秀的运营管理团队、高效的运作效率和丰富的食品物流经验，携手上下游合作伙伴，致力为社会提供高品质、多温 度带的食品物流服务。

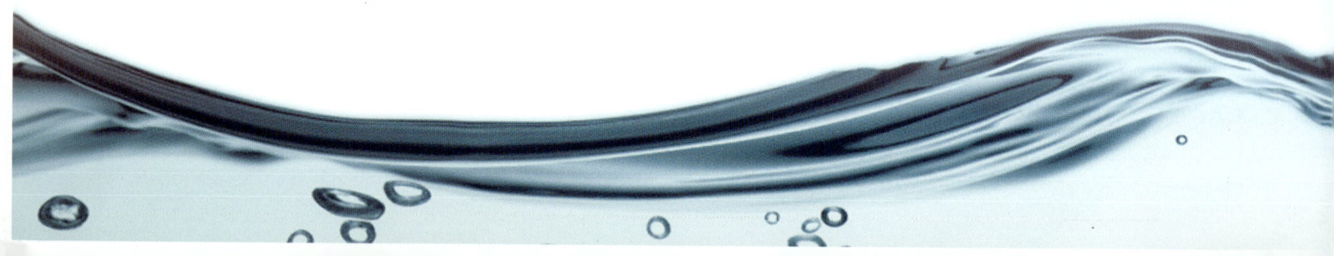

鲜物流

D FRESH LOGISTICS

链专家

制品

豆制品

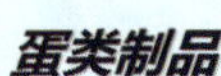

肉制品

家禽制品

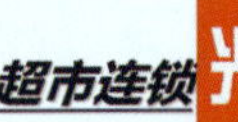

饮连锁

业荣誉

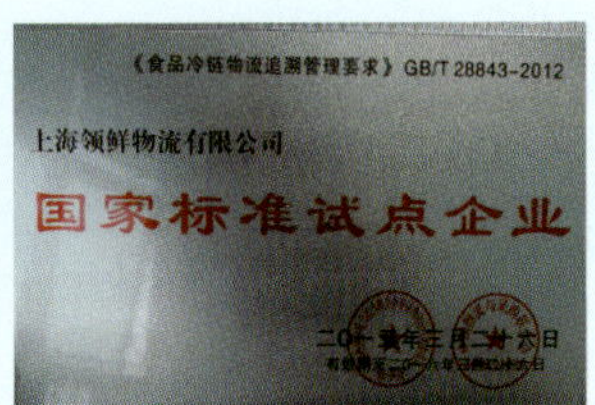

GTG 长运冷链·长运冷库™

GTG(广州交通集团)长运冷链依托2016年投产的70000平方米高端冷库、100多台冷藏车辆、现代化物流设备、先进物流信息系统以及高效进取业务团队，打造立足广州、服务珠三角、辐射华南地区的冷链物流服务体系。

广州交通集团长运冷链物流中心——华南地区大型高端冷库2016年投产

冷链仓储基地

优越的地理位置

距离广州CBD仅8千米；
紧邻3个高速路出入口；
便捷连通华南快速、环城高速、广深高速和广河高速，通达珠三角及华南区域。

一流的硬件设施

两栋双层美式外保温钢结构；
R507环保制冷剂；
标准化现代物流设备设施。

强大的仓储能力

一期储量40000吨；
20个独立库房；
温度涵盖：-25℃~15 ℃；
7000平方米低温封闭穿堂；
54个装卸平台。

冷链运输服务

干线运输： 为客户提供国内主要城市间的冷链干线运输及终端配送服务。

城市配送： 公司有着10多年的城市配送经验，拥有完善的业务管理流程；拥有24小时广州城市配送通行资质，满足客户全天候的城市配送需求。

全程温控： 冷库采用变频制冷机组和智能温度控制系统，冷藏车辆配备带温度监控的GPS（全球定位系统）设备，实现货物仓储配送全程温控。

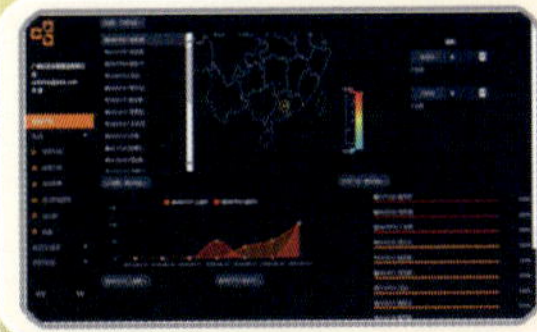

运输可视化： 客户可通过网页、手机终端与冷链物流信息管理系统进行实时数据对接，实现货物流转可追溯管理、运输全程可视化。

冷链物流一体化信息管理系统

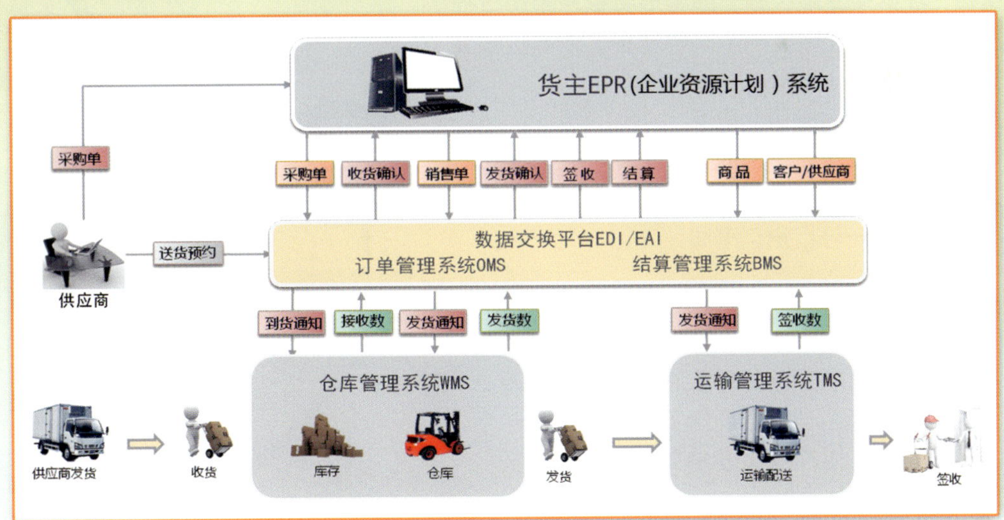

冷库地址：广州市天河区天源路933-939号

公司网址：http://www.cytl.net

业务电话：**4008-933-939**

全程冷链，乐享鲜生活！

中国冷链物流发展报告

China Cold-chain Logistics Development Report

（2016）

中国物流与采购联合会冷链物流专业委员会
China Cold-chain Logistics Association
国家农产品现代物流工程技术研究中心
National Engineering Research Center for Agricultural Products Logistics
冷链马甲
Public Service Platform for Cold Chain Logistics Resources Trading

中国财富出版社

图书在版编目（CIP）数据

中国冷链物流发展报告.2016／中国物流与采购联合会冷链物流专业委员会，国家农产品现代物流工程技术研究中心，冷链马甲编.—北京：中国财富出版社，2016.6

ISBN 978－7－5047－6193－4

Ⅰ.①中…　Ⅱ.①中…②国…③冷…　Ⅲ.①冷冻食品—物流—物资管理—研究报告—中国—2016　Ⅳ.①F252.8

中国版本图书馆CIP数据核字（2016）第144977号

策划编辑　惠　婳　　**责任编辑**　惠　婳

责任印制　何崇杭　　**责任校对**　杨小静　　**责任发行**　斯　琴

出版发行　中国财富出版社

社　　址　北京市丰台区南四环西路188号5区20楼　　**邮政编码**　100070

电　　话　010－52227568（发行部）　　010－52227588转307（总编室）

010－68589540（读者服务部）　　010－52227588转305（质检部）

网　　址　http://www.cfpress.com.cn

经　　销　新华书店

印　　刷　中国农业出版社印刷厂

书　　号　ISBN 978－7－5047－6193－4/F·2614

开　　本　787mm×1092mm　1/16　　**版　　次**　2016年6月第1版

印　　张　18.25　**彩　插**　6　　**印　　次**　2016年6月第1次印刷

字　　数　331千字　　**定　　价**　280.00元

《中国冷链物流发展报告》（2016）

编　委　会

冉　旭　平安银行现代物流金融事业部　总裁
白慧涛　大连铁越集团有限公司　总经理
朱长良　武汉良中行供应链管理有限公司　董事长
刘士逸　北京黑狗物流股份有限公司　首席执行官
刘子诚　小码大众（北京）技术有限公司　董事长
刘培军　快行线冷链物流有限公司　董事长
江　波　獐子岛锦通（大连）冷链物流有限公司　总经理
汤爱华　湖南惠农物流有限责任公司　董事长
李　胜　中物联冷链物流专业委员会　副秘书长
李　胜　上海亦芙德供应链管理有限公司　总经理
李　翔　成都大学药学与生物工程学院　教授
麦嘉麟　中外运普菲斯冷链物流有限公司　董事长
邱敏枫　上海东启供应链管理有限公司　董事长
余少平　天津海吉星农产品物流股份有限公司　总经理
张　冰　上海久耶供应链管理有限公司　创始人
张长峰　国家农产品现代物流工程技术研究中心　部长
陈国飞　山西省食品冷链行业协会　主任
陈敏彦　辉源（上海）供应链管理有限公司　执行董事
沈伟波　麦当劳（中国）　供应链高级总监
周　亮　华润万家有限公司　物流管理中心总监
房鼎容　沃尔玛（中国）投资有限公司　运输高级总监
胡媛媛　中远集装箱运输有限公司　全球销售部副总经理
姜　旭　北京物资学院　教授
姜松余　众美联商城　联合运营中心　总经理
秦　鹏　郑州千味央厨食品有限公司　总经理
袁　博　北京众惠供应链管理有限公司　董事长
桂海鸿　海航冷链控股股份有限公司　董事长兼首席执行官
唐　懿　顺丰集团冷运事业部　负责人
唐传勤　好当家集团有限公司　董事长
黄晓波　上海冷联天下供应链管理有限公司　首席执行官
黄晨峰　漳州大正冷冻食品有限公司　董事长
彭顺义　北京首发投资控股有限公司　董事长

《中国冷链物流发展报告》
（2016）

编　辑　部

主　　编：秦玉鸣

副 主 编：李　胜　孔德磊　刘　飞　于凤龙

编辑人员：梁　晓　肖银妮　王晓晓　刘晶晶
刘　敏　王　臻　纪桂英　周丽平
陈玉勇　邓志奇　刘丽娜　李彦丽
刘丹丹

联系方式：
中国物流与采购联合会冷链物流专业委员会
中国冷链产业网：www. lenglian. org. cn
电　　话：010－88120448
传　　真：010－88139979
邮　　箱：llw@ lenglian. org. cn
地　　址：北京市海淀区阜成路58号新洲商务大厦612

智慧支持：中物联冷链物流专业委员会研究院

前 言

2016年是《中国冷链物流发展报告》连续编写并发布的第6个年头，如果说过去5年的报告见证了“十二五”期间我国冷链物流发展的历程，那么今年的报告将翻开“十三五”期间我国冷链物流发展新的篇章。

《中国冷链物流发展报告》（2016）主要反映的是2015—2016年我国冷链物流的发展特点、面临问题及发展趋势。2015年，我国冷链物流行业的发展轨迹可以说与大的经济环境发展曲线相契合，一言以蔽之就是稳中趋缓、稳中求变。首先，冷链基础设施建设、冷链市场需求虽增速有所放缓，但仍保持快速合理增长，资本进入冷链领域步伐加快。与此同时，随着传统食品制造产业的增长率下降，一些新的领域开始为冷链企业创造新的利润空间，比如进口食品贸易的崛起、生鲜电商的蓬勃发展。此外，冷链物流正面临前所未有的新形势、新方向，比如跨界竞争、服务领域进一步细分、全球化发展布局……这些都是报告希望涵盖并展现给读者的。

今年的报告，在结构布局方面与以往有所不同，简单明确分为三大篇。第一篇是综述部分，包含三章内容，涉及经济、物流和冷链发展环境，主要冷链品类和业态市场情况分析，冷链行业整体回顾与趋势展望，以及冷链运输和仓储情况分析等；第二篇是十种不同类型的冷链企业模式和重点案例分析，包含十个章节，内容涉及冷链供应链类型企业、冷链仓干配综合型企业、冷链运输型企业、冷链仓储型企业、冷链城市配送型企业、农产品冷链流通平台型企业、冷链宅配型企业、冷链+互联网平台型企业、第四方冷链物流类型企业、生鲜冷链供应链型企业，这部分也是今年报告的核心内容；第三篇是资料汇编部分，包含四个章节，汇集了冷链物流研究情况、冷链物流政策与标准情况、国外冷链物流借鉴情况、冷链物流相关领域排行情况。

总体而言，今年的报告相较以往更侧重于可读性和参考借鉴性，如果读者是一名冷链“新兵”或希望更深入、更系统地梳理这个行业，相信这本报告会对您有所帮助。

中国物流与采购联合会副会长兼秘书长　崔忠付

2016 年 6 月 15 日

目　录

第一篇　冷链行业综述

第二篇　十大类型冷链企业模式及案例分析

第三篇　资料汇编

第一篇　冷链行业综述

第一章　2015—2016 年中国冷链物流环境分析

第一节　2015 年宏观经济环境分析

一、国民经济增速放缓

2015 年下半年在各类“稳增长”政策的作用下，一改上半年宏观经济快速下滑的趋势，于四季度逐步趋稳。但由于外需持续疲软以及政策刺激效应的弱化，经济趋稳的基础并不扎实，宏观经济总体状况依然低迷。2015 年国内生产总值（GDP）676708 亿元，比上年增长 6.9%，比去年增速回落 0.5 个百分点，基本完成政府预定的经济增长目标。如图 1－1 所示。

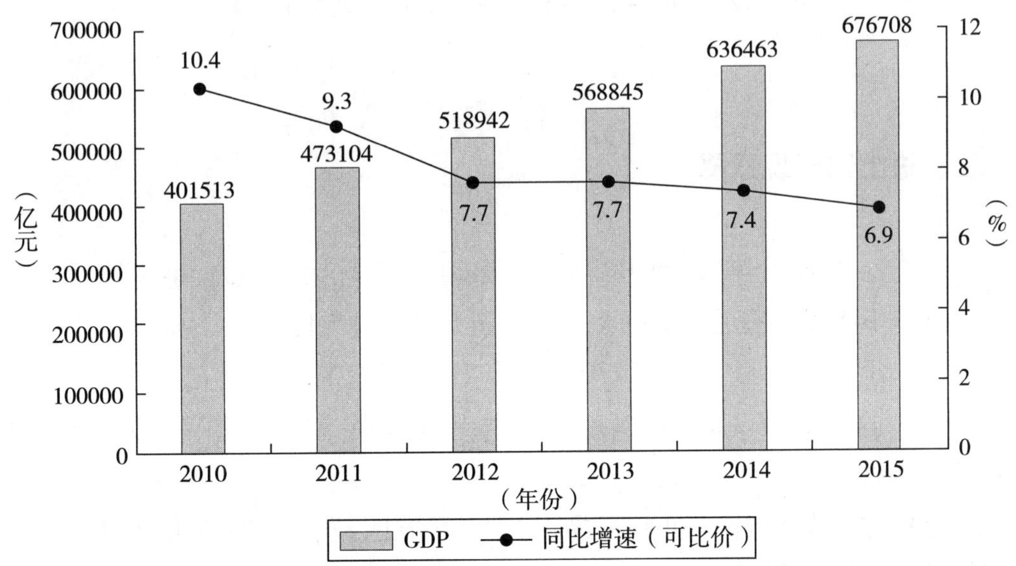

图 1－1　2010—2015 年我国国内生产总值及同比增速

数据来源：国家统计局。

分产业来看，其中第一产业增加值60863亿元，增长3.9%，第一产业在各类农业政策的作用下保持相对稳定状态；第二产业增加值274278亿元，增长6.0%，在工业萧条的持续冲击下，第二产业回落幅度进一步加大；第三产业增加值341567亿元，增长8.3%，第三产业逆势上扬，增长较为强劲。从增加值占比角度看，第一产业增加值占国内生产总值的比重为9.0%，第二产业增加值比重为40.5%，第三产业增加值比重为50.5%，首次突破50%。全年人均国内生产总值49351元，比上年增长6.3%。2015年全年国民总收入673021亿元。如图1-2所示。

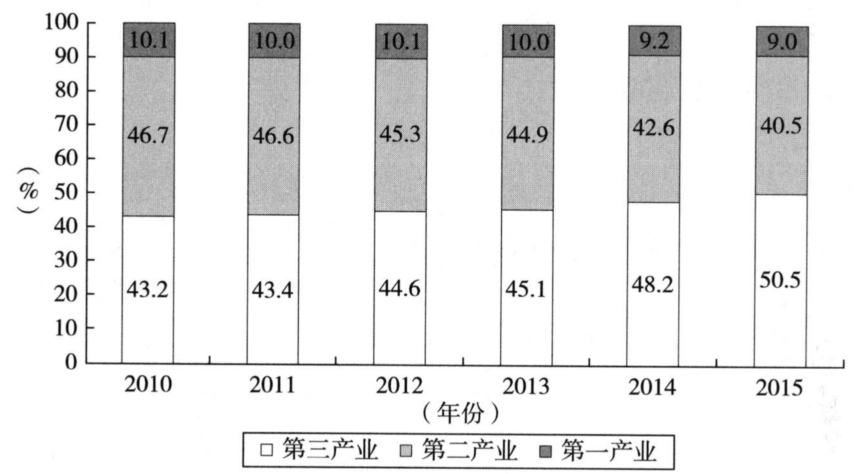

图1-2　2010—2015年我国三大产业增加值占比

数据来源：国家统计局。

二、进出口再现双降

2015年，我国全年货物进出口总额245740亿元，比上年下降7.0%。其中，出口141255亿元，下降1.8%；进口104485亿元，下降13.2%。货物进出口差额（贸易顺差）36770亿元，比上年增加13270亿元，比上年扩大56.5%。这也是自2009年以来中国进出口时隔6年后的第一次双降。如图1-3所示。

从贸易方式上来看，加工贸易进出口下降比较大。2015年加工贸易出口7978亿美元，下降了将近10%。从产品上来看，传统的劳动密集型产品出口下降比较多。机电产品出口和资本货物基本没有下降，但是传统密集

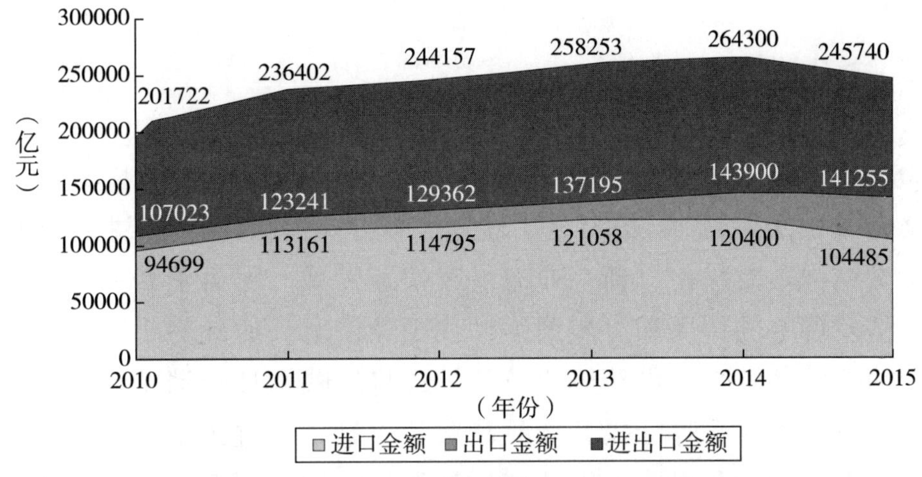

图 1 –3 2010—2015 年我国进出口货物金额

数据来源：海关总署。

型产品，如轻工产品、纺织产品，这一类属于消费类产品出口，随着国际市场的变化，现在增长相对不太容易，所以有所下降。

从市场上来看，主要是外需低迷，我国对俄罗斯、巴西等国家出口下降幅度比较大。对俄罗斯出口下降 35.2%，对巴西出口下降 21.4%。从经营主体来看，民营企业出口增长了，其他非民营企业的各类主体，包括国有企业、外资企业、混合的各种所有制企业，进出口都有所下降。从这几年利用外资的情况来看，外资更多是投入到服务业上，而不是制造业。这两个因素导致外资企业出口下降。

不过，在严峻的国际贸易局面下，对外贸易仍然呈现一些积极变化和亮点。

（1）贸易方式更趋合理。在国务院“稳增长、调结构”相关措施的大力推进下，2015 年我国一般贸易进出口值为 13.29 万亿元，下降 6.5%，占进出口总值的 54%，所占比重较上年提升 0.3 个百分点；其中出口增长 2.2%。

（2）贸易伙伴多元化取得积极进展。2015 年，欧盟、美国、东盟为我国前三大贸易伙伴，双边贸易值分别为 3.51 万亿元、3.47 万亿元和 2.93 万亿元。同期，我国对东盟、印度等新兴市场贸易相对表现较好，其中对东盟双边贸易值略降 0.6%，对印度增长 2.5%，表现均好于进出口总体情况。

三、社会消费稳步增长

2015 年，社会消费品零售总额 300931 亿元，比上年增长 10.7%，扣除价格因素，实际增长 10.6%。增速虽略有回落，但仍保持平稳增长；而且消费结构不断优化，新兴业态继续快速发展。尽管消费增速下滑，但其在经济发展中的作用却逐步增强，我国经济增长的动力也正由投资出口驱动向消费驱动转变。供给侧改革的推进将反映在社会消费品消费结构的优化上。供给侧改革呼吁提升产品和服务质量，促进传统线下行业进行改造升级，在零售行业里面，未来社会消费品结构将进行大的调整优化，反映在数据就是增速的放缓，而国民经济增速换挡将进入新常态。如图 1－4 所示。

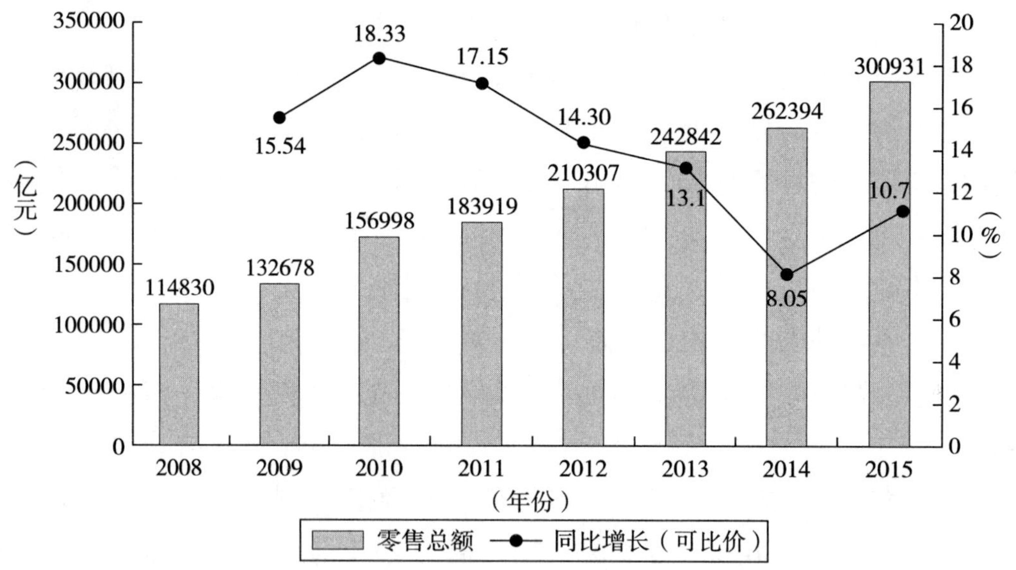

图 1－4　2008—2015 年我国社会消费总额及其变动情况

数据来源：国家统计局。

按经营地统计，城镇消费品零售额 258999 亿元，增长 10.5%；乡村消费品零售额 41932 亿元，增长 11.8%。按消费类型统计，商品零售额 268621 亿元，增长 10.6%；餐饮收入额 32310 亿元，增长 11.7%。如图 1－5和图 1－6 所示。

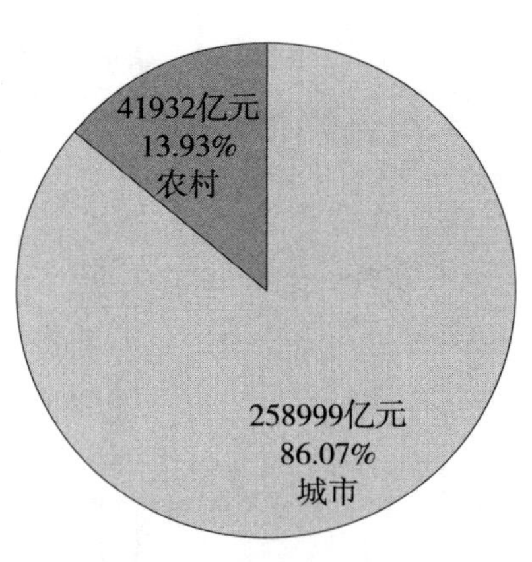

图 1－5　消费品零售额经营地占比

数据来源：国家统计局。

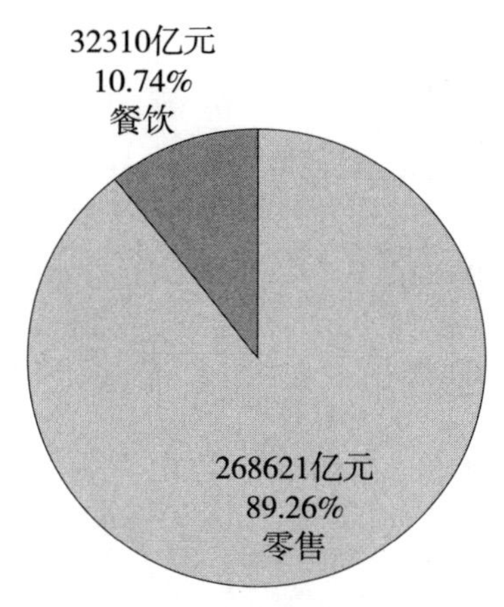

图 1－6　消费品零售额消费类型占比

数据来源：国家统计局。

在限额以上企业商品零售额中，粮油、食品、饮料、烟酒类零售额比上年增长 14. 6%，全年网上零售额 38773 亿元，比上年增长 33. 3%，其中网上商品零售额 32424 亿元，增长 31. 6%。在网上商品零售额中，吃类商品增长 40. 8%，穿类商品增长 21. 4%，用类商品增长 36%。全年居民消费价格比上年上涨 1. 4%，其中食品价格上涨 2. 3%。

四、固定资产投资增速回落

2015 年全年全社会固定资产投资 562000 亿元，比上年增长 9. 8%，扣除价格因素，实际增长 11. 8%。其中，固定资产投资（不含农户）551590 亿元，增长 10. 0%。分区域看，东部地区投资 232107 亿元，比上年增长 12. 4%；中部地区投资 143118 亿元，比上年增长 15. 2%；西部地区投资 140416 亿元，比上年增长 8. 7%；东北地区投资 40806 亿元，下降 11. 1%。如图 1－7 所示。

在固定资产投资（不含农户）中，第一产业投资 15561 亿元，比上年增长 31. 8%；第二产业投资 224090 亿元，比上年增长 8. 0%；第三产业投资 311939 亿元，比上年增长 10. 6%。基础设施投资 101271 亿元，增长 17. 2%，占固定资产投资（不含农户）的比重为 18. 4%。民间固定资产投资 354007 亿元，增长 10. 1%，占固定资产投资（不含农户）的比重为 64. 2%。高技术产业投资 32598 亿元，增长 17. 0%，占固定资产投资（不含农户）的比重为 5. 9%。

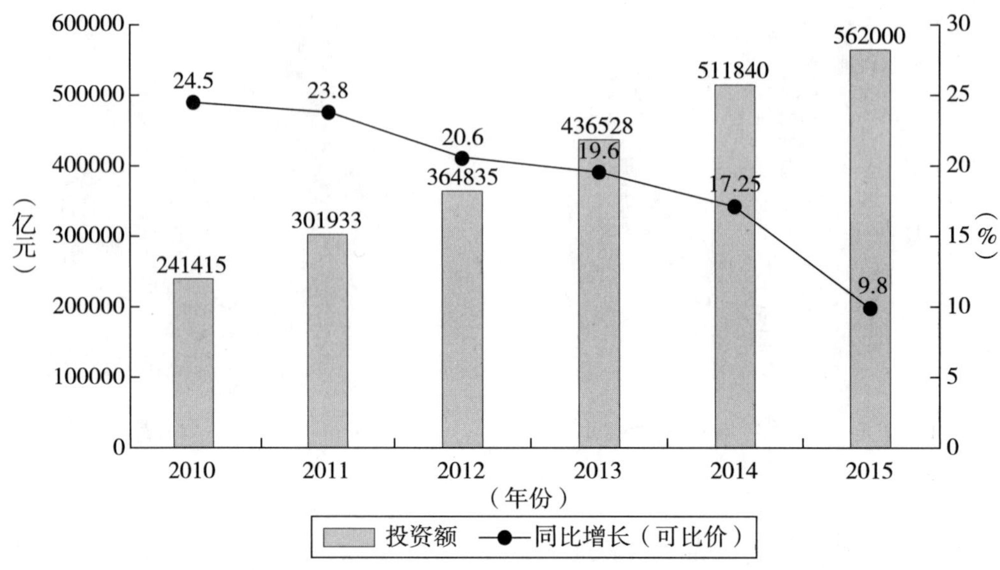

图1－7　2010—2015年我国固定资产投资额及其变动情况

数据来源：国家统计局。

其中，固定资产投资价格下降1.8%。工业生产者出厂价格下降5.2%。工业生产者购进价格下降6.1%。农产品生产者价格上涨1.7%。2016年固定资产投资持续回落，增速预计为9.6%，但考虑价格效应，实际增速与2015年基本持平。2016年消费依然平稳，增速预计为10.3%，较2015年略有下滑。

五、邮政快递行业下降

2015年，邮政企业和全国快递服务企业业务收入（不包括邮政储蓄银行直接营业收入）累计完成4039.3亿元，同比增长26.1%；业务总量累计完成5078.7亿元，同比增长37.4%。2015年邮政函件业务累计完成45.8亿件，同比下降18.3%；包裹业务累计完成4243.4万件，同比下降29.6%。

2015年，全国快递服务企业业务量累计完成206.7亿件，同比增长48%；业务收入累计完成2769.6亿元，同比增长35.4%。其中同城业务收入累计完成400.8亿元，同比增长50.7%；异地业务收入累计完成1512.9亿元，同比增长33.8%；国际及港澳台业务收入累计完成369.6亿元，同比增长17%。2014—2015年快递业务收入变动情况如图1－8所示。

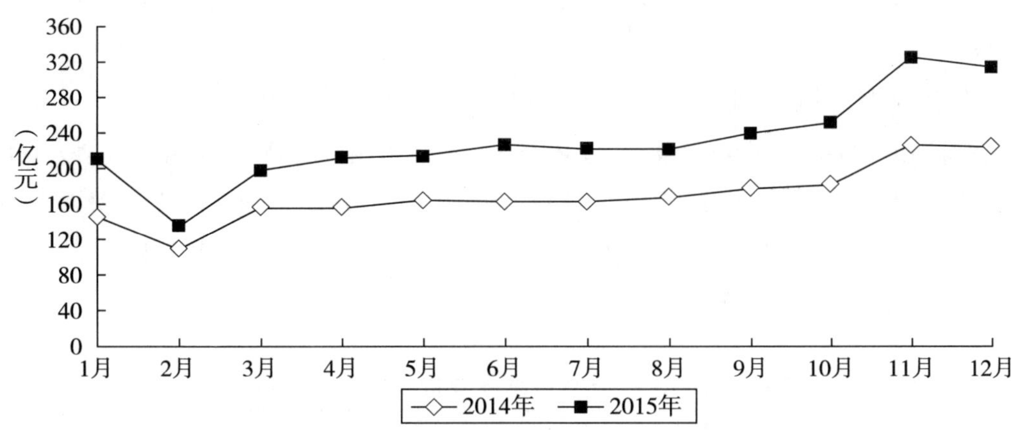

图 1－8　2014—2015 年快递业务收入变动情况

数据来源：交通运输部。

第二节　2015 年物流行业回顾与环境分析

根据中国物流与采购联合会统计，2015 年我国社会物流总额达 220 万亿元，与 5 年前相比增长 70% 左右，5 年年均可比增幅约为 8.7%；社会物流总费用为 10.8 万亿元，与 GDP 的比率从 2010 年的 17.8%，降至 16% 左右，运行效率有所提升。2015 年，物流业总收入约为 7.5 万亿元，全国货运量预计达 457 亿吨。其中公路货运量、铁路货运量、港口货物吞吐量多年来都居世界第一位。

另据有关方面发布数据显示，2015 年我国从事物流活动的企业法人单位数，超过 30 万家，是所有实体行业中增长最快的行业之一。物流岗位吸纳的从业人员总数超过 3000 万人，也是所有实体行业中增长最快的行业之一。截至 2015 年年底，我国高速公路和高速铁路里程有望分别突破 12 万公里和 1.9 万公里，物流基础设施状况继续改善。物流节点加快布局，以物流园区为支撑的产业生态圈正在形成。

一、货运周转量

发改委公布的数据显示，2015 年全国公路完成货运量 354.5 亿吨，同比增长 6.4%，各季度分别增长 6.4%、6.0%、5.7% 和 7.5%，货运量保持平稳较快增长态势。公路完成货物周转量 64705 亿吨公里，同比增长 6%。

全年货物运输总量 417 亿吨，按可比量计算比上年增长 0.2%。货物运输周转量 177401 亿吨公里，按可比量计算下降 1.9%。全年规模以上港口完成货物吞吐量 114.3 亿吨，比上年增长 1.6%，其中外贸货物吞吐量 35.9 亿吨，增长 1.1%。规模以上港口集装箱吞吐量 20959 万标准箱，增长 4.1%。如表 1 – 1 所示。

表 1 – 1　2010—2015 年货物运输量与货物周转量情况

年份	货物运输量（亿吨）	货物周转量（亿吨公里）
2010	324.2	141837
2011	369.7	159014
2012	409.9	173145
2013	450.6	186478.4
2014	438.7	181509.2
2015	417	177401

数据来源：国家统计局。

邮政业全年完成邮政函件业务 45.8 亿件，包裹业务 0.4 亿件，快递业务量 206.7 亿件；快递业务收入 2770 亿元。

二、社会物流总额

根据中国物流与采购联合会统计，2015 年，我国社会物流总额达 219.2 万亿元，与 5 年前相比增长 70% 左右，5 年年均可比增幅约为 8.7%。从增长速度看，自 2010 年起只有 2013 年略有回升，整体呈现下降趋势，一方面，受经济增长疲乏影响，社会物流需求略有降低；另一方面，市场发展趋于饱和和稳定，预计未来将继续保持平稳增长。如图1 – 9 所示。

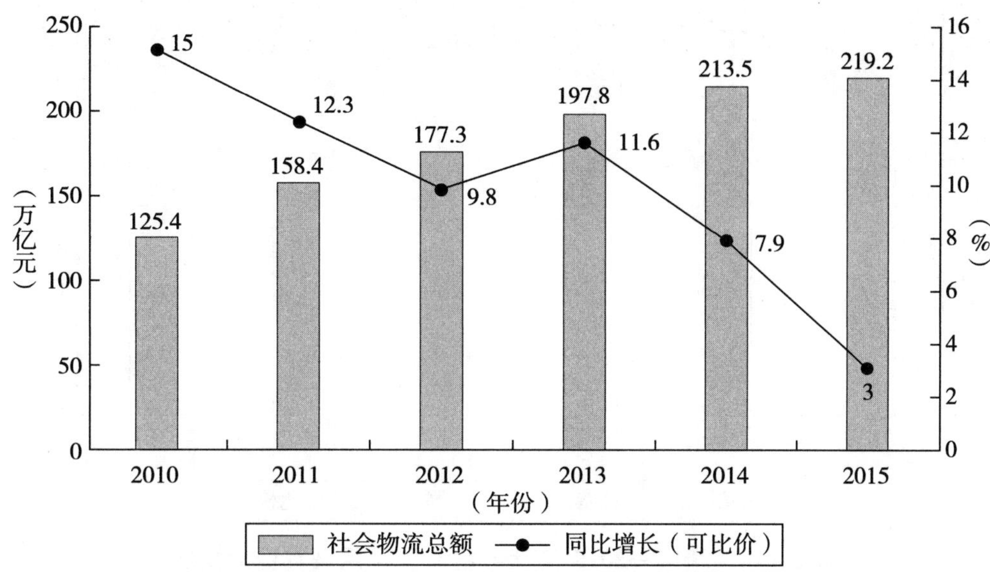

图 1－9　2010—2015 年社会物流总额及其变动情况

数据来源：中国物流与采购联合会。

三、社会物流费用

2015 年，社会物流总费用为 10.9 万亿元，比上年增长 2.8%，增速比上年回落 4.1 个百分点。其中，运输费用 5.8 万亿元，增长 3.1%，回落 3.5 个百分点；保管费用 3.7 万亿元，增长 1.6%，回落 5.4 个百分点；管理费用 1.4 万亿元，增长 5.0%，回落 2.9 个百分点。运输费用、保管费用、管理费用占社会物流总费用的比重分别为 53.6%、34.3%、13%，较往年没有明显变动。如图 1－10 所示。

2015 年，社会物流总费用占 GDP 比率为 16%，较上年降低了 0.6%。物流业总收入 7.6 万亿元，比上年增长 4.5%，增速回落 2.4 个百分点。运行效率有所提升。

四、社会物流景气指数

中国物流与采购联合会发布的 2015 年 12 月中国物流业景气指数（LPI）为 55%，在低位回升中完成 2015 年物流业景气程度汇报。物流业景气指数

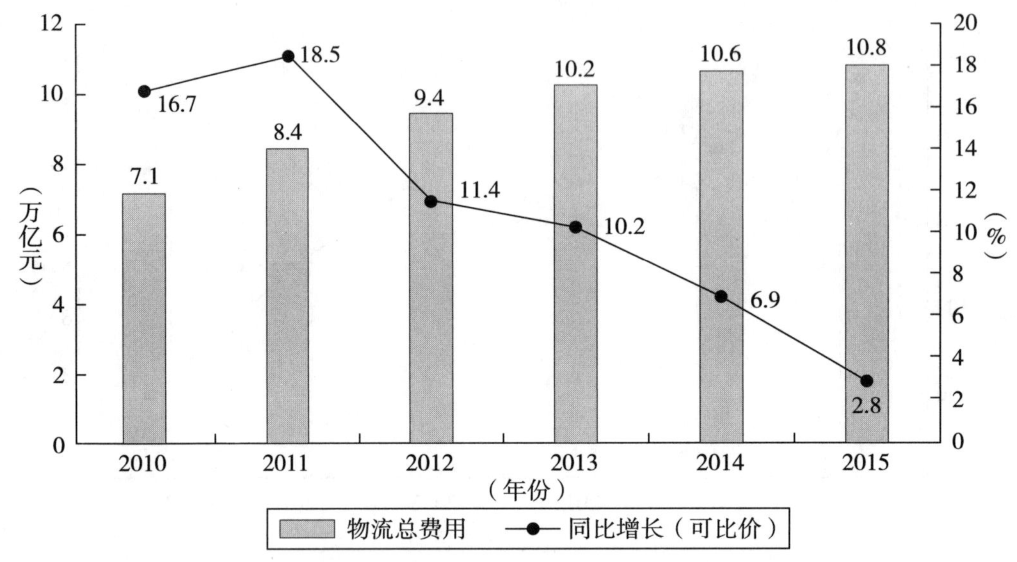

图1－10　2010—2015年社会物流总费用及其变动情况

数据来源：中国物流与采购联合会。

全年平均水平较2014年有所回落，显示出物流转型升级继续推进，物流运行处于“增速减缓、结构调整”的发展格局。2015年4月到8月期间，受经济政策、季节性等原因影响，景气指数不断回落，但仍在景气区间运行，显示出经济运行中的物流需求增势虽有所减弱，但物流经济将继续保持平稳增长态势。最后一个季度，进入“金九银十”的传统生产建设旺季，物流活动季节性转旺。业务活动预期指数连续回升，显示出企业对后市的信心较为充足，预示着物流业务活动将延续稳中有升的发展态势。如图1－11所示。

预计2016年不断受到经济形势和稳增长调结构的影响，在抓好去产能、去库存、去杠杆、降成本、补短板过程中，保持稳定繁荣状态。

五、仓储指数

由中国物流与采购联合会与中储发展股份有限公司联合调查并公布的中国仓储指数于2015年试运行一年。该指数体系包含了反映仓储企业的业务需求、效率、就业以及企业家对未来市场发展的预期等经营活动中关键环节的指标变量和钢材、有色、建材、煤炭、食品、服装、纺织品、日用品、化妆品、家电等21个大类商品期末库存变化情况。从2015年各月中国

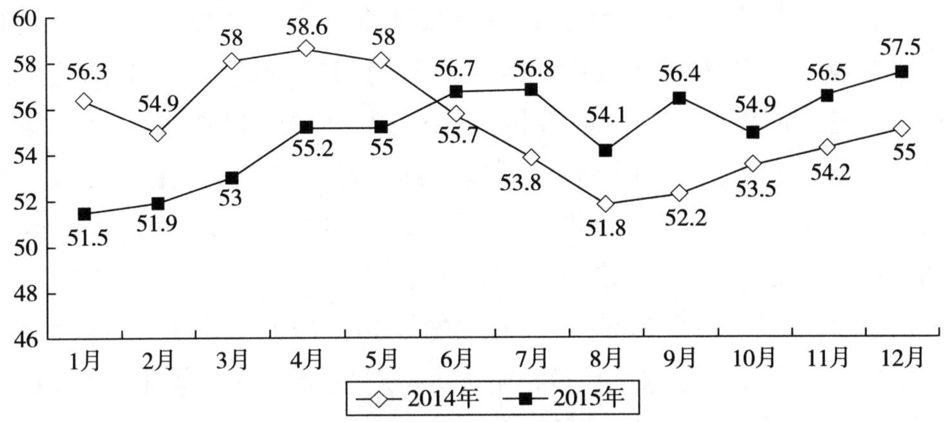

图 1－11　2014—2015 年社会物流景气指数变动情况

数据来源：中国物流与采购联合会。

仓储指数走势来看，一季度，受春节和生产备货等因素影响，走势波动较大，二季度以后走势趋于平稳。总体来看，全年综合指数处在低位，除 1 月、3 月、11 月高于 50% 以外，其余月份均位于 50% 以下，反映出 2015 年仓储行业需求不足，运行总体偏弱，也从一个侧面反映出经济运行存在一定的下行压力。全年仓储指数走势与出口总值、货物运输量等相关物流指标、经济指标表现出了较强的相关性。如图 1－12 所示。

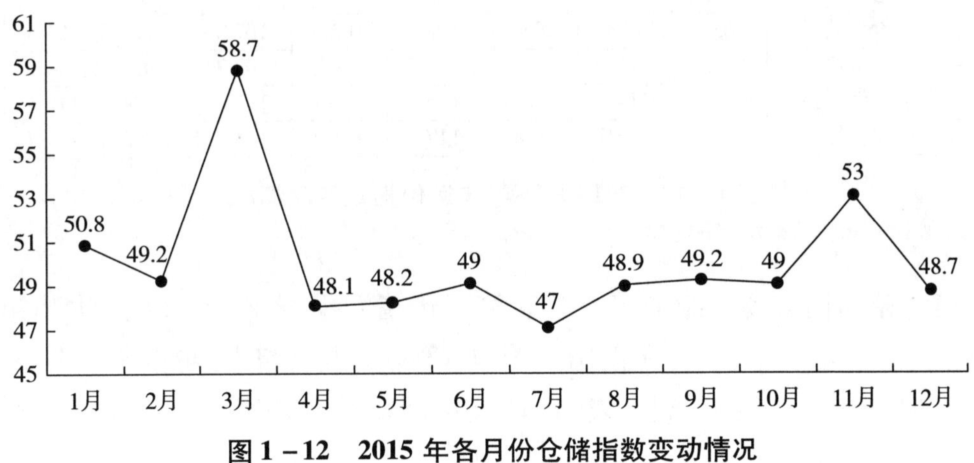

图 1－12　2015 年各月份仓储指数变动情况

数据来源：中国物流与采购联合会。

六、价格指数

2015 年 6 月，由中国物流与采购联合会推出的中国公路物流运价指数首次公布，这是以公路运价为基础的指数体系。中国公路物流运价指数采集的价格数据涵盖了中国9大物流区域，38个重点城市，74个物流节点平台，1046条公路运输线路，200万辆货运车辆。根据监测数据显示，运价指数分别在6月、8月、11月和12月出现不同程度的回落，主要受大宗商品需求回落、高温、多雨等季节性因素影响，公路物流需求整体依然较为低迷，同时国内汽油、柴油价格持续下降对公路物流市场价格的影响逐步显现，运价总体回落。主要以消费品为主的零担运输运价相比运输大宗货物的整车运输运价较高，且受经济影响波动相对较小。从整体走势可以看出，物流运价震荡下跌，可见各类型物流企业运行情况相对艰难些。如图1－13所示。

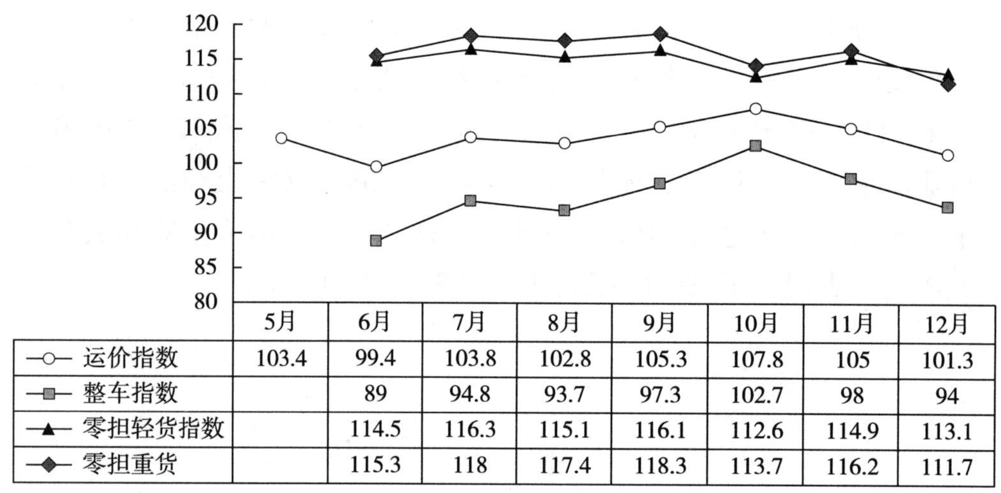

	5月	6月	7月	8月	9月	10月	11月	12月
运价指数	103.4	99.4	103.8	102.8	105.3	107.8	105	101.3
整车指数		89	94.8	93.7	97.3	102.7	98	94
零担轻货指数		114.5	116.3	115.1	116.1	112.6	114.9	113.1
零担重货		115.3	118	117.4	118.3	113.7	116.2	111.7

图1－13　2015年下半年运价指数变动情况

数据来源：中国物流与采购联合会。

集装箱运输市场持续低迷，集装箱运价指数继续下行：12月集装箱运价指数为94.84点，与上月相比下降0.23点，与去年同期相比下降5.57点。12月集装箱运输市场整体行情低迷氛围持续，外贸进出口需求继续下降，运价指数进一步下探。如图1－14所示。

七、2015年物流行业发展特点

第一，市场规模持续扩大。“十二五”时期，我国已成为全球最具成长

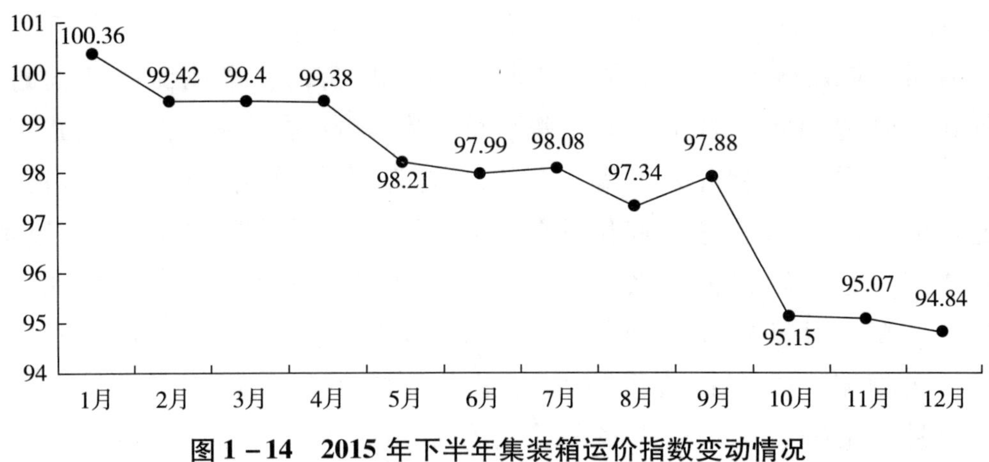

图 1-14 2015 年下半年集装箱运价指数变动情况

数据来源：交通运输部。

性的物流市场。2015 年，物流业总收入约为 7.5 万亿元，全国货运量预计将达 457 亿吨。其中公路货运量、铁路货运量、港口货物吞吐量多年来都居世界第一位。快递业务量突破 200 亿件，冷链物流市场规模预计超过 1500 亿元，各类细分市场规模不断扩大。

第二，需求结构加快调整。五年来，单位与居民物品物流总额年均增速接近 30%，并呈持续加快态势。快递快运、电商物流、冷链物流等生活消费性物流保持快速增长，成为市场投资热点。工业物流需求总体下降，特别是钢铁、煤炭、建材等大宗生产资料（俗称“黑货”）物流需求下滑严重，导致铁路货运量持续下降。铁路货运改革深入推进，实施“稳黑增白”战略，在批量零散货物、铁路快运和集装箱运输等方面大幅增长。

第三，市场主体加速分化。物流企业通过兼并重组、战略调整、联盟合作等多种方式，市场集中度显著提高。2015 年，四大航运央企启动重组，市场向强势企业进一步集中。中物联发布的“中国物流企业 50 强”，主营业务收入近 8000 亿元，第 50 名入选企业门槛为 18.8 亿元，比 2010 年提高 3.5 亿元。在一些细分领域出现了一批实力雄厚、模式先进、前景看好的大型物流企业。截至 2015 年年底，我国 A 级物流企业总数已达 3500 多家。其中，5A 级企业 214 家，具有标杆作用的领先物流企业群体成长壮大。随着互联网时代的到来，创新型物流企业快速涌现。据不完全统计，我国各类物流互联网平台超过 200 家。与此同时，一批跟不上时代发展步伐的企业被陆续淘汰。

第四，创新驱动模式变革。“十二五”时期，我国物流企业通过技术创新、管理创新、组织创新，整合优化物流资源，新的商业模式不断涌现。菜鸟网络、卡行天下等一批企业打造平台模式，整合物流资源。安能物流、圆通速递等企业优化加盟模式，强化干线管控。顺丰速运、德邦物流等企业启动多元化发展模式，发挥自身优势条件。怡亚通、招商物流、海尔日日顺等企业深耕供应链模式，提供物流一体化解决方案。长久物流、安吉物流等汽车物流企业拓展全产业链模式，提供物流、贸易、金融、汽车后市场等全方位服务。林安物流、传化公路港、中储股份、深国际等一批企业复制基地模式，搭建全国节点网络。随着互联网进入物流行业，易流科技、维天运通、正广通、安联程通等一批企业尝试物流 O2O（线上线下）模式。这些新理念新模式倒逼传统企业转变观念，加速变革。

第五，国际物流双向开放。作为中国加入 WTO（世界贸易组织）以来开放最早的服务行业，我国物流业已经实现了全面开放。开放的市场环境吸引了大批跨国企业全面进入国内市场。随着“走出去”战略实施，中外运、中远物流等国内企业积极拓展国际市场。阿里巴巴等电商和快递企业，纷纷参股国际快递企业、投资海外仓储设施、打造物流通关渠道，支持跨境电商发展。2014 年，国家提出“一带一路”战略，物流设施建设和网络布局加快落地。招商物流、远成物流等一批企业积极布局沿线国家。2011 年，渝新欧班列首次全程运行。截至 2015 年 10 月底，中欧班列开行已超过 1000 列。上海、天津、福建、广东等自由贸易试验区陆续获批，对外开放新格局为物流业开辟了新的空间。

第六，基础设施扩容提档。到 2015 年年底，我国高速公路和高速铁路里程分别突破 12 万公里和 1.9 万公里，比 2010 年分别增长 62% 和 127%，双双居世界第一。全国高速公路 ETC（不停车电子收费系统）实现联网，统一收费成为可能。水路、航空等运输服务能力稳步增长，高效便捷的综合运输体系初步成型。根据中国物流与采购联合会《全国物流园区（基地）第四次调查》，截至 2015 年 7 月，全国共有符合调查要求的物流园区 1210 家，投入运营的比例大幅上升，以物流园区为支撑的产业生态圈正在逐步形成。多式联运受到重视。2015 年国家正式启动多式联运示范工程，推动运输资源的高效整合和运输组织的无缝衔接。

第七，信息技术普及应用。“十二五”时期，正是新一轮科技革命孕育时期。物联网、云计算、大数据等新兴技术在物流行业得到推广应用。嵌入物联网技术的物流设施设备快速发展，车联网技术从传统的车辆定位向车队管理、车辆维修、智能调度、金融服务延伸。云计算服务为广大中小企业信息化建设带来福音。大数据分析帮助快递企业预测运力需求，缓解了“双 11”等高峰时期的“爆仓”问题。2015 年，由菜鸟网络牵头，国内主流快递企业全部普及使用电子面单，快递基础业务的信息化管理水平进一步提升。

第八，绿色物流已见行动。“十二五”时期，交通运输领域落实推进节能减排低碳发展行动，提出到 2015 年化学需氧量（COD）、总悬浮颗粒物（TSP）等主要污染物排放强度比 2010 年下降 20%。2015 年起，“国四”排放标准正式实施，黄标车淘汰力度加大。新能源汽车在货运行业得到推广应用，一些城市新能源快递配送车辆获得通行准入。LNG（液化天然气）等清洁能源汽车快速发展，太阳能发电屋顶在仓储行业开始使用。

第九，基础工作稳步推进。“十二五”时期，物流标准、统计、人才教育等基础工作取得积极成效。《物流标准化中长期发展规划》印发执行，一批新的物流国家标准开始实施。2015 年，中国物流与采购联合会作为国家试点单位启动团体标准试点工作。物流统计调查制度不断完善，采购经理人指数（PMI）提供决策参考，物流业景气指数、公路物流运价指数、中国仓储指数等陆续发布，物流指数体系不断扩充完善。物流教育培训工作迅猛发展，目前，全国已有 443 所本科院校、954 所高职高专院校、900 多所中职院校开设了物流专业。“物流管理与工程”正式进入教育部全国学科目录一级学科。物流基础理论研究和产学研结合取得新成果。

第十，政策环境持续向好。“十二五”时期，党中央、国务院重视物流业发展。2014 年 9 月，国务院出台《物流业发展中长期规划》，把物流业定位于支撑国民经济发展的基础性、战略性产业。有关部门出台了《促进物流业发展三年行动计划》。各部门从自身职能定位出发，密集出台支持物流业发展的政策措施。从 2015 年开始，全国现代物流工作部际联席会议形成新的运行机制，由国家发改委、商务部、交通运输部、工业和信息化部和中国物流与采购联合会轮流主持，坚持问题导向，着力解决制约物流业发展，亟待跨部门协调解决的重点问题。支持物流业发展的部门间合力逐步加强，行业政策环境持续改善。

第三节　2015 年主要冷链品类市场情况分析

一、水果

2014 年，我国水果总产量增长至 26142.24 万吨，较上年同期增长 4.2%；其中香蕉总产量为 1179.19 万吨，产量同比下降 2.3%，占同期国内水果总产量的 4.51%；苹果总产量为 4092.32 万吨，产量同比增长 3.1%，占同期国内水果总产量的 15.65%；柑橘总产量为 3492.66 万吨，产量同比增长 5.2%，占同期国内水果总产量的 13.36%；梨产量为 1796.44 万吨，产量同比增长 3.8%，占同期国内水果总产量的 6.87%。2015 年水果总产量再创历史新高，国内果品生产总量预计可达 2.76 亿吨（含瓜果），其中园林水果达 1.79 亿吨，同比增长 6.7%。如图 1－15 和表 1－2 所示。

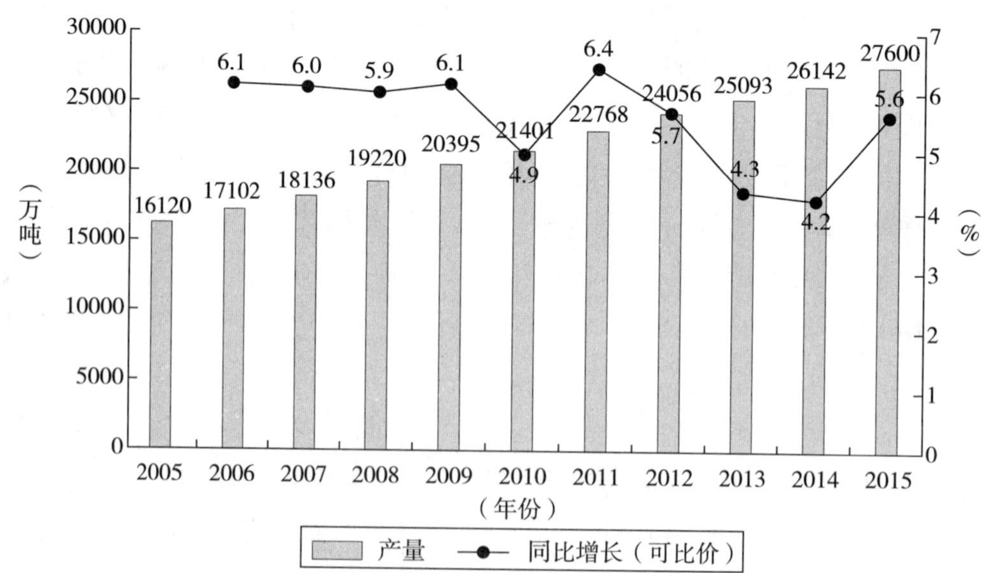

图 1－15　2005—2015 年我国水果产量及同比增长

资料来源：国家统计局。

表 1-2　　2005—2014 年我国水果行业主要品种产量统计　　单位：万吨

年份	香蕉产量	苹果产量	柑橘产量	梨产量
2005	651.81	2401.11	1591.91	1132.35
2006	690.12	2605.93	1789.83	1198.61
2007	779.67	2785.99	2058.27	1289.5
2008	783.47	2984.66	2331.26	1353.81
2009	883.39	3168.08	2521.1	1426.3
2010	956.05	3326.33	2645.24	1505.71
2011	1040	3598.48	2944.04	1579.48
2012	1155.8	3849.07	3167.8	1707.3
2013	1207.52	3968.26	3320.94	1730.08
2014	1179.19	4092.32	3492.66	1796.44

国内市场的低迷刺激全球市场的成长，水果进口条件进一步放宽，一是年内又对吉尔吉斯斯坦、朝鲜、斯里兰卡、韩国四个国家的部分水果开放准入，水果进口国家和地区从 35 个上升至 39 个；二是中澳、中韩自贸协定生效，多种进口水果受益。我国也进入水果消费的全球供应时代。水果进口自 2014 年开始高速增长，2015 年继续保持两位数增长趋势，消费者可以品尝更多全球的新鲜水果，但也在客观上使国产水果受到一定冲击。据海关统计，2015 年 1—11 月我国水果进口量 397.5 万吨，同比增长 16.2%，进口金额 55.7 亿美元，同比增长 22.2%。2012—2014 年我国水果进口量同比分别为 2.2%、-4.5%、22.8%。可喜的是历经 17 年、多轮技术磋商，2015 年陕西、山东、山西等产地的苹果获准进入美国市场，成为我国苹果出口的一个重要突破。中国苹果首次出口美国，不仅有助于我国打开国际高端水果市场，突破出口增长瓶颈，也有助于引导国内水果产业走上良性发展道路。

2015 年，最有代表性的水果要数苹果、香蕉，以下对这两种水果全年行情进行简要分析。

1. 苹果

苹果是我国的第一大水果，也是我国的优势农产品之一，种植分布范围广。通过多年的发展，目前我国的苹果栽培已经形成四大产区。包括：①渤海湾（鲁、冀、辽、津、京）产区。该产区中辽宁、山东和河北三省是老产区，栽培历史悠久，面积最大。②西北黄土高原（陕、甘、晋、宁、青）产区。该产区面积较大，产量占全国第二。该产区中甘肃平凉、庆阳、天水等地都是苹果的优势产区。③黄河故道（豫、苏、皖）产区。④西南冷凉高地产区。四大产区栽培面积分别占全国总面积的44%、34%、13%和3%，产量分别占全国总产量的49%、31%、16%和2%。

据了解，今年苹果大降价主要是因为总产量较去年明显提升。其中，山西、河南等主产区增幅在10%以上；陕西、甘肃等产地增幅相对较小，在5%左右；山东地区增产15%左右，仅红富士的价格就较去年下跌30%左右。另外，由于全国没有发生大范围的严重病害，苹果整体质量也较为优异。总之，2015年苹果质优、量大，市场一片萧条，行情整体下行。如图1－16所示。

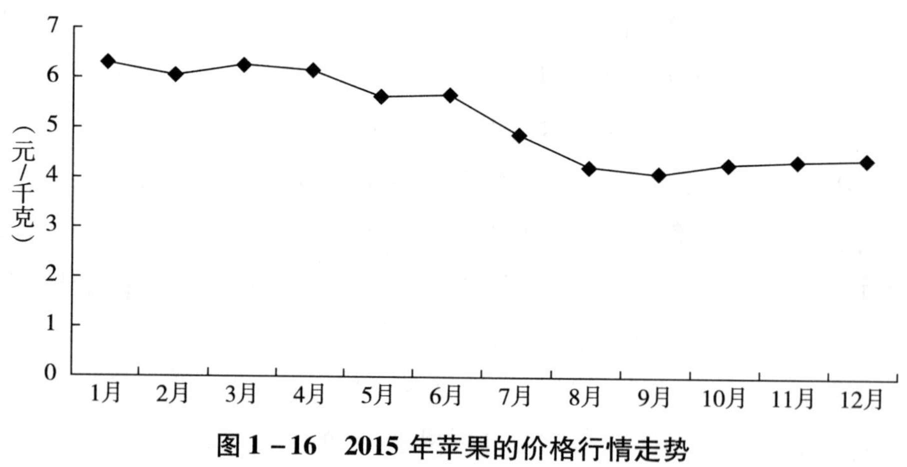

图1－16　2015年苹果的价格行情走势

2015年，苹果未能延续2014年持续高价，由于存库成本较高，导致2015年存货商出库压力较大，2015年红富士均价较2014年下滑0.71元/斤，跌幅达20.9%，是苹果存货商最为难过的一年。苹果在入库过程中产生的费用成本，如表1－3所示。

表 1-3　　**红富士入库成本核算**　　单位：元/斤

项目	代办费	储存费	人工费、短途运输费	包装物料费用	合计
费用	0.15	0.25	0.1	0.2	0.7

2014 年，红富士苹果收购价格较高，优质富士收购价格在 4～4.5 元/斤，客商整体存货成本高达 4.7～5.2 元/斤。但 2015 年上半年苹果市场不景气，5 月之后冷库好货出库价格仅有 2.5～3 元/斤，2015 年客商亏损最高超过 2 元/斤，亏损高达 40% 以上且出货越晚，亏损越高。

2015 年，我国全年鲜苹果的出口量已达到 83.3 万吨，出口总额为 10.3 亿美元。与 2014 年相比，出口量减少了 4%，不过出口额与 2014 年基本持平。具体到国内省份，出口额排名前五位的分别是：山东、云南、甘肃、新疆和广西。

与苹果出口形成鲜明对比的是，2015 年我国进口苹果同比出现大幅增长。2015 年我国全年苹果的进口总量为 8.75 万吨，同比增长 211%；苹果进口总额已达到 1.5 亿美元，同比增长 218%。我国进口苹果大部分来自美国、新西兰和智利，来自这三个国家的苹果总量为 8.23 万吨，占进口总量的 94%。2015 年，我国进口苹果的省份主要是广东、上海、辽宁和北京，其中广东和上海的进口量分别占全国进口总量的 63% 和 30%。

2. 香蕉

2012—2014 年，广东、广西、海南三大香蕉主产地都受到台风重创或者寒潮突袭，导致严重减产，因此香蕉身价暴涨。受此影响，蕉农 2015 年大面积扩种，致使产能严重过剩，另外，国际香蕉价格走低，进口香蕉冲击国内市场，造成今年香蕉行情稳步下降。

监测数据显示，1—3 月香蕉需求量大，价格小幅上升；3 月后价格缓慢下滑，6—10 月由于气温原因，运抵市场的香蕉成熟过快，商户不得不降价促销；11 月香蕉价格跌至谷底，此后由于天气寒冷导致香蕉产量降低，价格行情维持平稳走势。

2015 年香蕉的价格行情走势，如图 1-17 所示。

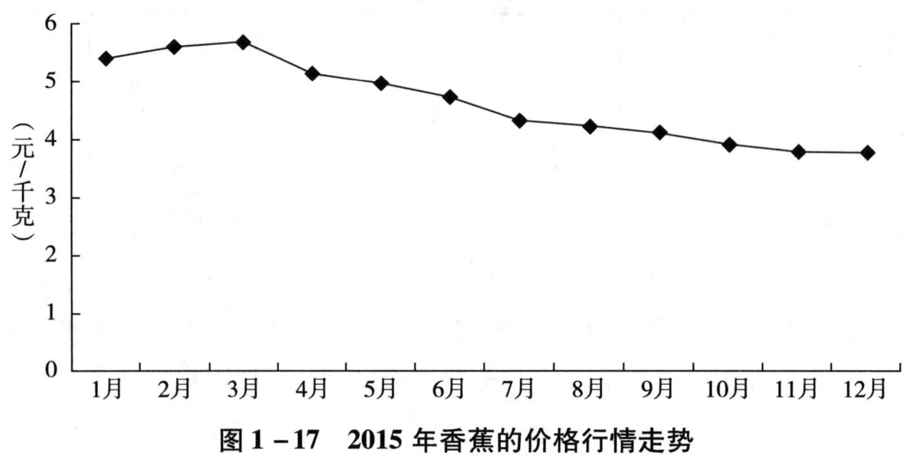

图1－17　2015年香蕉的价格行情走势

由于城市人口对新鲜水果的消费量提高，鲜果消费点在城市呈现增长的态势。另外，虽然鲜果电商所占市场份额不大，但是很受消费者的欢迎。一些大型食品加工厂正在计划建立地区性的仓库或配送中心，这将大大减少水果运输成本和损耗，同时也有助于电商的平台的发展。

二、蔬菜

近年来，针对农产品产地储藏、保鲜、烘干等初加工环节设施简陋、损耗损失严重的现象，国家启动实施了农产品产地初加工补助政策，2012—2015年，中央财政安排资金26亿元，在河北等20个省区和新疆生产建设兵团463个县（市、旗、团场），补助4.9万个农户和5200多个农民专业合作社建设马铃薯储藏窖、果蔬储藏库和果蔬烘干房等初加工设施，新增马铃薯储藏能力146万吨、果蔬储藏能力160万吨、果蔬烘干能力110万吨。政策实施4年来，推动农民减损、错季增收94亿元，并且设施的使用年限都在15年以上。然而，由于储藏和初加工能力仍与实际需求差距巨大，每年农产品产后损失超过3000亿元，相当于1.5亿亩耕地的投入和产出被浪费。

截至2015年10月，中国蔬菜累计出口量为668万吨，金额达86亿美元，分别比去年同期增长1.9%和8.8%。而2014年全年中国蔬菜出口量为847万吨，出口金额达到104.99亿美元，较2013年增长1.6%和

7.9%。目前中国蔬菜种植面积占世界总面积的 1/3 以上，产量占世界的 49%左右，人均蔬菜占有量是世界平均的 3 倍。中国也是世界第一大蔬菜出口国。

从出口种类而言，中国保鲜蔬菜和脱水蔬菜的国际竞争力很强。冷冻蔬菜、其他加工蔬菜次强。截至 2015 年 10 月，保鲜蔬菜出口 374 万吨，占蔬菜出口总量的 65.6%。从具体品种的国际市场占有率来看，中国鲜干大蒜和食用菌罐头的市场份额约占 40%，在国际市场具有极强的竞争力。

中国的蔬菜主要出口市场是以亚洲和欧洲市场为主，对北美洲和大洋洲出口较少。其中日本长期以来都是中国蔬菜的最大出口市场，2014 年中国向日本出口蔬菜总量达到 128.1 万吨，占总出口量的 15.1%。日本设立了严格的植物检疫标准，并利用国际条款限制从中国进口蔬菜，这对中国蔬菜进入日本市场构成了不小的阻碍。但由于距离短、价格低、品质好的原因，中国蔬菜在日本一直占有较大的份额。2015 年，中国对日本的洋蓟、蚕豆、蘑菇出口占日本总进口的 50%以上，出口的洋葱及青葱、萝卜与胡萝卜、豌豆也分别占到该国进口总额的 44.5%、47.5%、19.8%。

俄罗斯是中国蔬菜出口快速增长的市场，其本身蔬菜生产能力较低，难以满足居民生活需要，每年均需大量从国外进口。加上近年俄罗斯政府对欧盟国家的蔬菜产品实施了禁运，这对于中国不断开拓俄罗斯市场提供了机会。2015 年，中国对俄罗斯出口蔬菜 70.7 万吨，中国对俄罗斯的出口占到对欧洲出口的 56.8%。

2015 年我国有机蔬菜行业产量情况：随着人们对食品安全的要求越来越高，无污染、无化肥农药残留的有机蔬菜受到更多市民喜爱，有机食品被誉为“朝阳产业”，具有广阔的市场，对于冷链物流也有很大的需求空间。联合国粮食和农业组织发表的一份报告分析表明，过去 10 年间在一些国家的市场上，有机农产品的销售额年递增率超过 20%。这与一些常规食品市场的停滞不前形成鲜明对比。2010—2014 年我国有机蔬菜行业产量，如图 1－18 所示。

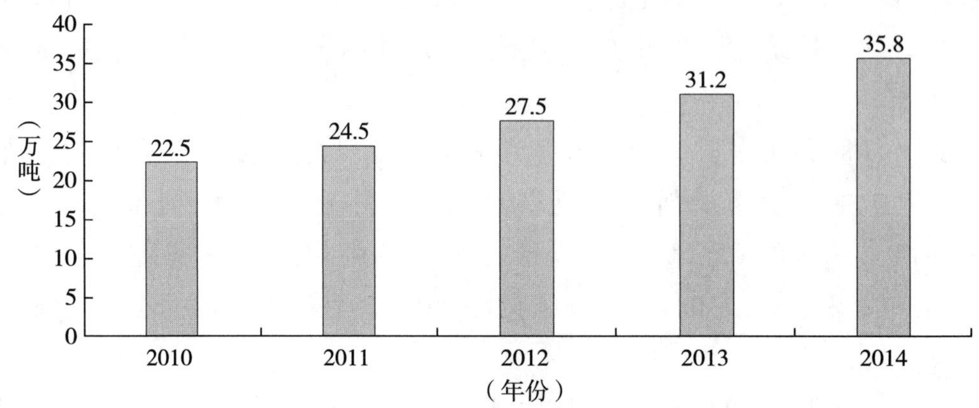

图 1－18　2010—2014 年我国有机蔬菜行业产量

随着互联网发展的常态化，“互联网＋蔬菜”的新形势出现，并对业内人士接受，生鲜电商多解决“最后一公里”，能做到最大限度地减少流通中造成的成本叠加，但是由于物流技术以及保鲜技术上的缺陷，导致长途物流运输过程中损耗较大，因此生鲜电商在远距离运输局限性较大。

三、肉禽类

（一）肉禽类市场状况

2015 年，我国肉禽类总产量 8625 万吨，比上年下降 0.9%。其中，猪肉产量 5487 万吨，下降 3.3%；牛肉产量 700 万吨，增长 1.6%；羊肉产量 441 万吨，增长 2.9%；禽肉产量 1826 万吨，增长 4.3%。禽蛋产量 2999 万吨，增长 3.6%。就肉类品种来看，猪、禽、牛、羊肉这个排序依然不变，各肉类品种占比相对稳定。如图 1－19 和图 1－20 所示。

据国家海关总署统计，2010—2015 年，我国肉类进口持续增加，贸易逆差逐年扩大。2015 年我国肉类进口 268.4 万吨，比 2010 年增加了 113.5 万吨，增长了 73.3%；肉类出口 45.8 万吨，比 2010 年减少了 42.6 万吨，下降了 48.2%；进出口贸易逆差 222.6 万吨，比 2010 年增加了 156.1 万吨，扩大了 2.3 倍。如表 1－4 所示。

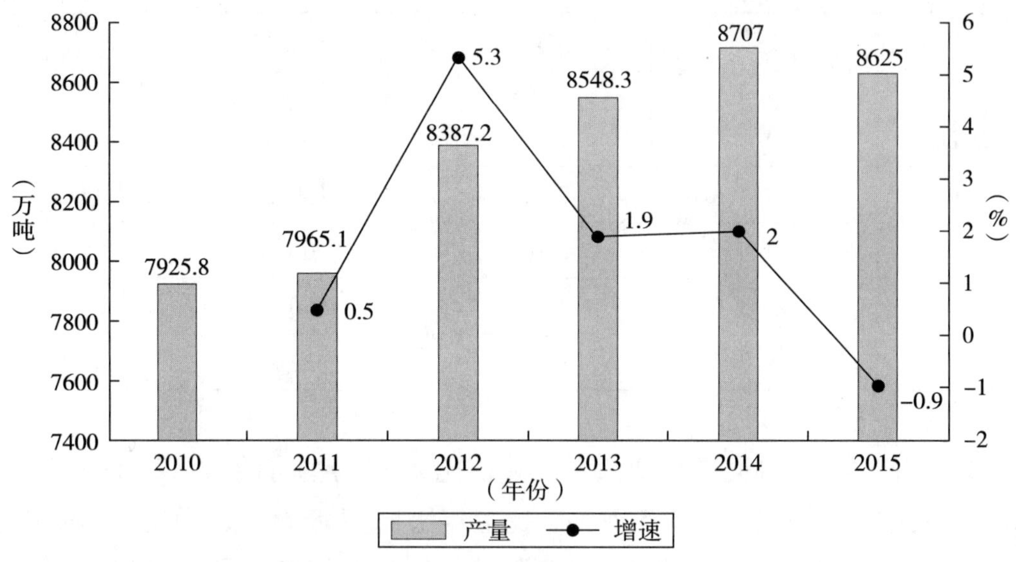

图 1－19　2010—2015 年肉禽类产量及其变动情况

数据来源：国家统计局。

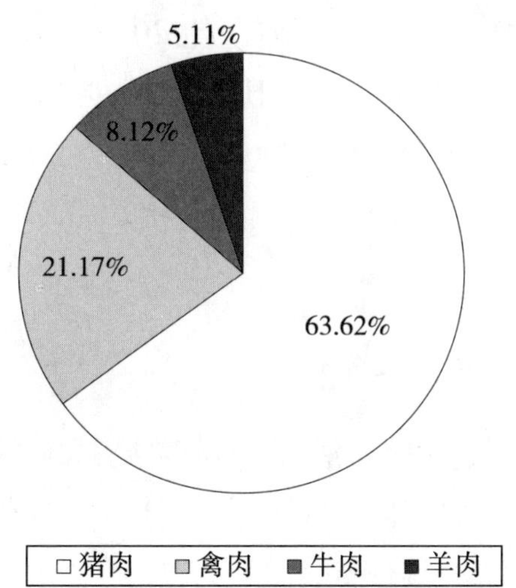

图 1－20　2015 年各种肉类产量占比情况

数据来源：国家统计局。

表 1－4　　2010—2015 年肉类进出口贸易逆差

年份	肉类出口（万吨）	肉类进口（万吨）	进出口贸易逆差（万吨）	逆差增减（%）
2010	88. 4	154. 9	66. 5	

续 表

年份	肉类出口（万吨）	肉类进口（万吨）	进出口贸易逆差（万吨）	逆差增减（%）
2011	89. 4	190. 5	101. 1	52
2012	88. 4	207. 9	119. 5	18. 3
2013	89. 8	256. 3	166. 6	39. 3
2014	93. 5	244. 2	150. 7	-9. 5
2015	45. 8	268. 4	222. 6	47. 7

数据来源：海关总署。

2015 年，我国肉类进口 268. 4 万吨，比 2014 年增加了 24. 2 万吨，增长 9. 9%。其中，猪肉进口 155. 5 万吨，比上年增加 17. 8 万吨，增长 12. 9%；牛肉进口 49. 48 万吨，比上年增加 17. 8 万吨，增长 56. 5%；羊肉进口 22 万吨，比上年减少 5 万吨，下降 18. 5%；禽肉进口 40. 9 万吨，比上年减少 6. 2 万吨，下降 13. 2%。

2015 年，我国肉类出口 45. 8 万吨，比 2014 年减少了 47. 7 万吨，下降 51. 1%。其中，猪肉出口 10. 3 万吨，比上年减少 26. 8 万吨，下降 72%；牛肉出口 0. 7 万吨，比上年减少 2. 1 万吨，下降 74. 4%；羊肉出口 0. 37 万吨，比上年减少 0. 08 万吨，下降 16. 8%；禽肉出口 33. 4 万吨，比上年减少 18 万吨，下降 35%。

（二）肉禽类冷链物流发展分析

2015 年，我国肉类及肉制品潜在冷链物流总额约为 4916. 25 亿元，较 2014 年同比增长 4. 3%，增速回落 1. 6 个百分点。这受中国经济大环境回落影响，消费水平有所收缩。具体如图 1 – 21 所示。

2015 年建成了一批效率高、规模大、技术新的跨区域肉类食品冷链物流配送中心，冷链物流核心技术得到广泛推广，冷链物流水平显著提高，食品安全保障能力显著增强。随着肉类产量的快速增加，每年约有 7000 ~ 8000 吨肉类产品进入流通领域，冷链物流比例逐步提高。肉类冷链流通率提高到 30% 以上，冷藏运输率提高到 50% 左右，流通环节产品腐损率降至 8% 以下。在现代冷链物流理念与技术的推广方面，促进肉类产品质量等级化、包装规格化。各相关企业温度监控和追溯体系建设得到加强，肉类产

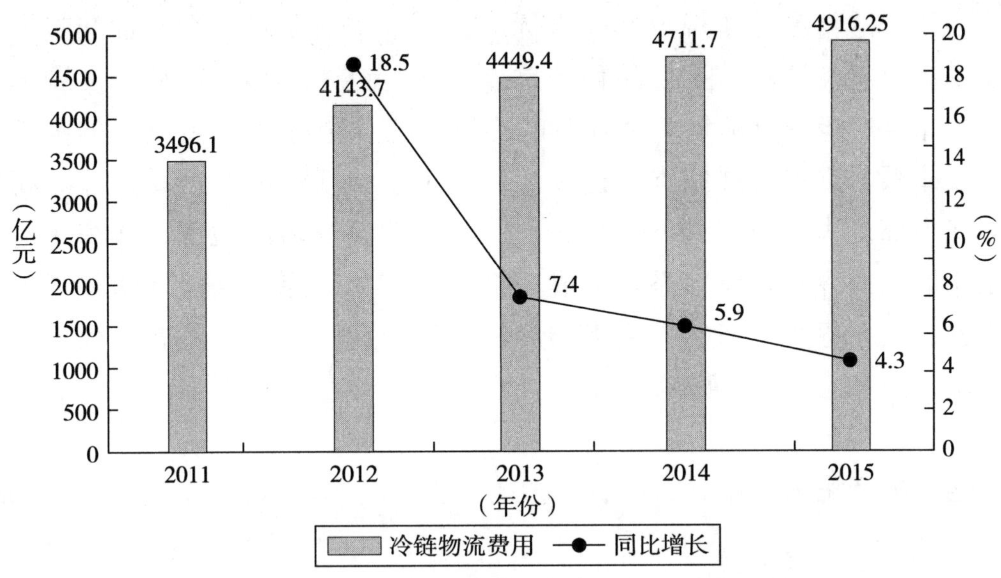

图 1－21 2011—2015 年我国肉类及肉类制品潜在冷链物流总额

数据来源：中物联冷链委。

品在生产流通各环节的品质逐步实现可控性。

经过 20 多年的发展，目前全国有肉类冷藏库 1 万座以上，冷库总容量 720 万吨，其中冷却物冷藏量 110 万吨，冻结物冷藏量 610 万吨。肉类冷库随着产业布局的调整，逐步集中于山东、河南、辽宁、四川、江苏、北京、内蒙古、安徽、黑龙江、福建、吉林、河北、湖北、湖南、江西、重庆等地。

不过从肉类产品生产和流通角度分析，依然存在几个具体的问题。一是库存问题。一些肉类产品和畜牧业生产发达的地区，产品调度和储藏能力不强，一些地方的肉联企业还存在储藏和流通等环节没有发挥出应有的作用。二是成本问题。生产成本高，加工风险大，储藏不确定因素多，严重影响肉类产品生产。三是效益和竞争力问题。现阶段，肉类产品的效益高低和效益构成，已经不仅仅是产品本身，国家的政策性补贴已经成为肉类产品效益和竞争力的重要组成部分。四是肉类产品生产的基础设施条件保障问题。当前“互联网＋”已经成为产品流通的重要形式，但是，在肉类产品环节，目前还是以区域性的层次较高的平台为主，直接与消费者对接的消费平台尚未完全建立，而且监管也缺失，难以保障肉类产品消费安全。

未来要使肉类食品冷链物流标准体系得到完善，重点制定和推广一批肉类产品冷链物流操作规范和技术标准，积极推行质量安全认证和市场准入制度。建立肉类产品主要品种和重点地区冷链物流体系。积极发展覆盖生产、储存、运输及销售整个环节的冷链，建立全程“无断链”的肉类冷链物流体系。重点发展猪肉冷链物流，减少生猪活体的跨区域运输。积极发展从中部、华南地区到珠三角、长三角、港澳等沿海地区，从东北地区到京津地区的冷链物流体系。形成一批经济实力雄厚、经营理念和管理方式先进、核心竞争力强的大型肉类冷链物流企业，并逐步发展为社会提供公共服务的第三方冷链物流中心。

四、水产品

2015 年，我国水产品产量 6690 万吨，比上年增长 3.5%。其中，养殖水产品产量 4942 万吨，增长 4.1%；捕捞水产品产量 1748 万吨，增长 0.5%。人工养殖水产品产量增速快于捕捞水产品。如图 1－22 所示。

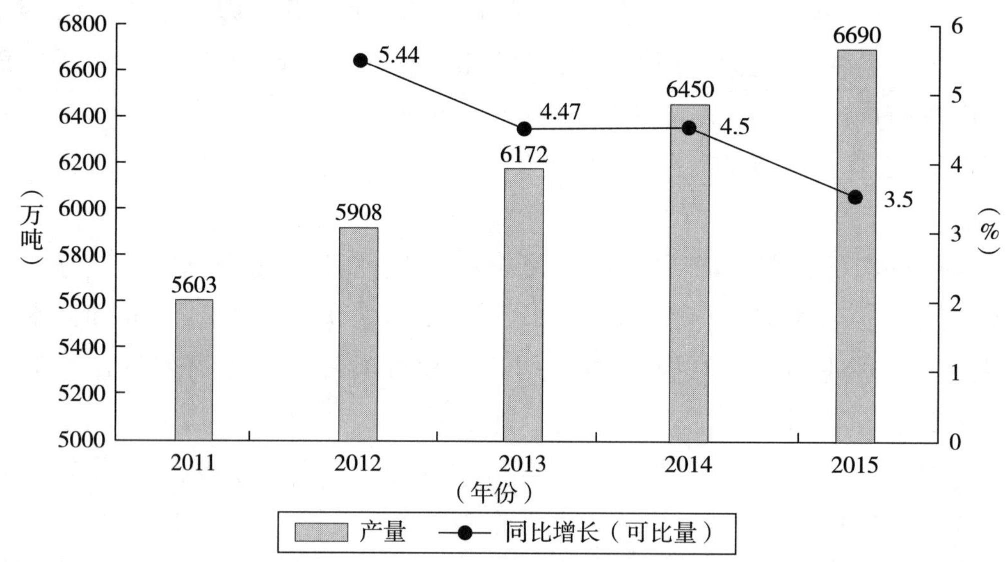

图 1－22　2011—2015 年我国水产品产量及其变动情况

数据来源：国家统计局。

受全球经济复苏缓慢、水产品消费萎缩等因素影响，2015 年全球水产品贸易普遍下滑，我国水产品贸易也未能幸免，面临近 20 年来最为严峻的形势。据海关数据统计，2015 年我国水产品进出口总量 814.15 万吨，进出口总额 293.14 亿美元，同比分别下降 3.59% 和 5.08%。其中，出口量 406.03 万吨，出口额 203.33 亿美元，同比分别下降 2.48% 和 6.29%；进口量 408.13 万吨，进口额 89.82 亿美元，同比分别下降 4.66% 和 2.22%。贸易顺差 113.51 亿美元，同比减少 11.61 亿美元。尽管如此，我国作为全球第一大水产品出口国的地位没有动摇。

据了解，2015 年全球主要水产品出口国家形势均不容乐观，挪威、泰国、美国、加拿大、印度、智利等国出口额普遍下降，我国水产品出口竞争优势依然存在，但成本提升、汇率波动、融资困难、结构性产能过剩、同构竞争等问题必须引起高度关注。

福建、山东、广东、辽宁、浙江、河北、海南、广西等沿海省份仍是我国水产品主要出口省份，出口额之和占全国水产品出口总额的 93.67%，但省份间排名继续调整。其中，福建省借助地域优势，在保持我国台湾市场优势基础上大力拓展东盟市场，自 2013 年以来连续 3 年位居出口首位，且所占份额逐年增加；山东、辽宁作为来进料加工出口大省，随着劳动力成本的增加，来进料加工贸易竞争优势逐年下降，2015 年两省水产品出口均出现较大幅度下滑；受鳗鱼、罗非鱼价格下跌影响，广东出口量增额减；而以罗非鱼出口为主的海南、广西也均出现了量额双降的情况；浙江省主要出口品种海水鱼和对虾出口明显下滑，全省出口量额双降；河北省大力发展沿海优势产业带，积极打造加工出口贸易平台，出口实现平稳增长，超过海南、广西成为第六大出口省份。内陆省份排名没有变化，江西、湖北和吉林依旧位列前三，但差距逐渐缩小。其中，江西、湖北出口大幅下滑。吉林省充分发挥区位优势，大力发展珲春港贸易，出口量额均实现较大幅度增长。

2015 年，我国水产品冷链潜在物流总额为 3397.88 亿元，同比去年增长 10.34%，如图 1－23 所示。

2015 年 10 月，中国冷冻水产品产量为 782395.76 吨，同比增长 3.9%。2015 年 1—10 月止累计中国冷冻水产品产量 6777704.83 吨，同比增长 0.71%。增幅平缓，可见 2015 年冷冻水产品市场并乐观。其中广东、福建、浙江、山东、辽宁是冷冻水产品主要产地，占全国累计产量 77.8%。福建地区产量保持高速增长，辽宁地区降幅较大。各省产量分布如表 1－5 所示。

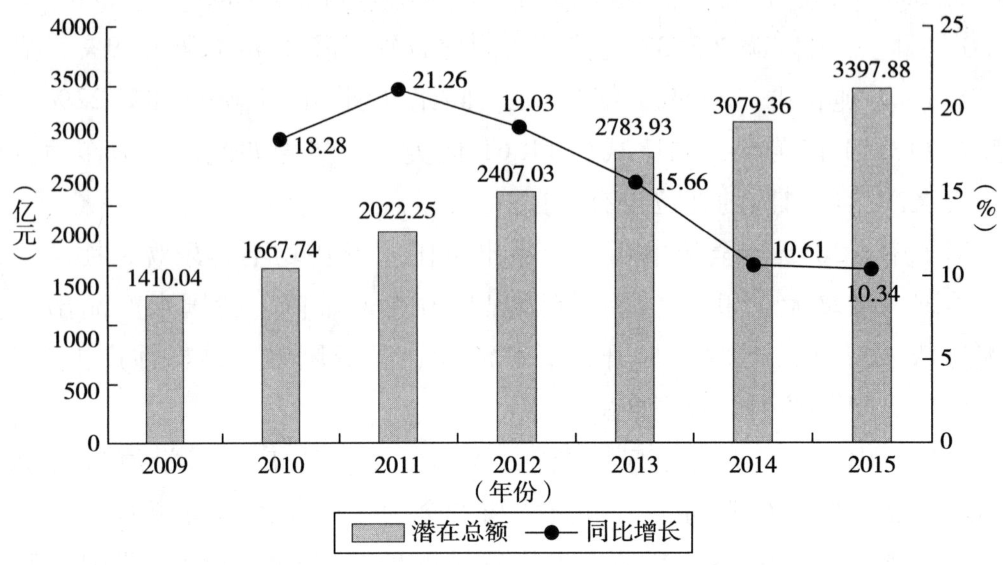

图 1－23　2011—2015 年我国水产品潜在冷链物流总额

数据来源：中物联冷链委。

表 1－5　　2015 年 1—10 月全国冷冻水产品产量分省市统计

地区	1—10 月止累计（吨）	1—10 月累计同比增长（%）	各省份产量占比（%）
全国	6777704. 83	0. 71	100
广东	1434413. 65	3. 76	21. 16
福建	1228825. 63	23. 46	18. 13
浙江	1079528. 91	8. 25	15. 93
山东	830871. 43	0. 81	12. 26
辽宁	701443. 19	－38. 64	10. 35
湖北	440650. 32	11. 97	6. 50
江苏	285058. 89	11. 39	4. 21
广西	242797. 00	1	3. 58
湖南	170939. 07	15. 96	2. 52
海南	102806. 00	－6. 46	1. 52
安徽	95980. 95	3. 75	1. 42
江西	53418. 60	16. 83	0. 79

续　表

地区	1—10 月止累计（吨）	1—10 月累计同比增长（%）	各省份产量占比（%）
云南	34765. 53	34. 43	0. 51
天津	34646. 62	18. 87	0. 51
河北	27941. 10	-16. 12	0. 41
河南	7990. 00	-4. 52	0. 12
青海	1941. 00	84. 16	0. 03
上海	1385. 22	18. 5	0. 02
新疆	1064. 00	18. 88	0. 02
北京	808	-63. 22	0. 01
四川	255	16. 00	0
吉林	120	-69. 47	0
陕西	54. 72	517. 61	0

数据来源：国家统计局。

五、速冻食品

过去十年，我国速冻食品行业市场规模维持了快速的增长势头，行业产值从 2004 年的 45. 66 亿元，上升到 2013 年的 649. 81 亿元，年复合增长率达到 30. 42%，显示出行业良好的发展空间。截至 2015 年上半年，我国规模以上速冻米面食品企业达到 405 家。

2015 年 1—9 月速冻米面食品产量约 3793713 吨，同比增长 3. 26%。速冻米面食品行业资产总额 508. 62 亿元，同比增长 15. 19%。速冻米面行业目前呈现三足鼎立的局面，三全、思念、湾仔码头三者加起来能占到市场 70% 的份额，行业集中度不断提升。如表 1 -6 所示。

表 1 -6　　　　2015 年 1—9 月我国速冻米面食品产量分析

产品名称	单位	地区	本月累计	本月累计同比增长（%）
速冻米面食品	吨	全国	3793713. 37	3. 26

续 表

产品名称	单位	地区	本月累计	本月累计同比增长（%）
速冻米面食品	吨	河南省	2680649.7	6.5
速冻米面食品	吨	河北省	298543	-3.11
速冻米面食品	吨	江苏省	115172.82	7.54
速冻米面食品	吨	吉林省	106256	11.47
速冻米面食品	吨	浙江省	70466.09	9.4
速冻米面食品	吨	广东省	62651.9	9.75
速冻米面食品	吨	安徽省	61571.85	8.62
速冻米面食品	吨	山东省	51704.87	25.27
速冻米面食品	吨	天津市	48952.62	21.47
速冻米面食品	吨	湖南省	46473	-38.3
速冻米面食品	吨	上海市	43533.29	1.28
速冻米面食品	吨	辽宁省	43261	-67.48
速冻米面食品	吨	湖北省	40742.58	5.01
速冻米面食品	吨	福建省	36522	7.58
速冻米面食品	吨	黑龙江省	31695	190.01
速冻米面食品	吨	北京市	21661.45	0.46
速冻米面食品	吨	宁夏	11595.68	13.09
速冻米面食品	吨	四川省	10991.12	-8.24
速冻米面食品	吨	陕西省	5103	149.17
速冻米面食品	吨	山西省	2900.28	-4.48
速冻米面食品	吨	重庆市	2064	33.68
速冻米面食品	吨	新疆	1202.12	0.24

数据来源：互联网数据。

我国速冻食品起步较发达国家晚，虽然近些年发展速度快，但目前我国人均年消费量不足10千克，与美国、日本等发达国家相比，仍存在一定的差距。从发达国家速冻食品行业发展进程来看，行业竞争最终将呈现资源向大企业集中的趋势。由于食品安全直接关乎居民的身体健康，政府部门对于生产企业的监管和社会舆论监督日益严格，小企业将因为不达标以及缺乏有影响力的品牌而逐渐被市场淘汰。

目前，冷链配送系统的完善程度是影响速冻食品销售的主要因素之一。虽然我国冷链配送系统近些年得到快速发展，但完善程度还有待进一步提高，尚不能完全满足速冻食品销售的需要。我国的速冻面米制品虽然已遍布在全国各大中城市销售，但三线、四线城市推广较少，火锅料制品市场的销售更是还存在一定的区域性。随着我国冷链配送系统的不断发展，速冻食品的全国性销售范围将更加广泛。

六、乳制品

2015 年，全国牛奶产量 3755 万吨，同比增长 0.8%。累计进口乳制品 161.1 万吨，较去年同期下跌 11.1%；累计出口数量为 3.33 万吨。2015 年全国累计进口液态奶 47.0 万吨，同比增长 42.8%；累计出口 2.51 万吨。2015 年全国累计进口干乳制品 114.07 万吨，同比下跌 23.1%；累计出口 0.82 万吨。

2015 年，我国奶类产量已达到 3800 万吨，位居世界第三，但人均奶类占有量为 33 千克，仅为世界平均水平的 1/3。在奶制品行业快速发展的同时，行业也面临转型升级问题。目前部分消费者对国产乳品信心不足，生产成本越来越高，出现原奶价格波动频繁，养殖效益低，乳品进口增加等现象。因此，汪洋在会议上强调，要通过采用最严格的标准和监管制度，强化产品质量，提升消费者信心。通过电子商务等创新模式，降低流通成本和提高经营效率。另外，要推进农牧结合，延长产业链，构建农牧民与奶企的利益联结机制。

液态奶主要分为常温奶与低温奶，我国低温奶主要有巴氏鲜牛奶、酸奶、乳酸菌饮料三大类别。在与常温奶的市场竞争中，虽然低温奶受保质期、储运等限制，但是随着消费需求的升级、消费理念的提高，低温奶“渐入佳境”成为市场的新宠儿。

当前我国低温奶与常温奶的消费比例为 3∶7，而欧美发达国家这一比例为 6∶4。数据显示，2015 年整个液态奶的增长速度是 5%，其中常温奶的增速只有 2.7% 左右，而低温奶特别是低温酸奶的增长达到了 10.5%，乳酸菌饮料的增长也超 7%。总体来看，低温奶的增长速度要大于常温奶。目前我国经营低温奶产品的企业数量已经超过了400家，并且区域龙头乳企的低温奶增速甚至达到了20%左右，对常温奶的替代优势越来越明显。在大健康时代消费背景下，消费者健康的饮食习惯逐步培养起来，低温奶市场前景开阔，与之相应的低温储运条件不可或缺，乳制品冷链物流市场也将迎来春天。

第四节　2015年主要冷链相关业态市场情况分析

一、餐饮O2O冷链物流分析

（一）餐饮外卖市场分析

2015年，中国餐饮行业继续在市场结构和商业模式上探索改革创新，全年实现餐饮收入32310亿元，同比增长11.7%，正式宣告进入3万亿元的历史新时期。根据国家统计局发布数据，2015年餐饮收入占到社会消费品零售总额的10.7%，比重也继续回升，且餐饮收入增速于五年后再次恢复至高于社会消费品零售总额增幅的水平，成为第三产业中的重要支柱，为提振消费、扩大内需、保障就业、普惠民生做出了巨大贡献。如图1-24所示。

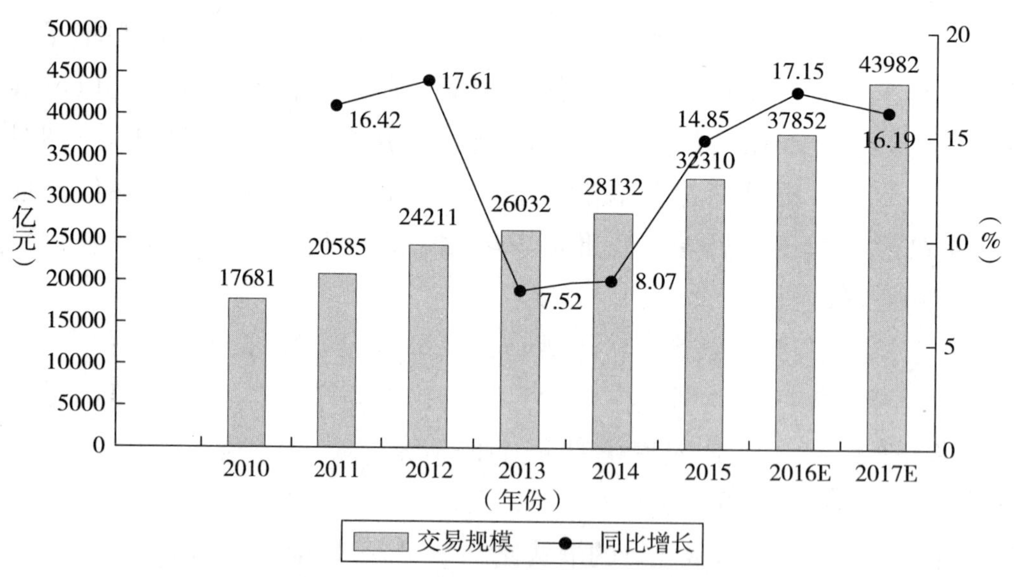

图1-24　我国餐饮市场规模情况

数据来源：互联网数据。

与传统餐饮行业相比，餐饮O2O具有成本低、影响力大、凭借大数据技术掌握市场需求、加速餐饮行业创新等优势。2010 年中国餐饮 O2O 行业市场规模只有 92.2 亿元，到了 2014 年市场规模发展到 946 亿元。餐饮 O2O 行业发展强劲，2015 年市场规模达到 1400 亿元，相比 2014 年增长了 48%，远远高于整个餐饮行业 15% 的增速。根据国家统计局数据显示，2014 年我国餐饮 O2O 行业市场渗透率仅为 3.7%，预计未来 3 ~5 年餐饮 O2O 市场有望维持 30% 以上的增长率，由此可见，我国餐饮 O2O 市场空间巨大。

2015 年互联网餐饮外卖交易规模达 457 亿元，同比增长 201.1%，(2014 年中国互联网餐饮外卖市场交易规模持续攀升，已突破 150 亿元，) 占餐饮业的 5%，距离美国餐饮销售中外卖 10.5% 的占比略低，预计互联网餐饮外卖市场在未来 5 年内仍将保持高速增长的态势，2018 年市场规模将达到 2455 亿元。

根据互联网数据显示，2015 年 12 月互联网餐饮外卖领域整体 APP 活跃用户达 2275.35 万户，整个下半年呈现出走高的良好发展态势，行业用户集中度进一步加剧。从互联网餐饮在地域的发展上来看，在线餐饮的用户和商户仍大量在一线城市聚集，一线城市覆盖率达到 84.1%。而二线、三线城市则相对发展缓慢。伴随外卖行业的深入发展，用户群体出现了结构性变化：2014 年外卖市场用户群体集中于高校学生用户，2015 年各大平台加大了白领市场拓展力度。相比学生用户，白领用户规模更大，购买力更强，同时对补贴敏感度相对较低。

2015 年我国外卖市场份额分布，如图 1 –25 所示。

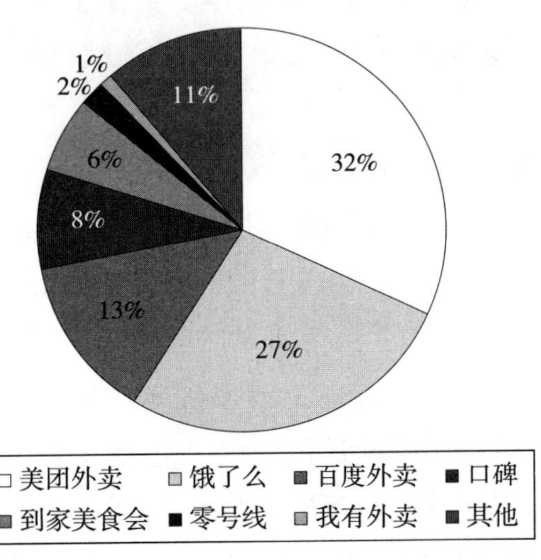

图 1 –25 2015 年我国外卖市场份额分布

数据来源：互联网数据。

（二）主要外卖品牌物流模式分析

1. 美团外卖

美团日前公布的数据显示，截至2015年11月，美团外卖覆盖的城市数量达到305个，日订单量近300万单，预计2016年，美团外卖将在全国新增1000座城市。美团外卖打造了全方位的物流体系，形成了“自营+代理+众包”三位一体的物流模式。

自营模式：京东的自营物流成为与其他电商竞争的撒手锏，但不是所有商家都需要自建物流渠道完成物流配送任务，物流是重武器，成本高可能会拖累企业发展。同样对于美团外卖这类平台，物流是顾客体验的一大痛点，美团外卖在重点区域采用自营物流进行配送，能够大幅提升客户的消费体验。

代理模式：对于美团外卖这样市场前景广阔的产品而言，加盟代理模式可以解决很多问题，满足产品规模快速发展的需求。代理模式由代理商完成配送任务，分担配送压力，同时又能给代理商带来商业机会。

众包模式：以Uber为代表的共享经济正当流行，即通过平台分配任务需求，让社会上闲散的司机等人力资源接单，完成交易闭环。美团众包物流也是最大程度上开发利用社会的闲置资源，将人和外卖单盘活，完成外卖订单的高效配送。众包物流不仅可以解决美团对物流资源的控制性问题，同时可以解决巨大成本投入问题，降低交易成本。美团去年12月上线的众包物流，上线14天，日订单量就突破了20万单，其物流战略的尝试堪称完美。

2. 饿了么

饿了么目前已覆盖260多个城市，日订单峰值超过200万单，每个月订单增速在30%以上，用户数4000万，员工数达10000人，超过98%的交易额来自移动端。饿了么在配送方式一直都是以商家配送为主，但是于2015年4月饿了么已经上线了自行研发的“蜂鸟”配送系统。据称，上线一周，平台上即有10万订单量，有1万多配送员使用，当时饿了么表示，未来两三个月有能力做到10万配送员规模（包括众包）。

饿了么即时配送平台将以加盟商为主体，以自营配送为模板和运营中心，通过众包合作解决长尾订单的方式运行。加盟商除了常规订单配送，还可以通过自行拓展商户、用户，或者扩展配送品类，比如生鲜、商超产品，甚至是洗衣等服务，来实现多元化经营。另外，蜂鸟配送系统将会为加盟商提供定制化的智能调度系统，实现商户个性化管理。

即时配送平台可以做到：

（1）提高效率，降低成本。服务区域各种类型门店，整合需求调配运力，使连单、并单概率大增，平衡峰谷，让配送运力不再闲置，单均配送成本降低。

（2）抵抗波动。雨天的量是平时的 5～10 倍，众包调度系统整合大量边际成本较低的配送资源，用价格机制平衡即时供需。

所以，即时配送平台的整体交易费用会远远低于门店主导的配送，并且 O2O 整个行业越发展，这个趋势就会越明显。在线下物质普遍过剩的时代，服务性和便利性才是 O2O 整个行业增长最大的驱动力。随着智能手机和移动互联网的普及，消费变得更加随意。无论是在家、在路上、在银行、在办公室，消费者甚至可以不用拿钱包，任何场景下都可以掏出手机消费。很多原来被抑制的即时配送需求会逐步释放，而订单规模越大，又会促使及时配送平台的效率更高。

3. 百度外卖

与美团外卖、饿了么不同的是，百度外卖基本不做大学生外卖市场，且到现在也没这个意向。目前，百度外卖已经在其覆盖的 130 多个城市中，取得白领外卖市场份额第一的成绩。

百度外卖成立之初选择了自建物流的配送模式，目前百度外卖在全国拥有超过四万的配送员，并且自建了自营物流团队“百度骑士”，每位百度骑士都可按照“百度大脑”设计的路线快速送餐。

自营物流成本非常高，也只有百度外卖敢触碰这个沉甸甸的配送模式。百度外卖市场规模的扩大，开拓城市的增多，管理人员、配送员的数量也会急剧增加，成本就会越来越高，最终会影响到的就是百度外卖的发展速度。

2015 年 10 月，百度外卖已经开始尝试众包物流了，现正在北京试点。百度外卖的众包模式采用的是驻点模式，在众包管理架构上设置了骑兵长等管理层级对众包人员进行规范管理，此外，百度外卖的众包人员依旧会是统一着装，每一位众包人员都要接受正规培训后，才能正式上岗。虽说是众包，但百度外卖对依旧对众包人员进行着严格的管控，以此来保障用户的体验不打折。百度外卖自营物流和众包物流不存在矛盾，两者并存且会共同发展。常规订单依旧用自营物流，而单量密集的餐厅和全程配送的订单，则采用众包物流。

（三）中国互联网餐饮外卖将呈现四大趋势

1. 生活社区市场潜能逐步释放，份额占比有望与白领市场看齐

目前，中国互联网餐饮外卖市场中占据主要份额的仍然是白领商务市场和学生校园市场，而生活社区市场整体规模较小，行业空间有待进一步挖掘。但是，随着平台业务规划的不断完善深入，生活社区必将成为外卖平台下一个重点拓展的细分市场。相比白领和学生用户，社区用户对正餐需求旺盛，消费支出更高，对服务和菜品质量要求严苛，但对补贴敏感性较低，所以需要外卖平台一方面加强中高端餐饮商户的引入，另一方面持续提升服务能力。未来，生活社区在外卖整体市场的份额占比有望与白领商务市场看齐。

2. 继续完善送餐物流系统，保障送餐及时性

送餐及时性是影响外卖用户消费体验的重要因素。2015 年，各大外卖平台都在送餐物流方面投入了大量的资金和人力，通过自营、代理、众包相结合的方式不断完善送餐物流系统，包括饿了么、美团外卖和百度外卖在内的主要外卖平台，自配送订单占比都在快速提升。而送餐物流系统也成为外卖平台的重要竞争壁垒，不仅支撑起现有的餐饮外卖业务，而且是外卖平台拓展延伸外送业务的重要载体。现有第三方宅配物流可抓住基于，与该系统整合。

3. 横向拓展周边品类，由外卖平台升级为综合外送平台

餐饮外卖是高频、刚需业务，用户活跃度较高，随着用户规模的不断扩大，外卖平台积累了丰富的流量资源，而横向往餐饮外卖的周边品类做拓展，不仅可以提高流量的利用率，还可以实现由单一垂直业务向综合平台升级。目前，各大主流外卖平台都开始不断延展品类版图，开通生鲜、商超、鲜花、药品等外送品类。此外，由于餐饮外卖的配送时间相对集中，所以引入更多品类可以填补配送团队在用餐闲时的业务空缺，提升其产出效率。

4. 进入产业链上游，拓展食材供应市场

为了给用户提供丰富的外卖选择，外卖平台不断在线下拓展商户资源。目前，各大外卖平台的合作商户数量都达到了数十万量级。对于其中比重最大的中小商户来说，食材采购是长期困扰他们的难题，因为本身需求量不大，所以很难实现规模化批量采购，采购成本较高。而外卖平台掌握着大量用户消费数据，对合作餐饮商户的真实运营情况也了如指掌，知悉商户对不同食材的动态需求，这些都为外卖平台拓展食材供应市场提供了足够的数据支持。通过聚合大量中小商户的采购需求，平台可以实现规模化集中采购，帮助商户降低采购成本，同时借助外卖平台的配送系统可以有效提升食材的配送周转效率，减少商户工作量。进入上游食材供应市场，不仅可以帮助外卖平台获取更多营收来源，完善生态布局，也可以提升商户满意度，稳固双方合作关系。

二、生鲜电商冷链物流分析

生鲜电商因被称为是电商领域最后一片蓝海，从而备受瞩目，生鲜电商的飓风刮起，大企业渴望借势扶摇直上，创业者希望凭借好风飞得更远。生鲜电商的热度从 2014 年开始便是有增无减，电商巨头都在布局生鲜业务，天猫、京东、亚马逊、顺丰优选、一号店、我买网等综合型电商无一缺席；同时，垂直型生鲜电商本来生活、天天果园也相继拿到融资。未来随着生鲜电商产业链的不断完善、各方大力推广生鲜电商以及用户消费习惯的养成。

根据统计，2015 年生鲜电商规模达到 542 亿元，比去年增长 87%，几近翻番。同时也可以看出，自 2012 年起生鲜电商市场规模增速从 285% 不断降低，在经济大潮的影响下，风口不断淡去，市场逐渐回归理性，预计未来两年生鲜电商依然保持高速增长，前景巨大。如图 1－26 所示。

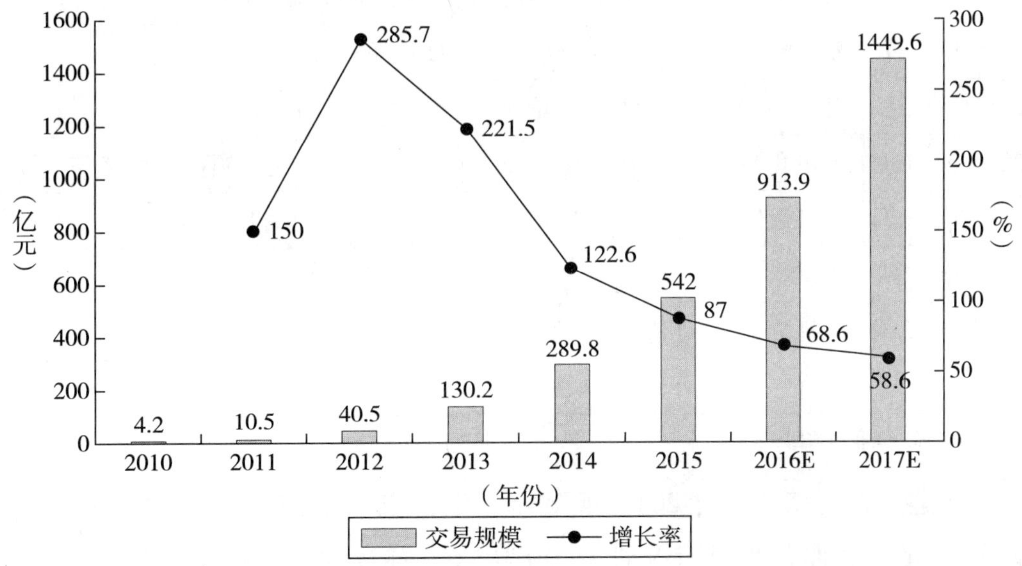

图 1－26　2010—2017 年生鲜电商市场规模及其变动情况

数据来源：互联网数据。

2015 年，生鲜市场规模 124000 亿元，生鲜电商市场 542 亿元，占比仅仅 0.4%；随着中产阶级人群的增加，消费者对于生活品质的提升和生鲜果品品质的关注，以及 90 后逐渐成长为主流消费者，由此带动的消费习惯和消费行为的变化，对于网上购买，精确讲对于终端购买更加依赖。预计到 2017 年，生鲜市场规模 170000 亿元，生鲜电商突破千亿元，占比 0.8%，再次验证生鲜电商空间巨大。

2015 年各生鲜品牌融资情况，如表 1－7 所示。

表 1－7　2015 年各生鲜品牌融资情况

时间	生鲜品牌	融资情况
2015 年 1 月	本来生活	B 轮数千万美元投资，知名美元基金领投，其他基金跟投
2015 年 4 月	每日优鲜	500 万美元种子天使轮融资。投资方为光信资本
2015 年 4 月	多点	获得 1 亿美元的天使轮融资，由 IDG 领投
2015 年 5 月	俺有田	获得 Infinity Venture Partners 数百万元天使轮投资
2015 年 5 月	天天果园	7000 万美元的 C 轮融资，由京东领投，海纳亚洲创投基金（SIG）、锴明（Clearvue）投资等机构跟投
2015 年 7 月	菜篮网	A 轮融资，投资方财晟资本
2015 年 8 月	水果 1 号	天使轮 1000 万元，晶凯资本泰有资本
2015 年 9 月	爱鲜蜂	获得 7000 万美元 C 轮融资
2015 年 9 月	百果网	4 亿元 A 轮融资
2015 年 11 月	中粮我买网	获得 C 轮 2.2 亿美元，由泰康人寿领投，百度等跟投
2015 年 11 月	每日优鲜	2 亿元 B 轮，腾讯领投，浙商创投
2015 年 12 月	本来生活	C 轮 1 亿美元，九阳投资等领投
2015 年 12 月	拼好货	获得 B 轮千万美元，高荣资本，IDG 资本跟投
2015 年	许鲜	2015 年成立后大规模扩展

数据来源：互联网数据。

根据行业不完全统计 2015 年至今，生鲜电商领域公开的融资额竟高达近 30 亿元。然而，2015 年上半年 4000 家生鲜电商中只有 1% 的企业盈利，4% 的企业盈亏持平，88% 的企业略亏状态，7% 的企业巨亏，也就是说

95% 的企业在赔本赚吆喝。何以至此，根据企业调研可以发现，因生鲜商品具有易损耗等特点，行业内平均损耗率达到 20%，估算生鲜电商中冷链配送成本占比 30% ~50%。冷链配送成为生鲜电商发展的瓶颈，真可谓不平冷链何以平损益！

面对 2015 年各企业惨烈的经营情况，2016 年资本方放缓投资节奏，电商物流企业也在热潮之后回归理性发展，回归物流服务的本质，或不断深耕供应链或整合社会资源，提升标准化和服务水平。

（一）生鲜电商物流存在的问题

生鲜电商从发展之初到红极一时再到现在的沉淀期，虽然过关斩将解决了很多问题，但是因其产品特性和目前的市场情况，一些老大难的问题仍尚未解决。不同于发达国家具有的先进的零售和便利店系统以及已经成形的消费习惯，我国生鲜电商市场还需在摸索中前进，在市场格局尘埃落定之前，这些问题还需面对和不断讨论。

1. 产品、服务非标准化

产品的非标化严重影响生鲜配送的流转效率，也是造成流通过程中损耗率居高不下的原因，这一方面是由生鲜品本身的特性决定的，果蔬不是工业品，不具有统一的规格大小、形状和包装，导致流转中不能标准作业，另一方面是由生鲜电商发展阶段决定的。我国蔬菜水果在产地还是粗放型的管理方式，不注重产品产地预冷、包装、初级工，缺乏附加值和商品化，这不仅损害了生产者的利益，也为生鲜品流通带来不便，提高了损耗率。

除此，全国冷链物流公司的服务缺乏统一的标准，不同物流公司的服务水平参差不齐，同一物流公司在不同地区服务标准也不相同，在发达地区，物流网络搭建完善，冷链物流发展较为标准和完善，二线、三线城市生鲜电商趔趄前行，甚至是伪冷链。产品和服务的标准化问题亟待解决。

2. 损耗率高、物流成本高

生鲜商品的保存对于温度湿度要求比较高，尤其像草莓、桃子、杧果等一些较为柔软的水果如果不在既定的温度范围内，在分拣、装卸、搬运过程中极易产生腐烂。目前行业平均腐损率达到 10% ~20%，但是目前也有个别生鲜电商平台通过自建物流、直配、预购等模式降低腐损率到 3% ~5%。

根据统计，生鲜商品冷链物流配送成本约占到30% ~50%，相对普通货物而过高。订单量不足和客单价不够高导致冷链配送的成本过高。根据顺丰的计算，单在北京市六环内平均每单冷链配送的成本在40元以上，而客单价必须超过200元才可能不亏。提高订单量和单价的障碍是产品价格和整体消费力水平，这两条都很难改变，但相对而言，降低产品价格可能性更大一些。

3. 第三方冷链物流市场不规范

无论是生鲜电商平台自建物流，还是采用灵活的外包专业第三方的方式，大家都是在成本中博弈，在收支中权衡。有些企业出于战略规划建设圈地，而有些企业是却是迫于无奈选择外包，行业内第三方冷链物流市场尚不规范这一事实影响着电商平台的选择和发展。主要表现在冷链物流公司尤其是城市配送和宅配多数地域性企业，不同地区要寻求不同的合作伙伴，不同企业又有不同的操作标准；因同质竞争从而开始平台补贴和物流商价格战也时有发生；配送过程“伪冷链”也并不新奇等；冷链物流公司集中度很低；这些问题都反映出目前的是第三方物流市场尚不规范，一定程度上制约着生鲜电商平台的发展。

（二）当前的几种电商物流模式

1. 电商自建物流系统

这种模式是典型的重资产模式，固定资产投资大，回收期长，管理难度和成本高，非常具有进入门槛。该种自建冷链系统的模式当然也具有圈地特性、管理灵活、服务品质易控制等优势。典型的代表有综合电商平台京东，垂直类电商平台易果生鲜、天天果园，新起之秀河马鲜生等。中粮我买网也在逐渐进入这个行列，斥巨资投入供应链建设中。天天果园通过自建物流系统将损耗率降低3% ~5%。

2. 物流商发展线上业务

这种模式的典型代表就是顺丰优选，凭借顺丰冷运铺设的全国性密集的配送网络和庞大的配送团队实现快速高效的冷链配送，由物流带动商流发展。海外的物流网络和航空物流优势让海外直采和直采直配成为可能。顺丰的品牌为其线上产品的生鲜做了很好的背书。

3. 外包专业第三方物流企业

这种模式也分为两类，一类是电商平台完全将配送业务外包，典型的代表有电商巨头天猫生鲜超市，接单后由商户自行选择合作快递或者物流公司进行生鲜配送；根据天猫生鲜超市披露，其占据生鲜电商市场 80% 的销售额。另一类是平台将部分生鲜配送业务外包，用户平台下单后，由当地专业的第三方冷链物流公司完成配送，顺丰冷运、中冷极客猫、安家宅配、黑狗等冷链物流公司都积极加入这个行列。代表的电商有本来生活、沱沱工社、每日优鲜等。

4. 第四方物流平台模式

与完全自建物流系统相对应，这种模式是绝对的轻资产模式，并不投入资金和人员从事物流和配送业务，这种模式的公司更像是信息技术公司，建立订单和配送系统和管理标准，作出最优配送决策后由第三方物流公司完成配送。代表企业有从事餐饮食材集采集配的众美联和从事全国生鲜配送的九曳供应链。

5. 社区宅配模式

这种模式是生鲜 O2O 的典型代表，电商平台定位社区、学校或者办公楼这样的小范围内的用户，用户通过移动端快速下单，平台通过社区微仓自己配送或者通过众包的方式在 1～2 个小时完成配送。这种模式更能满足消费者尤其是年轻消费者及时性、多样化的需求，另外平台也可以通过预定模式，通过减少库存降低损耗，代表企业有与当地便利店合作的本来便利、每日优鲜旗下的优鲜宅配、定位办公区的一米鲜和定位高校和社区的预定模式的许鲜。

（三）生鲜电商新趋势

随着高端用户的增长，国内食材、水果已经不能满足消费者挑剔的味蕾了。根据调查生鲜电商强需求排在前三位的是：进口水果、海鲜水产、国内平价水果。自 2015 年起跨境生鲜电商及跨境生鲜平台不断崛起，成为一个新亮点。2015 年，仅上海口岸就进口水果 100 万吨，平均每天进口超过 2700 吨。2015 年上半年，中国跨境电商交易规模为 2 万亿元，其中进口部分占据了 85%。预计 2016 年中国跨境电商进出口贸易额将达 6.5 万亿元，势头强劲。

根据《进境水果检验检疫监督管理办法》，进口水果必须获得《检疫许可证》及输出国或地区官方检验检疫部门出具的植物检疫证书。根据规定进口生鲜食品还应当用中文标注生鲜食品的名称、原产国及具体产地、生产者名称、生产日期、进口日期、保质期等内容。中国是农产品管控国家，国家肉类的进出口拍照总共就发72家，所以很多企业是通过与其他公司或者自贸区合作来完成生鲜商品的跨境。例如，京东与易江南宣布达成战略合作，在广州市白云机场跨境保税区正式开启国内首家跨境保税生鲜自营仓，为用户提供更优化的服务流程。天天果园在全球17个地方有直供体系，精选全球鲜果美食，搭建从产地到消费者之间的直供平台，跨境生鲜与上海跨境通国际贸易有限公司合作，保证质量。我买网建立起“海外原产地—原产地采购—我买网销售—消费者”的海外直采模式，中间不经过任何第三方参与，海外设置众多分支机构。

第五节　2015年中国冷链物流发展回顾与展望

2015年，冷链物流行业发展的关键词是“优化基础、调整结构、转变方式”，与以往几年发展情况不同，2015年，国家和地方政府更加注重政策环境的建设和实施政策的落地，将主导权交给企业，自身加强监管。企业不再执着于冷库等基础设施的建设和冷藏车等设备的购置，而是沉下心来修炼内功，开拓思路寻求转变。下面对2015年我国冷链物流整体情况做简要回顾。

一是冷链政策环境持续利好。《新食品安全法》的出台实施，对上下游环节的食品安全要求更加严格，冷链物流得到进一步重视和发展。此外，《国务院关于积极推进“互联网+”行动的指导意见》中指出，鼓励发展社区自提柜、冷链储藏柜等新型社区化配送模式，完善冷链仓储建设等关键问题。此外，地方政府也相继出台冷链专项规划。一系列冷链政策红利的释放，无疑给冷链物流发展创造有利环境。

二是冷链标准不断完善，行业门槛逐步建成。2015年，从国标委、发改委等标准主管负责部门，到以冷链委、冷标委为代表的行业标准制定协会，再到冷链行业龙头企业和科研院校专家，都在加快冷链空白领域的标准制定，以及整个冷链物流标准体系的完善。从冷链物流的基本分类与要求，到水产、肉类、餐饮、乳制品、海产品、药品，再到冷藏车、冷库、冷藏箱，冷链物流的标准门槛已初步建立。2015 年依据《物流企业冷链服务要求与能力评估指标》国家标准，中物联冷链委在全国范围内展开星级冷链物流企业评估工作，取得很好成效。冷链行业正在变得有标准可依，有标杆可选。

三是冷链市场需求稳定增长。2015 年，我国禽蛋产量为 2999 万吨，猪肉产量为 5487 万吨，牛肉产量为 700 万吨，羊肉产量为 441 万吨，禽肉产量 1826 万吨，水产品产量为 6690 万吨，速冻成品产量为 528 万吨，牛奶产量 3755 万吨……相比 2014 年，这些数字均还有不同程度的上涨，如此庞大的产业支撑，可想而知冷链的市场需求和发展空间还有多大。当前，我国需要冷链服务的产品市场，预计总价值超过 3. 6 万亿元，如果冷链成本按最保守的 5% 计算，整个市场超过 1800 亿元。

四是冷链基础设施合理增长，冷链整体水平提升。据中物联冷链委不完全统计，2015 年全国冷链物流百强企业收入总额为 173 亿元，同比增长 16. 9%，收入总额不足冷链市场 10%。2015 年全国冷藏车预计增长 17452 辆左右，冷藏车保有量突破 9. 34 万辆，同比增长 18. 4%。2015 年全国冷库新增 390 万吨，冷库总保有量达到 3710 万吨，折合 9275 万立方米，同比增长 11. 76%。

2015 年，果蔬、肉类、水产品的冷链流通率分别达到 22%、34%、41%，冷藏运输率分别为 35%、57%、69%。对比来看 2010 年发改委出台的《农产品冷链物流发展规划》提到的发展目标，已经完成并略有超出。

五是传统冷链业务份额收缩，新机遇凸显。冷链企业受食品生产制造，以及零售行业的业绩下滑影响，部分传统冷链业务缩水成普遍现象。据统计，2015 年上半年，主要零售企业关店 120 家，商超冷链配送业务份额下降约 25%。但与此同时，随着“一带一路”国家战略的实施，中国与更多国家自贸协定的签署，上海、广东、天津、福建自贸区的运营，使得高端食品进出口业务快速增长，例如天津港的进口冻肉，深圳港的进口高端水果，进口量均得以大幅攀升，这对平衡传统冷链业务下滑，开创冷链新的营收板块，起到重要作用。

六是冷链企业借助资本力量前行的步伐加快。海航冷链、小田物流、齐畅冷链、镇江恒伟、凯雪冷链等纷纷登陆新三板或 E 板，大韩通运控股荣庆物流、三井物产与领鲜合资、伊藤忠与辽渔牵手，此外快行线融资1000万美元，码上配天使轮获千万元投资，九曳供应链A轮融资数千万元。总之，2015年是金融资本和冷链物流结合的最紧密的一年，也是实质性动作最多的一年。有资本助力，冷链发展固然会走上快车道，但需要思考的是，资本是把双刃剑，做好资本扩张与冷链服务的平衡显得尤为关键。

七是生鲜电商依旧很热，O2O大行其道，但隐忧显现。据统计2015年我国生鲜电商交易规模达到560亿元，并将在2017年突破1000亿元。2015年中粮我买、天天果园、本来生活、每日优鲜等纷纷拿到融资。而在餐饮外卖、食材配送、生鲜社区、超市便利店等领域，O2O业务更是如火如荼的发展。需要指出的是，生鲜电商和O2O表面看一片大好，但背后形势不容乐观，如果不能通过控制产品源头、完善冷链体系、市场差异化定位等有效手段，来加强客户黏性，一味只靠价格战和补贴来赢得短期客户，等资本热潮一旦退去，必将造成市场重新洗牌。

八是利用互联网+，冷链行业模式不断创新。随着生鲜电商、跨境电商、食材配送、餐饮外卖，以及O2O市场的快速崛起，行业内涌现出像：安家宅配、黑狗冷链、九曳供应链、码上配、极客猫、冷联天下、神盾快送等一批具有创新模式的冷链企业，他们的出现，为传统的冷链格局带来了生机，为我国冷链行业进一步快速发展提供了源源不断的内生动力。

2016年随着城市化进程的日益加快，生活消费的不断升级，人们对食品安全和生命健康的进一步关注，冷链行业的总体发展趋势仍将一路高走。这其中除了政策标准环境、基础设施建设、冷链市场规模持续向好之外，还将有一些新的变化：

一是冷链产业链将更多的向“最先一公里”和“最后一公里”延伸，这两个市场蕴藏的冷链机遇，将被越来越多的开拓和挖掘。

二是新常态下将有更多传统行业的企业跨界进入冷链市场，他们在原来业务领域积累的优势和资源，可能会给现有冷链企业带来新的冲击，并实现弯道超车。

三是冷链市场趋于整合和爆发，投融资并购还将接连上演，当前冷链“群雄割据”的局面将有望改观，全国性、综合性的冷链龙头企业会逐渐冒出头来。

四是传统企业+互联网，冷链+互联网，原有的产业机构和供应链将被重塑的同时，必将释放新的冷链商机，谁能抓住机遇，谁就有可能脱颖而出。

五是随着冷链产品全球化、多元化、定制化的需求发展，更多的冷链运输方式将会出现并占有一席之地，铁路、船运、航空冷链将迎头赶上，不再是公路冷链运输“一枝独放”。

第六节 2015 年国外最新冷链物流经验

2015 年，中物联冷链委统计的国内冷库容量 3710 万吨，折合 9275 立方米。欧洲方面，荷兰 1400 万立方米，德国 1290 万立方米，法国 820 万立方米。按照 2014 年荷兰 1685 万人、德国 8110 万人、法国 6661 万人来算，这 3 个国家的人均冷库容量分别是中国的 15 倍、2.5 倍、2 倍。冷链发达国家有以下经验值得我们去学习和借鉴。

第一，责任和可持续发展的理念。欧洲 50% 以上的冷链企业都是家族企业，他们的国家在冷链管理的法律法规方面并不是很严格，只是有一些第三方的认证机构，更多的是靠企业家的社会责任和良心，自觉做更好的产品，自觉做更好的品牌。而且冷链投资回报周期时间长，都超过 10 年以上，有的甚至没考虑过回报期，几十年的冷库依然很节能。反观国内企业大多对品牌不重视，大众消费者对于食品品质也不敏感。

第二，全程标准化和精细化管理。从基地开始一直到终端，全程的标准化度非常高。举个简单的例子就是从托盘与冷藏车的尺寸对接，托盘上面的包装尺寸，每个包装尺寸都是环环相扣，包装标准化使得物流效率很高，成本很低。国外冷链企业的利润并没有想象的那么高，我们在日本考察的时候问一家投资冷库的企业，他们的回报期是多长，他们的回馈是 30 年，对比来看，国内差不多 3 年就要回报。他们的利润确实非常低，基本上在 3% 左右，所以对于企业全程的精细化管理要求是非常高的，稍微哪个地方出现问题就要赔钱。

第三，集约化、园区化发展。贸易商都在冷链物流园区里面上班，冷链物流公司把办公室租给贸易商。我们曾经考察一个冷链物流园，整个园区全是做水果的贸易商，包括做香蕉、杧果、苹果等都有，冷藏车进入园区开始一家一家送货，先进哪一家都是提前预约好的，进去之后用叉车很快卸完货，又到下一家。全部卸完之后，又开始一家一家的装货，整个过程冷藏车的效率非常高。所以，冷链园区不仅包括冷库，还是冷藏车的聚集地，同时是一个智慧园区。

第四，生鲜是未来。在国外我们去超市或者便利店考察的时候，发现鲜食产品的比例是超过冻品的，0℃～10℃的产品，以及保质期7天内的产品，是未来的趋势，近几年发达国家建的很多库都是冷藏库，国内趋势正好相反，国内现在建的大部分都是冷冻库。经常有上下游的企业咨询我们，特别是零售、餐饮、电商企业要在北京找配送冷藏库，这时就会发现北京冷藏库非常少。同样像酸奶这种产品在中国的增速非常快，年增长超过50%，所以接下来真正的品质需求板块是生鲜。

第五，商业体系健全。我们去经济发达的国家考察，想参观一些代表性的生鲜电商物流企业，比较少，因为他们的商业体系太健全了，基本上没有电商太多的发展空间。就拿中国台湾来讲，基本上200米就有两三家店便利店，台湾只有2000多万人便利店却有一万多家，基本上实现无缝覆盖。跟欧洲的同行聊生鲜电商，他们都感到很惊讶，问我们不看到的生鲜产品敢买吗？国内的商业体系和供应链还很不健全，给了生鲜电商发展的机会。

第七节　2016年中国冷链物流企业发展趋势

2015年，中国的冷链物流行业风起云涌热闹非凡，生鲜电商、餐饮外卖、生鲜O2O快速发展，第三方冷链物流企业开始并购、融资、三板上市的步伐，资本方蠢蠢欲动频频出手，第四方物流和平台型企业异军突起。然而，随着经济形势的渗透，风口逐渐平静，资本与企业趋于理性，眺望2016年，主要有如下几大趋势。

一、加强人才梯队建设

冷链物流作为一门专业性和技术性较强的综合学科，对于从业人员的水平有较高的要求，随着冷链行业的火热发展，人才缺口越加扩大。加之我国冷链物流起步晚，高等院校和职业院校尚未设置该专业，人才的培养及梯队的建设成了目前冷链行业亟待解决的问题。通过冷链委近几年的企业调研发现，冷链管理者断层、基层工作者素质差、从业人员异常繁忙、能者过度疲劳等现象十分普遍。这都与普货物流的人才建设有较大差距。反观德邦的人才培养体系则十分完善，并被称为零担和产品物流行业的黄埔军校，这正是德邦能在短短几年内能将营业额从几亿元做到上百亿元的基础。未来，冷链企业一定要把人才培养提升到第一战略，应该建立自己的人才培养计划，引进管培生等人才培训机制，加强企业内部培训，注重参加社会培训。

二、加大技术投入

目前，我国冷链物流公司多数还处于粗放管理阶段，冷链需求不能随时得到满足，冷链资源无法实现充分利用，冷链运作成本高效率低。要想实现降本增效，实现自动化、智能化，技术投入不可或缺，冷链领域的领头羊顺丰一直让同行望其项背，靠得正是其内部三千余人的技术团队的支持。未来的物流公司更倾向于是技术公司，甚至可以是 IT（信息技术）公司，这两年涌现的车货匹配平台很多以及第四方物流公司，今后一定会进入冷链这个行业。外卖配送企业美食送就是一家技术很强的企业，通过大数据统计分析和精确的云计算，让配送决策实现最优。通过企业调研，也发现目前的相当一部分冷链物流企业甚至无法配备合格的物流信息系统，严重影响作业效率和冷链服务质量，而放眼未来，全程可视化的温控物流服务会成为基本服务，技术会成为冷链物流新的壁垒，冷链物流公司必须通过技术投入实现转型升级。

三、借助资本的力量

如果说 2015 年是资本选中了冷链，那么 2016 年冷链一定要学会拥抱资本。近几年各行各业的烧钱圈地也好，补贴大战也罢，资本用它的力量影响并塑造着市场，无论是快速完成洗牌的打车市场，还是即将尘埃落定的餐饮外卖大战，以资本维度弥补时间维度，是一种快速胜出的博弈也是市场发展的必然，资本的杠杆作用不容忽视。2015 年，冷链行业的投融资和并购的案例已经很多，比如海航冷链、深圳小田、中冷等企业挂牌新三板，借助资本的力量走向更开阔的天地，相信这个行业的资本热潮已经来了，资本的进入同样会加速冷链物流行业的洗牌。

四、拥抱移动互联网

调查显示，在当今市场环境下，如果一家公司有 30% 的业务跟互联网相关，说明这家公司还是一个正常增长的公司，如果这家公司有 50% 的业务跟互联网电商相关，说明这家公司是一家快速增长的公司。所以生鲜电商、餐饮外卖、零售 O2O 也好，移动互联网已经渗透冷链行业，互联网正在改变产品的销售模式，我们的企业家就要学会拥抱他们，看看冷链这个链条上哪方面与他们合作，找好自己的定位，市场机会的出现正等待别人捕捉。

五、深度冷链网络的构建

物流的核心价值在于网络，单点发展将来必成为别人的囊中之物。冷链物流网络分为一张大数据信息化天网和干线网络、冷库网、区域 + 城配网、宅配网四张地网，以信息网串联四张地网，实现互联互通。拥有任何一个网络都将十分有价值。冷链食品因具有易腐性对温度要求较高，缺乏完善的冷链物流高速公路，冷链食品无法流通到更远的地方，直接影响销售。这也是如火如荼的生鲜电商难以迅速扩张、甚至一些优质速冻品、生鲜品难以“下乡”的原因。然而，随着人民生活水平的提升和冷链意识的加强，二线、三线城市才是更大的市场。由物流带动商流发展实现跨界创业正是基于此理论。顺丰优选正是基于顺丰在全国密集的物流网络而迅速发展，如果一家物流企业在山东省建立了一个无缝覆盖的冷链网络，那么很容易孵化一个食品贸易公司。网络的深度对企业发展至关重要，这在 2015 年得到了得到充分体现。现在 BAT（三大互联网：百度、阿里巴巴、腾讯）已经布局农村，网络深度化的发展是所有冷链企业一定考虑的。

六、资源平台共享化

如今，零和竞争的时代已经成为过去，基于互联网 + 的共享经济时代已来临，信息越来越透明，信息获取成本越来越低，信息处理量却越来越大。小而全的经营模式势必拖慢企业的经营速度，降低竞争力。碎片资源整合才是上策。目前我国冷链物流市场尚不规范，企业规模小、冷库、冷藏车资源比较分散，空载率高与冷藏车难寻的矛盾局面同时出现，这都亟待第四方的物流平台来整合现在行业内的碎片化资源，提高资源利用率和运作效率。现在已经有很多企业在尝试做资源的整合平台。未来会出现全国性的冷库资源平台 + 运力池的模式，以性质定模式，有平台公司，有运营公司，也有冷链资产的管理公司，专业的公司做专业的事情，共享资源和利润。

七、服务的深度化

服务的深度化有两层含义。第一，物流业的本质还是服务行业。冷链物流因事关食品品质与安全对于服务品质要求更高，而目前行业中因利益关系“断链”现象时有发生，劣币驱除良币的竞争秩序影响着行业服务品质。随着消费者冷链意识的提升会有越来越多的客户会为高品质服务买单。只有提高服务质量，注重服务，才会获得长远发展。第二，目前多数的物流企业还停留在最简单的运输、配送、仓储、装卸、分拣这些基本功能，然而上下游企业希望物流企业可以办理更多增值业务，提供全方位深层次一站式的服务。未来冷链物流企业的挑战即在此，调研中发现很多创新型创业公司能够快速夺取传统物流企业业务，正是借此机会。企业对于整个产品认识的深度，对整个产品运营的认识深度，决定了物流企业的发展高度和速度，服务的深度化、专业化才是制胜的王道。

八、供应链化

由物流功能向上下游的延伸让供应链化成为未来冷链企业发展的趋势，未来行业的龙头企业一定会做供应链，包括采购、物流、商流、资金流、信息流的配套与融合，全球领先的冷链企业同样要走向供应链化。

第二章 2015年中国冷链仓储发展分析

第一节 2015年中国冷库发展概况

根据中物联冷链委统计，2015年全国冷库总量达到3740万吨，折合9350万立方米，与去年3320万吨相比增长12.6%，增速回落明显。由2011—2015年中国冷库容量及变动情况（如图2-1所示）可以发现，冷库增速呈现明显波动状态，这与冷库建设周期长有密切关系。2011—2015年五年间，我国冷库行业以年均10%以上的增速发展。2015年增速虽然有所减缓，相对于其他行业发展稳健。预测2016年以及未来五年，我国冷库行业仍将保持稳定增长，冷库库容规模继续扩大，增速随着基数增高、行业逐步进入成熟发展期等因素影响趋于收窄。

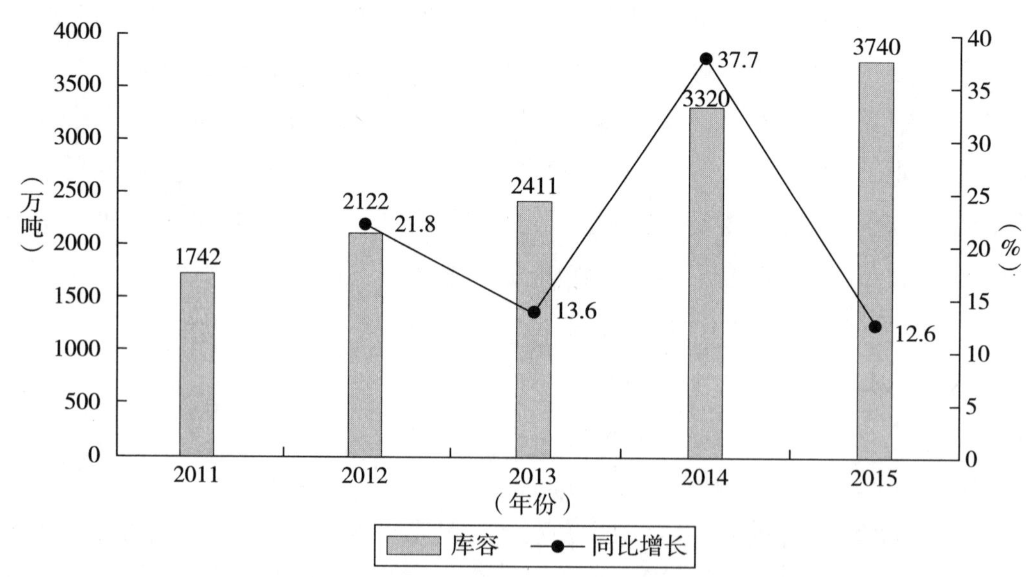

图2-1 2011—2015年全国冷库容量及其变动情况

根据冷链委对全国近千家企业调研，统计数据来看，我国冷库主要集中在华东地区，华东地区现有的冷库容量占到了全国总容量的接近四成。西北地区冷库分布也比较广泛，华北和华中地区冷库拥有量相差不大。东北地区目前拥有冷库容量较少，市场发展前景广阔。山东省以库容 461.23 万吨居首位，河南、山西、陕西、江西、宁夏、贵州、青海等省份库容增速明显，可以看出华东地区稳步增长，中西部开始投入冷库建设，部分省份具有较高的增长率也和基期冷库容量较小有关。全国各省份冷库库容的详细数据如表 2－1 所示。由以上数据可知全国七大区域冷库分布占比情况（如图 2－2 所示）。

表 2－1　　　　全国各省份冷库库容情况

排名	省份	库容（万吨）	同比增长（%）	排名	省份	库容（万吨）	同比增长（%）
1	山东	461.23	0.73	16	山西	93.67	128.63
2	广东	275.06	37.63	17	甘肃	87.8	30.46
3	江苏	263.91	45.49	18	安徽	87.1	21.39
4	上海	237.69	2.92	19	四川	84.48	11.89
5	河南	222	70.95	20	新疆	73.7	0.00
6	辽宁	201.31	22.26	21	陕西	62.58	85.26
7	湖北	185.1	10.90	22	黑龙江	60.46	19.72
8	福建	179.8	6.14	23	江西	58.56	74.08
9	浙江	159.2	13.07	24	广西	52	0.00
10	天津	135.44	3.52	25	贵州	48.3	289.52
11	重庆	123.96	0.00	26	宁夏	46.8	81.40
12	河北	117.55	12.38	27	海南	46.155	2.91
13	北京	110.91	18.10	28	吉林	20.97	8.82
14	湖南	106.2	26.13	29	内蒙古	20.8	35.95
15	云南	105.5	4.39	30	青海	12.18	85.39

数据来源：中物联冷链委。

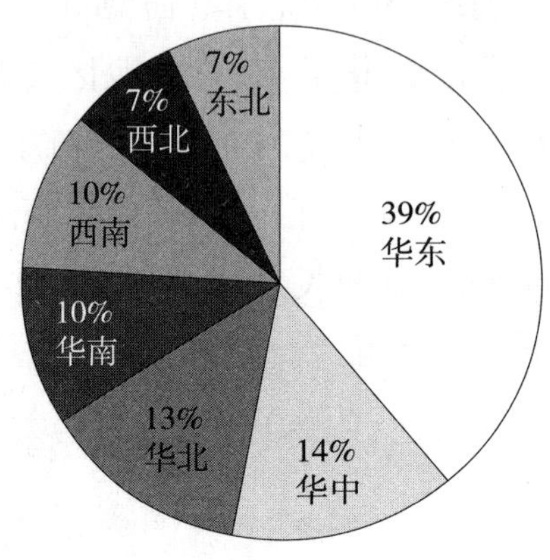

图 2－2　2015 年全国七大区域冷库分布结构

数据来源：互联网数据。

2015 年部分新增投入使用的冷库情况，如表 2－2 所示。

表 2－2　　2015 年部分新增投入使用的冷库情况

序号	项目名称	库容（立方米）
1	厦门银祥肉业有限公司	100000
2	成都紫燕食品有限公司	150
3	四川省大华农产品市场管理有限公司	125000
4	四川国际农产品交易中心	50000
5	南充川北农产品交易有限公司	5000
6	成都佳享食品	34000
7	上海广德物流有限公司	13000
8	上海苏宁物流有限公司	2000
9	成都银鹭食品有限公司	8640
10	湖南红星冷冻食品有限公司	375000
11	湖南山河医药供应链有限公司	1223
12	长沙沃霖农副产品开发有限公司	50389
13	苏果超市	30000
14	云南曲靖陆良蔬菜冷链物流园	412000
15	中国—东盟（钦州）农产品大市场	25000

续　表

序号	项目名称	库容（立方米）
16	华美冷库	250000
17	常德佳和冷链食品销售科技有限公司	37500
18	王顶堤红旗农贸综合批发市场	125000
19	徐州冷链物流园	37500
20	湖南衡阳白沙洲物流园	87500
21	上海永来物流	12000
22	合生元湖南分公司	6000
23	江苏常州孺子牛公司	40000
24	浙江湖州长兴物流园	20000
25	国际远洋渔业冷链物流加工园区	250000

数据来源：中物联冷链委。

2016 年部分在建冷库分布情况，如表 2 – 3 所示。

表 2 – 3　　　　2016 年部分在建冷库分布情况

序号	项目名称	库容（立方米）
1	成都紫燕食品有限公司	1750
2	成都市汇翔实业有限公司	15000
3	成都银犁冷藏物流股份有限公司	150000
4	上海领鲜物流有限公司	24000
5	国药集团医药物流有限公司	4500
6	上海华辰隆德丰集团	125000
7	上海郑明现代物流有限公司	76000
8	湖南德润农产品开发有限责任公司	110000
9	湖南果之友农业科技有限公司	105600
10	湖南红星北盛冷冻食品有限公司	125000
11	湖南省流沙河花猪生态牧业股份有限公司	2500
12	湖南天天绿色果蔬发展有限公司	25000

续　表

序号	项目名称	库容（立方米）
13	湖南源山冷链物流有限公司	31000
14	湖南中顺农产品开发有限公司	120000
15	浏阳市康益农业科技发展有限公司	75000
16	山西农合城物流有限公司	50000
17	太原润恒农产品市场有限公司	1500000
18	晋润现代物流有限公司	750000
19	太原裕吉经贸发展有限公司	250000
20	山西投资集团金谷农产品公司	27500
21	晋西北冷链物流园区	12500
22	中粮（蒙牛）阳泉市顺康有限公司	75000
23	阳泉西河滩蔬菜瓜果批发市场	37500
24	吕梁市旭海物流服务有限公司	5000
25	山西中梁农业科技有限公司	30000
26	山西晋善晋美农产品批发市场	90000
27	锦聚成冷链商贸物流项目	160000
28	江西新太好实业投资有限公司	250000

数据来源：中物联冷链委。

2015 年百强企业前 30 强冷库排名，如表 2 –4 所示。

表 2 –4　　2015 年百强企业前 30 强冷库排名

排名	企业名称	排名	企业名称
1	河南鲜易供应链股份有限公司	6	希杰荣庆物流供应链物流有限公司
2	上海源洪仓储物流有限公司	7	镇江恒伟供应链管理股份有限公司
3	上海郑明现代物流有限公司	8	上海锦江国际低温物流发展有限公司
4	大昌行物流（中国）	9	武汉山绿冷链物流有限公司
5	招商美冷（香港）控股股份有限公司	10	太古冷藏仓库有限公司

续　表

排名	企业名称	排名	企业名称
11	北京亚冷国际供应链管理有限公司	21	库车杰丰果业有限责任公司
12	云通物流服务有限公司	22	德州飞马冷链物流有限公司
13	南京谷昌物流有限公司	23	浙江统冠物流发展有限公司
14	山东盖世国际物流集团	24	上海吴泾冷藏有限公司
15	漳州大正冷冻食品有限公司	25	广东新供销天业农产品有限公司
16	上海广德物流有限公司	26	舟山陆港物流有限公司
17	新疆拓普农业股份有限公司	27	北京市五环顺通物流中心
18	大连獐子岛中央冷藏物流有限公司	28	新疆亚中物流商务网络有限责任公司
19	上海领鲜物流有限公司	29	青岛天驰仓储有限公司
20	中外运普菲斯冷链物流有限公司	30	增益冷链（武汉）有限公司

来源：中物联冷链委。

截至 2015 年 10 月 1 日，美国冷库总容量共计 41.7 亿立方英尺，相比两年前的调查数值增长了 3%，折合约 11800 万立方米，总体容量还是要比中国大。美国人均冷库容量约为 0.368 立方米，中国人均冷库容量约为 0.07 立方米，美国人均冷库容量是中国的 5 倍左右。

2015 年，美国公共冷藏仓库容量达到 31.4 亿立方米，占总容量的 75%。自 2013 年以来公共存储容量增长了 2%。自用和半自用型的冷藏仓库容量达到 103 万立方英尺，占总容量的 25%。自 2013 年以来，私人和半专用的容量增加了 5%。美国冷库数量总计 1430 座，自 2013 年以来，减少了 67 座。公共仓库的数量是 763 座，减少 39 座。私人和半专用的冷库降到了 667 座，减少了 28 座。

第二节　2015 年中国冷库呈现特点及发展趋势

一、我国冷库呈现出的特点

（一）东部集中度高、中西部增速快

我国生鲜食品具有地域性特点，对低温冷藏产品的需求也具有地域性

特点，因此冷库的地域性特点也比较明显，主要集中在东部沿海地区、环渤海经济区、华中两湖地区等。同时，随着“一带一路”的建设，沿途地区冷库增长较为迅速。2015 年，全国冷库平均增速达到 12.6%，从各省冷库库容增幅来看：山西、陕西、河南、宁夏、青海、贵州等省库容增幅较高。

（二）2015 年我国冷库市场区域分布

统计数据来看，我国冷库主要集中在华东地区，华东地区现有的冷库容量占到了全国总容量的接近四成。西北地区冷库分布也比较广泛，华北和华中地区冷库拥有量相差不大。东北地区目前拥有冷库容量较少，市场发展前景广阔。2015 年，以山西为代表的西北地区冷库库容增幅最大，其次是西南地区，华东地区仍是增量最多的地区。

（三）产地冷库建设加强

同时 2015 年国家农业部发布了《全国农产品市场体系发展规划》（2015—2020），要求完善农产品“最先一公里”体系，强化农产品产地集配中心、田头市场的仓储、物流、冷链设施建设。此外，2015 年随着很多产地农产品滞销现象严重，全国部分农产品产区开始加强田头冷库和产地批发市场的建设。

（四）微冷仓爆发性增长

2015 年，生鲜电商发展虽遇波折但仍未脱离高速发展的轨道，而且伴随着消费者需求的不断提高，生鲜电商和冷链宅配也处于转型升级当中。微冷仓的爆发就是很明显的变化之一，微冷仓既可以大大提升配送效率，又可以向消费者更近距离展示丰富多样的产品，让消费者感受体验产品品质和优质服务。

二、我国冷库发展趋势分析

（一）冷库增长趋于理性、区域布局逐渐合理

冷库发展速度从高速增长转向中高速的平稳增长，整体增速在 12.6%

左右，与去年 34% 相比增长速度呈下降趋势，可以发现冷链行业发展逐步趋于理性，发展冷链物流热潮的逐渐降温，投资趋向理性，产业结构性调整及行业功能布局正在推进。

近几年来，我国冷库建设发展十分迅速，主要分布在各水果、蔬菜主产区以及大中城市郊区的蔬菜基地，如上海、江浙以及湖北、河南等地，重要的运输港口的冷库需求量也比较大。但通过调研发现，有些地区冷库已接近饱和，而又有一些地区冷链建设落后，区域发展出现不均衡的现象。所以，供给侧改革、产业结构性调整与功能布局顶层设计迫在眉睫。

（二）从单一冷库模式到组合冷库模式

从市场对冷库的需求趋势来看，我国现有的冷库容量还十分不足。我国的各类冷藏库，不论规模大小或功能如何，以往均按土建工程的模式建造，到目前这种模式仍占主导地位，这种建筑结构不合理，不适用现代冷链运作模式，必须进行冷库资源的整合改建与新冷库的建设。

关于中国冷库未来的发展，可以参照和借鉴国外冷库的现有运作模式以及发展路径。在国外有很多公共冷库，使用者采用租赁的形式，冷库建设的规模扩大可以有效地节约成本，所以大的综合型冷库是中国冷库设备未来发展的一个必然趋势。

（三）从中小型发展到规模化发展

我国农产品需求不断增长，农业技术持续更新，对于农产品和食品的深加工也起到了很大的促进作用，相应的冷冻冷藏市场也水涨船高。

如上海、江浙以及湖北、河南等地，冷库市场的需求量逐年增加，规模也在不断扩大。重要的运输港口的冷库需求量也呈现出较大增长趋势。尤其在食品生产加工储藏中，新的冷库模式的应用也在逐年增长。未来大型区域性低温物流冷库将成为主流，逐步替代那些规模小、能耗高、管理差、效率低的小型冷库。

我国冷库建设与农产品发展息息相关，未来农场化、集团化作业方式备受期待，势必促进冷库朝向规模化进程。如果冷库前端未来发展平衡，那么冷库利润肯定会有所下滑。上海赫势制冷所以冷库的设计和建设要符合冷库的功能和定位。

（四）从“冷冻仓储”到“冷链物流配送”

目前，我国完整独立的冷链系统尚未形成，市场化程度较低，冷冻冷藏企业有条件的可改造成连锁超市的配送中心，形成冷冻冷藏企业、超市和连锁经营企业联营经营模式。建立食品冷藏供应链，将易腐、生鲜食品从产地收购、加工、贮藏、运输、销售，直到消费者的各个环节都处于标准的低温环境之中，以保证食品的质量，减少不必要的损耗，防止食品变质与污染。同时，按城市的物流发展规划调整现有冷藏库布局，构建各地区新的食品冷链物流配送体系。今后在城市建造冷链物流配送中心，都将离开市中心城区，并按城市的物流发展规划和道路网络，建在有便利、快捷的运输设施地区。

（五）从普通耗能冷库人为管理到节能安全冷库远程智能管理

由于冷库引发的火灾、氨气泄漏等安全事故层出不穷，人们对冷藏行业布局以及安全隐患问题的关注也上升到了一个新高度，要想使企业短期内改变安全状况，政府必须在政策、资金和技术方面给予扶持，应把冷库作为社会基础设施进行维护。同时，各级政府部门也要快速推进企业的改制工作，企业自身也要适应当下市场要求，推进转型升级，提供更多可靠的产品和技术。此外，国家推行节能环保政策，人民的思想意识不断提高，对于“节能”“绿色”等的观念日渐重视，市场上节能减排绿色环保的产品备受青睐，氨改氟的企业数量猛增。早改造，早安全；早生产，早收益！

在“十三五”冷链发展过程中，应更加注重节能减排与系统安全。十八届五中全会提出了“绿色发展”的理念，这也为“十三五”期间我国冷链行业的发展指明了方向。“节能减排，绿色发展”将成为“十三五”期间冷链发展的主要目标。此外，系统安全也十分重要。根据调查，在大型冷库建设中，氨依旧是最理想的工质。

第三章　2015 年中国冷链运输发展分析

第一节　2015 年中国公路冷链运输发展概况

一、2015 年中国公路冷链运输现状

2015 年，全国公路完成货运量 354. 5 亿吨，同比增长 6. 4%，货运量保持平稳较快增长态势，占全社会货运量 3/4 以上。公路完成货物周转量 64705 亿吨公里，同比增长 6%，基本保持稳定增长。公路货运业平均每天在途货运量 8400 余万吨，服务 4. 3 亿个家庭，平均每年为每人运输和接受 22 吨货物。如表 3 - 1 所示。

表 3 - 1　2010—2015 年公路货运量、周转量及其增长速度（可比量）

年份	公路货运量（亿吨）	同比增长（%）	公路货运周转量（亿吨公里）	同比增长（%）	公路货物运输平均运距(公里)	同比增长（%）
2010	244. 5	15	43399. 67	16. 7	177. 24	1. 4
2011	252	15. 2	51374. 74	15. 4	182. 17	2. 8
2012	315. 5	13. 1	59534. 66	15. 9	186. 72	2. 5
2013	355	11. 3	67114. 5	12. 7	189. 06	1. 3
2014	334. 3	5. 7	61139	9. 7	182. 9	-3. 3
2015	354. 5	6. 4	64705	6	182. 5	-0. 2

数据来源：国家统计局。

2015 年中国冷链运输百强企业前 30 强，如表 3 - 2 所示。

表 3-2　　2015 年中国冷链运输百强企业前 30 强

排名	企业名称	排名	企业名称
1	河南鲜易供应链股份有限公司	16	武汉良中行供应链管理有限公司
2	辉源（上海）供应链管理有限公司	17	云通物流服务有限公司
3	漯河双汇物流投资有限公司	18	唯捷城市配送有限公司
4	河南大用运通物流有限公司	19	山东中超物流供应链管理有限公司
5	上海领鲜物流有限公司	20	獐子岛锦通（大连）冷链物流有限公司
6	吉林省中冷物流有限公司	21	哈尔滨市鹏瑞货物运输有限公司
7	上海郑明现代物流有限公司	22	浙江统冠物流发展有限公司
8	南京谷昌物流有限公司	23	当阳市万里运输有限责任公司
9	深圳小田冷链物流股份有限公司	24	上海广德物流有限公司
10	北京黑狗物流股份有限公司	25	上海波隆冷链物流有限公司
11	希杰荣庆物流供应链物流有限公司	26	中粮集团（深圳）有限公司
12	北京快行线冷链物流有限公司	27	河南大象物流有限公司
13	上海敬诚物流有限公司	28	大昌行物流（中国）
14	上海众萃物流有限公司	29	北京三元双日食品物流有限公司
15	深圳市盛辉达冷链物流有限公司	30	漳州大正冷冻食品有限公司

来源：中物联冷链委。

二、2015 年中国冷藏车市场

2015 年，冷藏车总体销售情况据公安部全国机动车上牌数据，2015 年我国累计完成冷藏车销售 17452 辆，同比下降 15.46%。具体如图 3－1 所示。

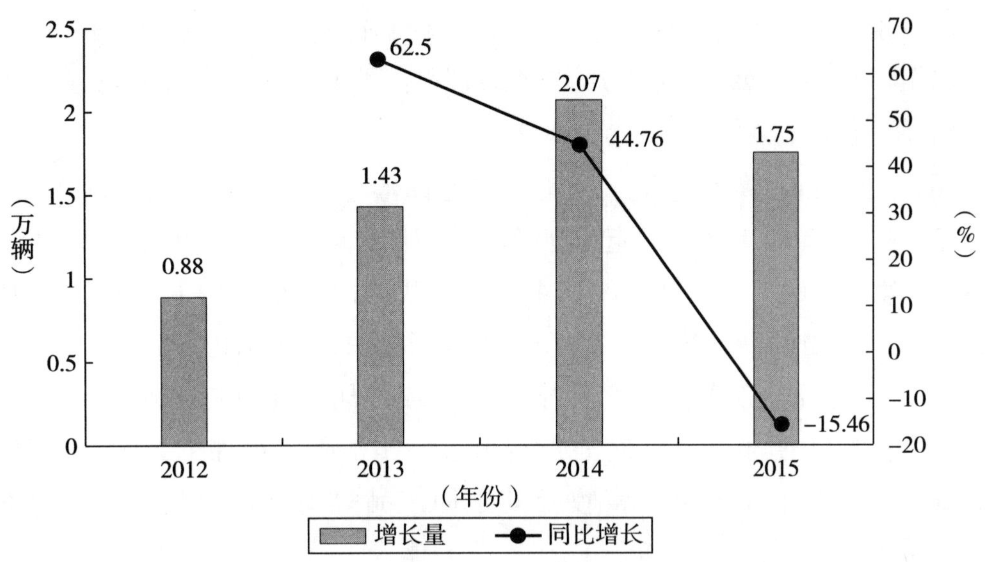

图 3－1　2012—2015 年公路冷藏车和保温车销量

数据来源：互联网数据。

2015 年，我国冷藏车和保温车保有量约为 9. 34 万辆，同比增长 23. 06%，增幅较去年回落 14. 5 个百分点。具体如图 3－2 所示。

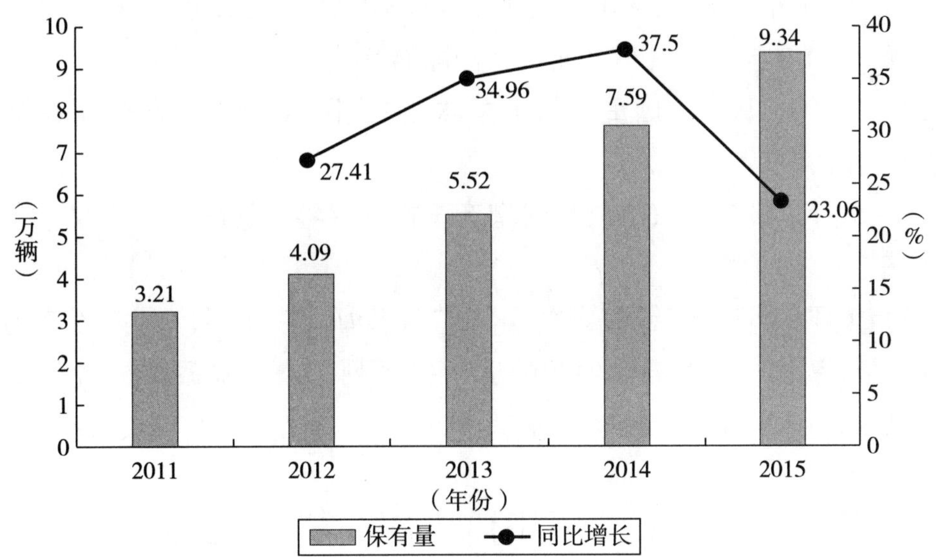

图 3－2　2011—2015 年公路冷藏车和保温车保有量

资料来源：国家统计局。

2015 年，我国冷藏车市场主要集中在山东、广东、上海、江苏、河南、北京、河北、辽宁、浙江、四川 10 省市，合计销售 1. 3318 万辆，在 2015

年全国冷藏车总销量（19718 辆）中的占有率达到 67.54%。其中，山东占 10% 以上，广东占 9% 以上。从车型角度看，重型冷藏车、中型冷藏车、轻型冷藏车、微型冷藏车销量比为 4∶2∶7∶3。

2015 年我国冷藏车产量下滑销量增速回落，主要受以下因素的影响。

第一，2015 年 1 月 1 日起柴油车执行国Ⅳ排放标准，市场于 2014 年提前透支。如自 2014 年 9 月起连续 4 个月，我国冷藏车月均上牌数量在 1500 辆以上，创历史新高，影响了 2015 年前 5 个月的市场销售。

第二，我国经济增长速度明显放缓，致使居民尤其是工矿、企业及个体实体业主收入明显下降，使消费需求进一步下降。再加上 2015 年气候异常，导致农产品、水产品、畜牧及其延伸产品等均遭遇薄收，物价上涨等影响了消费。

三、2015 年中国冷藏车市场新亮点

国内主机企业加快与专用车企业的合作将推动国内冷藏车的发展：

（1）2015 年 6 月新飞集团与华晨汽车签署的《战略合作框架协议》，将在冷藏车和纯电动冷藏车方面进行战略合作。

（2）7 月 13 日，中国重汽与中国冰熊专用车辆制造有限公司在济南签署战略合作协议。

（3）9 月 9 日，一汽解放与河南新飞在长春签订战略合作协议，共同开发冷藏车。

（4）9 月 22 日，庆铃汽车公司、广东粤海、广东新协力集团签约，未来三年广东粤海将采用庆铃生产的五十铃系列二类底盘改装成各类专用车辆，满足国内改装车细分市场需求。

第二节　2015 年中国铁路冷链运输发展概况

一、铁路运输市场情况分析

2015 年，全国铁路累计完成货运量 33.6 亿吨，同比下降 11.9%，降幅

较去年同期有所扩大。全国铁路完成货物周转量23754亿吨公里，同比下降13.7%。铁路货运量、货运周转量分别占货运总量和货运周转量8.0%和13.4%，较有所回落。

铁路货运结构中运量最大的为煤炭，占比57%，其次为冶金类，占比22%。本期我国大宗商品需求量大幅下降，直接影响煤炭，冶金类物品的运输需求。本期煤炭铁路运量同比下降12.6%，约占铁路货运量降幅的70%以上。铁路货运中大宗商品运量占比巨大，大宗商品的需求减弱，严重影响铁路货运量及货运收入。如表3-3所示。

表3-3 2010—2015年铁路货运量、周转量及其增长速度（可比量）

年份	铁路货物运输量（亿吨）	同比增长(%)	铁路货物周转量（亿吨公里）	同比增长(%)	铁路货运量与货运总量占比（%）	铁路货运周转量与总货物周转量占比（%）
2010	36.4	9.28	27644.13	9.53	11.23	19.49
2011	39.3	7.96	29465.79	6.59	10.63	18.53
2012	39	-0.72	29187.09	-0.95	9.51	16.86
2013	39.1	1.6	29173.89	-0.05	8.68	15.64
2014	38.1	-3.9	27530	-5.6	8.68	15.17
2015	33.6	-11.9	23754	-13.7	8.01	13.39

数据来源：国家统计局。

另外，我国铁路供需关系已经不再是供不应求的状态。从2000年开始铁路在与其他交通方式相比，其竞争力在不断下降，在货运方面体现尤为明显。同时对比铁路需求与供给关系可以发现，近两年铁路货运需求增速变缓，且同比增速低于铁路供给增速，可见现在铁路需求正在逐渐转向效率更高，服务更好，更便捷的其他运输方式。所以铁路应将注意力转向如何吸引客户，而非原有的被动接受客户需求。

2015年4月10日，中国铁路95306网站上线试运行，可提供铁路货运电子商务服务，开办我要发货、运费查询、货物追踪等铁路货运业务。铁路货运改革进程如火如荼，一方面，铁路自身不断增强市场意识和服务理念。另一方面，铁路运输在保证“黑货”运输的同时希望能够一步步赢回

“白货”市场。铁路货运改革是一场系统性改革。未来铁路货运改革成效，需要相当长时间才能发挥。

铁路冷藏车的保有辆从2000辆增加到7900余辆，铁路易腐货物运量1980年688万吨，1991年达到1252万吨。1992年开始下降，到1998年降为836万吨。下降的趋势还在继续，目前还没有制止下滑的措施。公路的冷藏运输后来居上，占据了易腐货物运量的很大份额。

农产品、食品等与民生息息相关的白货市场巨大，随着“南菜北运”“一路一带”政策的实施，这些易腐货物运输需求将一改下跌的态势，但是，铁路冷藏运输存在的诸多问题中，一是现行粗放型管理体制不适应市场经济的发展。长期以来，“管、用、修”各部门各自为政，反映在运输组织上，占69%的单节式冰冷车处于无调度掌握的放任状态，半数以上的车辆状态不良；再加经营上，收支两条线，各部门各算各的账，没有建立经济责任制，以致运输效能低，连年亏损。二是铁路货物送达速度低，运输周期长，与公路相比，时效差2倍多。三是现有冷藏车车型不适应市场需求，5节式机械冷藏车组容量太大，不能适应“小批量、多品种”的运输市场的需要；而冰冷车的车况差，运输质量得不到保证，这两种车的使用率均不高。四是铁路服务质量差，存在要车手续烦琐，配车难，乱收费，加冰不到位等问题，由此可见，管理体制不适应是诸多问题的症结，改革冷藏运输管理体制已是刻不容缓的当务之急。

二、2015年铁路冷链运输案例

2015年，全国铁路固定资产投资完成8238亿元，超额完成238亿元；合肥至福州、哈尔滨至齐齐哈尔、沈阳至丹东、吉林至图门至珲春、丹东至大连、成都至重庆、天津至保定、海南环岛等高铁项目建成投产，全年新线投产9531公里，超额完成1531公里，投资额和新线投产里程均创历史最高水平。“十二五”期间，全国铁路固定资产投资完成3.58万亿元，新线投产3.05万公里，是历史投资完成最好、投产新线最多的5年。目前，我国铁路营业总里程达12万公里，高速铁路1.9万公里。铁路基础设施的建设为铁路运输尤其是对时效性要求较高的冷链运输提供了有利条件。

目前，常见的铁路冷藏运输的方式有冷藏集装箱和铁路冷藏车厢两种。

拖车以及标准的冷藏集装箱都可以被用作铁路冷藏运输，一种特殊的拖车，被设计成能与火车底盘相匹配，也可通过铁路运输，然后采用标准的公路拖头将拖车拖至最终目的地，这些拖车采用与公路应用一样的制冷机组，经常采用空气悬挂系统。而铁路冷藏火车车厢一般采用集成的自带动力制冷机组。其送风系统和拖车的送风系统类似，制冷系统将冷空气送到车厢的顶部，冷空气流经货物，从车厢底部返回。与集装箱类似，只要货物的堆放合理，满足气流布局要求，一般都可以长距离运输。通常用来运输不易腐蚀的货物，如柑橘、洋葱和胡萝卜等。一般车厢都要求很好的气密性，满足气调的要求。铁路运输方式具有大容量的特点，一般最多可运输113立方米、45吨的货物。

2015年是铁路冷藏运输转型创新的重要一年，各项试运行取得圆满成功，为铁路冷藏运输开启了新的篇章。

（一）山东—广西冻品专列

2015年1月，铁路部门首次推出冷藏箱运输，八个装有224吨冻鸡、冻鸭的BX1K型40英尺冷藏箱稳稳地吊装到铁路专用平车上，铁路冷链物流的新突破，铁路冷藏集装箱专列的运行，使得原来图定到达的时间由10天缩短至仅需89小时。途经山东、浙江、河南、湖北、广东、广西六省区，行程2797公里，运时约89小时抵达南宁南站。2015年12月29日，该车组得到中国铁路总公司批准正式上线试运行。此次试运的开通标志着中国铁路冷藏箱运输已与国际接轨，解决了海运冷藏箱在国内无铁路运输的历史，填补了中国铁路不带动力冷藏运输货物的空白。这是中国铁路总公司加快推进铁路冷链运输向现代物流转型、实现铁路冷链全程物流服务的新举措。

（二）广西—北京杧果专列

2015年6月15日，由广西百色市始发，装载台农一号、贵妃杧等优质杧果的75592次冷藏集装箱班列，在中国铁路总公司运输局亲自组织部署，南宁等七个铁路局的通力合作和周密安排下，由百色六塘货运站驶出，途经广西、湖南、湖北、河南、安徽、山东、河北七个省份，运行2808公里，历时72小时安全到达北京大红门站。

与以往传统方式果蔬运输相比，这次的冷藏集装箱班列运输，在技术、温控、物流模式等方面取得了多项突破性成果。首先，45 英尺冷藏集装箱因其先进的技术优势，最大限度地解决了果蔬长距离运输温控难题。中铁铁龙公司研发的这款冷藏箱，外保温层材质先进，每节箱的全程温度均可调节，24 小时远程卫星监控，装载方便，装载量大。这些技术特点保证了箱内果蔬在任何季节的外部温度条件下，都能够得到所需温度，新鲜度等品质得到了保证。其次，全程冷链的运输模式得到了有效应用。成熟杧果夏季保鲜期仅有 4 天。45 英尺冷藏集装箱可以采用铁路、公路不同模式运输，从产地农户再到销售的全过程，杧果始终处于冷链状态，保鲜期大大延长、达到了 20 天。最后，铁路长距离的运输优势得到了充分发挥。班列运输定点准时，方便供需双方业务安排；铁路运输一般不受路况限制，行驶平稳，避免了果蔬相互挤压和碰撞，减少了损伤；铁路运输装载多运量大，最大限度地解决了果蔬成熟期快采快销的棘手问题。

（三）广西—北京海鲜专列

2016 年 2 月 28 日，广西北部湾发出的首趟海产品冷链特需专列开通，来自东盟国家的 216 吨“生猛”海鲜从广西防城港搭乘火车开赴首都北京，通过市场分销送上百姓餐桌。这也是东盟海产品首次通过铁路专列运往中国内地，为加强中国 - 东盟商贸合作和推进“一带一路”战略开辟了一条安全、快捷、实惠的运输新通道。

这趟冷链专列由 9 节车厢组成，其中 8 节为冷藏集装箱、1 节为发电车。发电车设在专列中部，担负着为 8 节冷藏集装箱供电的功能，确保箱内温度保持在 -20℃ ~ -18℃。

与以往公路运输相比，铁路冷链集装箱专列不仅安全系数高、运量大，而且价格也很大优惠。据测算，铁路冷链集装箱专列的物流成本可降低 20% 以上。随着物流成本的下降，老百姓消费的海鲜产品也将更加实惠。据预测，未来 3 ~5 年，广西北部湾地区海产品外运量将达 500 多万吨。

（四）青藏铁路冻品专列

2015 年 9 月 19 日，中铁特货运输有限责任公司主导的青藏铁路格尔木至拉萨段开展冻肉运输试运工作取得圆满成功，满载着 144 吨冻肉的冷藏专列运行 3985 千米后首次抵达拉萨站。此举实现了铁路机械冷藏车进入西藏地区的历史性突破，也使铁路机械冷藏车到达区域覆盖了全国各省市主要城市。

在中国铁路总公司的协调指挥和沿线铁路局大力支持下，此次进藏冻肉试运途经天津、北京、河北、内蒙古、宁夏、甘肃、青海、西藏3省2市3自治区。青藏铁路公司全力配合中铁特货公司编制运行图，确保冷藏专列在青藏铁路格拉段运行时间控制在36小时之内。

机械冷藏车有单次运量大、运输品质高的优势，适用于长距离、数量大、对温控有要求的食品运输。但由于青藏铁路地理上高海拔的特性以及受进藏冷藏货源等客观条件限制，铁路机械冷藏车组一直未能进入西藏。

试运成功后，中铁特货公司将全面开展铁路机械冷藏车进藏运输，预计2016年年底可运送冻肉5000吨。中铁特货将联合西藏地区，运输青稞啤酒、高原矿泉水、酸奶、牦牛肉等西藏特色产品，实现重去重回，提高运载率。

三、铁路冷链运输发展趋势

铁路运输具有安全系数高、运输能力大、运输成本低等优势，对打造冷链物流运输品牌、做大冷链产品运输总量、降低社会物流成本，都具有重大意义。集装箱运输车能实现装卸、运输机械化、标准化，是传统运输方式上的一项重大改革，是交通运输现代化的重要组成部分，这些先天优势使冷藏集装箱运输在国内外冷藏运输中应用越来越广泛。而且，集装箱运输可减少被盗、潮湿、污损等引起的货损和货差，减少了社会财富的浪费，具有很大的社会效益。

未来大宗农产品和冻品等冷运商品会因为冷藏专线的开通而改变转向，为公路冷藏运输减轻负担，随着“一带一路”政策的深入实施，沿线城市蔬菜、水果的冷藏流通需求更加凸显，预计2016年，中铁特货公司预计实现海运冷藏箱用于铁路运输可达5万吨以上。

对于零散小批量冷藏货物运输，考虑我国密集的高铁网络，行业提出高铁客货共运模式，可实现快速、准时、高效的全程冷链运输，减少不合理的远途公路冷链运输，但目前因客运站货运通道设置、冷库建设缺乏，冷链配套设施和管理尚不到位等原因，这种模式还在探索中，随着这些障碍的解决，该模式将获得快速推广。

第三节　2015 年中国冷链宅配发展概况

一、2015 年中国冷链宅配市场现状

随着生鲜电商与餐饮外卖的快速兴起和人民消费水平的提高，消费方式逐渐从线下分流到线上，尤其是移动终端的普及加速了分流，由此带来的生鲜宅配需求形成巨大市场。冷链宅配提供优质的有机蔬果、肉类、海鲜、速冻食品，让消费者足不出户就能体验到田间到餐桌的各类生鲜食品。宅配服务改变就餐方式和购物模式，让都市白领在办公室享受午餐和下午茶。冰激凌、蛋糕等高品质产品的宅配需求也逐渐凸显，目前，冷链物流的成本高等多方面因素严重制约了冷链宅配的快速发展。

根据统计 2015 年餐饮外卖市场和生鲜外卖市场规模可超高 1000 亿元，按照目前行业平均配送成本 10% 来计算，宅配冷链物流潜在市场可达 100 亿元，预计未来三年将保持不低于 30% 的增速快速发展，市场空间巨大。

全程冷链已逐渐成为业界共识，其关键是要与终端消费者实现无缝对接。据了解，冷链宅配这种从源头直接与消费者对接的冷链配送方式在日本、澳大利亚、中国台湾等地区非常普遍，众多上班白领在办公余暇，通过网上订单，便可在下班后享受送货上门的生鲜食品，既免去了去市场的疲惫，还保证了生鲜的品质。

二、冷链宅配存在的问题

（一）配送品质难以保证

目前，在冷链宅配“最后一公里”的冷链配送上，配送设备还是泡沫箱和纸箱加冰，有的甚至都不放冰块降温。这些设备显然不能保证冰激凌、蛋糕、蔬菜、水果等易腐食品的保鲜和保质。运输过程中，由于多种原因，不能保证全程制冷，全程温度跟踪记录也没有普及，如冷藏车频繁开门、

装卸货物时冷链中断等；使用单温区冷藏车进行冷藏、冷冻混车配送导致冷藏食品冻伤，冷冻食品融化；使用泡沫箱或纸箱加冰、冰瓶，有的甚至不放冰块降温，难以保证配送温度，食品安全也令人担忧。

（二）配送成本居高不下

城市配送“最后一公里”问题，如果算上储存、分拣、送达三部分费用，城市配送的成本是物流整个过程中最高的；国内油价持续上涨，油价的变动直接影响物流配送成本的高低；国家物价水平持续高涨，人工费用支出逐年增加；加之冷链宅配的配送量小、配送范围散、冷藏车的装载率低等因素，导致配送成本高。

（三）收货时间不稳定

生鲜品类由于其对配送要求较高，代收点通常都是拒绝代收，需要配送到家，由于大部分消费者都是白天上班，所以商品需要下午或晚上配送，或者只能周末在家等待，而周末又是快递的高峰期，配送经常迟到；有时配送到家，遇到客户不在的情况，等待浪费效率，还会影响生鲜质量，如取消投递，则会造成更大的损耗。

三、冷链宅配模式分析

冷链宅配巨大市场带来的发展机遇让众多企业跃跃欲试，综合平台开拓生鲜电商业务，垂直类生鲜电商深耕供应链，外卖平台整合订餐需求，小而美的社区 App（应用程序）层出不穷，这都吸引着冷链物流企业甚至界外人士关注、探索宅配新模式。

（一）智能系统 + 众包宅配

这种模式的应用情景是多个配送员需从多个不固定的配送点出发为多个消费者进行配送，配送范围一般较小，利用移动终端精准定位功能，应用大数据处理快速决策以智能调配，实现配送效率最高的目标。目前采用这种模式的主要是饿了么、美团外卖、京东到家等类似平台型电商和 App，平台不雇佣配送人员而是与众包商合作，对众包人员进行订单分配和调度，由其完成对消费者的配送服务。目前餐饮外卖是采用专用保温箱、简易折叠箱、塑料箱配送到楼下，然后送到消费者手中，生鲜品等对温度要求高的多采用纸箱加冰块的方式。该模式一般在短时间内快速完成配送，相应快，对于温控的要求变得相对较低。这种模式的优势是可以在全国范围内快速实现扩张。

（二）城市站点＋微物流

这种模式也称为B2B2C模式，其应用场景多为产品经干线或者区域运输到达城市配送中心后分拣配送到城市站点，由站点完成末端最后的配送，挑战在于是否可以实现全程冷链。一般由专业第三方物流公司承接，完成具有2C业务的商家和电商平台的宅配任务。在配送中心送往城市站点过程多由冷藏车或者常温车＋冷藏箱的方式完成，但是在最后一公里的宅配过程，服务水平则参差不齐，有冷藏三轮车配送到楼下然后配送给消费者，实现全程冷链，例如极客猫、黑狗、安家宅配是这种模式中完成较高的冷链宅配品牌，可保证当日送达、全程冷链、全程温度监控，满足消费者高品质冷链服务。也有一些采用冷藏箱＋冰块的“伪冷链”的方式，对于水果等一些对温度敏感度低的也有一些采用泡沫箱配送，末端冷链无法保障。这种模式的发展依赖于区域冷链物流商的水平，扩张速度受限制。

（三）便利店/社区仓＋宅配

这种模式是O2O社区电商自建社区仓库或者与便利店合作以实现库存前置，通过冷链运输配送到便利店或者社区仓库后，以此为起点完成线上订单配送，配送员为电商平台自营人员、便利店加盟人员或者众包人员，配送方式多采用泡沫箱＋冰块的方式。目前，应用这种模式的多为蔬菜、水果、速冻品等物品。这种模式的企业有爱鲜蜂、每日优鲜等。

（四）冷链快递

这种模式是指具有冷链物流配送能力的快递企业，承接全国范围的冷链收发和配送业务，较前面几种模式覆盖区域广，结合电商平台打造单品爆款进行冷链配送。该模式典型代表是顺丰冷运，依托空运＋公路和全国性网络实现快速联运，以冷藏车和专用冷藏箱结合实现全程冷链配送。目前一些冷链宅配企业也开始涉足区域冷链快递业务。

（五）超市 + 宅配

这种模式依托大型超市的仓库、库存商品、会员资源实现线上下单，由线下宅配企业完成配送，配送人员有自营和众包两种模式。覆盖范围比社区模式更广，因出发点固定从而配送路径优化简便。这种模式配送物品覆盖全品类，冷链商品只是一部分，所以冷链配送全程冷链难度大。代表企业是 Demall。

四、冷链宅配发展建议

纵观以上，我国冷链宅配市场潜力巨大，但现在行业尚不成熟和规范，冷链末端断链、消费者冷链意识薄弱、配送成本高、损耗率高、难以下沉等问题尚未解决。针对此，对于冷链宅配的发展有如下建议。

（一）进行消费者教育增强冷链意识

我国冷链最后一公里发展相对滞后、服务质量参差不齐不仅是发展阶段和经济环境决定的，这其中消费者扮演了重要角色。消费者不为冷链宅配买单也并非仅仅经济条件限制，而是对于冷链重要性不甚了解，不了解水果、蔬菜等肉眼不明显可见鲜度损失与冷链物流的关联，对于食品品质更加不敏感，从而不愿意为冷链物流买单。消费者需求才是促进市场发展的健康力量，应通过消费者教育，让其认识冷链物流的价值，需求拉动冷链市场发展，当整个市场实现全程冷链后，价格上升也一定会在消费者能够承担范围内。

（二）发展专业第三方冷链宅配企业

O2O 业务的发展使得城市最后一公里配送不断向下延伸，逐渐从 2B 到小 B 再到 2C，面对庞大而分散的终端，宅配需求日趋增长，商户自营配送往往面临配送成本高、温度不易控等问题，具有分拣、包装、共配等综合服务功能的第三方冷链宅配企业可以提供更专业的配送服务，提高社会配送效率，而目前第三方冷链宅配市场尚不完善，还需加强建设。

（三）众包宅配整合资源

目前，O2O 宅配业务有商户个人配送、自营团队配送和众包配送几种，餐饮配送时间比较集中，会出现高峰人力不够，低估人员闲置的情况，而生鲜配送对于时间要求不是那么敏感，可利用餐饮闲余时间配送。众包模式可以结合不同配送需求，整合社会碎片资源，优化运力结构，提供专业服务，运用互联网思维链接供需双方，更具竞争力，是未来的发展趋势。

第二篇　十大类型冷链企业模式及案例分析

本篇内容仅从编者角度出发，梳理出十大类型冷链企业，分别是：冷链供应链类型企业、冷链仓干配综合型企业、冷链运输型企业、冷链仓储型企业、冷链城市配送型企业、农产品冷链流通平台型企业、冷链宅配型企业、冷链＋互联网平台型企业、第四方冷链物流类型企业、生鲜冷链供应链型企业。需要特别指出的是，本篇收录的企业中，有些很难完全归类于某一类型企业，其可能既从事A类企业的业务，也有B类企业的属性，本篇根据需要并按整体平衡性原则进行划分。

这十种企业类型不能完全代表整个国内冷链企业类型，仅是编者们根据所掌握的冷链材料及部分主动参与报告编写的企业提供的内容整理提炼而成，旨在为读者提供一些经验的参考和借鉴，涵盖不全、收录不齐、分类不妥之处请读者朋友见谅。

第四章 冷链供应链类型企业

冷链供应链型企业是指以对冷链物流、商流、资金流、信息流的控制见长，从上游采购、生产、加工、运输、仓储、配送，直至最终销售环节，可提供全链条解决方案。

第一节 河南鲜易供应链股份有限公司

河南鲜易供应链股份有限公司（以下简称“鲜易”）成立于2013年7月，由鲜易供应链、鲜易网络科技、冷链马甲三个专业公司组成。致力于为客户提供温控仓储、冷链运输、供应链金融、生鲜品集采分销、国际贸易、电子商务等一站式服务。

2015年9月，李克强总理在鲜易调研期间，聊“互联网+”、讲“创新创业”、谈“众创、众包、众扶、众筹”，当他看到国家政策在鲜易身上都找到了落实案例，很高兴讲到“国家放出号声，在这里听到了炮声，并看见了弹坑”。对鲜易通过管理创新、模式创新和技术创新相结合的探索表示肯定，称赞鲜易已经走到时代的前面，鼓励鲜易成为时代的弄潮儿。

一、鲜易构建智慧生鲜供应链生态圈的背景

中国生鲜食品产量突破12.4亿吨/年，居世界首位。但同发达国家相比，我国果蔬、肉类、水产品的冷链流通率仅有22%、34%、41%，冷藏运输率仅有35%、57%、69%，仍有很大的提升空间。

2015年国务院下发《关于积极推进“互联网+”行动的指导意见》，“互联网+”成为经济社会创新发展的新动力。但是简单的“互联网+”解决不了生鲜供应链因“时间差、空间差、季节差、品质差、需求差、疫情差”等因素造成的“不平衡、不稳定、不协调”。只有“生鲜产业互联网”才能真正打通生产者、流通者与消费者间的信用承诺关系，重构生鲜供应链上下游企业商业模式，提升企业运营效能与产品附加值，真正回归客户价值。

作为中国温控供应链标杆性企业之一，鲜易深入洞察中国供应链发展进程，时刻把握“互联网+”风口带来的发展机遇，通过互联网+冷链，依托线上+线下、产品+服务、硬件+软件优势资源，携手合作伙伴，优化生鲜供应链，减少流通环节，降低物流成本，构建从企业到产业，再到社会的O2O综合服务平台，最终实现智慧生鲜供应链生态圈共享共生共创共赢的愿景目标。

基于生鲜产业的属性，鲜易探索出了B2B2B、O2O2O的发展模式。第一个“B”是包括品牌商、分销商、渠道商、服务商为主的流通服务商；第二个“B”是包括品牌商、供应商为主的生产性服务商；第三个“B”是生产商。三个“B”相互协同，相互联动，围绕用户需求，通过大数据、云计算对消费市场进行分析预测，为分销商、渠道商提供采购建议，为制造商、供应商提供生产规划，定制研发、定向加工、敏捷配送、安心支付等系统化增值服务，并通过线上、线下分销渠道，提供分销服务，将生态圈优质的产品和服务提供给全国的消费者，同时也为生态圈的每位成员提供相应的增值服务，共同成长。

中国生鲜电商的属性决定了在传统电商 O2O 的基础上再增加一个“O”，第一个“O”是 Online（线上），包括冷链马甲和鲜易网；第二个“O”是 Offline（线下），是温控供应链；第三个“O”是 Origin（源头），从餐桌到源头的溯源体系。如图 4－1 所示。

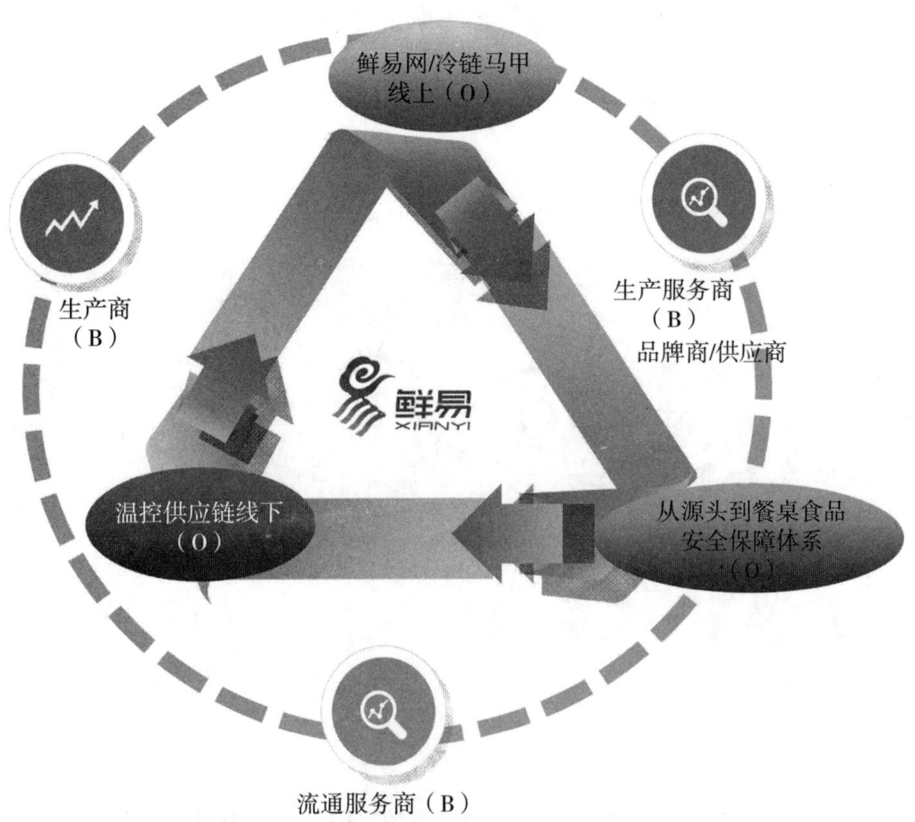

图 4－1　鲜易智慧生鲜供应链生态圈示意

鲜易通过整合产业链、优化供应链、重构价值链，构建智慧生鲜供应链生态圈。生态圈的三个关键词是产业生态、大数据和中间交易市场。

产业生态是根基。鲜易与产业链的上游、下游、合作伙伴组建智慧生鲜供应链生态圈。河南众品食业股份有限公司作为全国生鲜食品加工制造服务业的领军企业，是鲜易线上优质核心供应商之一，也是鲜易线下服务客户之一。

大数据是链接。公司通过物联网技术把生产性服务业、流通性服务业链接起来，以数据流引领、整合技术流、物质流、资金流、人才流、服务流，业务数据化，数据业务化，为客户降低管理交易成本，形成新的商业模式价值空间和经济增长点。

中间交易市场是保障。公司以信息、技术、IT、金融、标准等新的资源要素，实现资源的多元化。在深圳前海成立了深圳前海鲜易金融有限公司，在北京成立了鲜易网络科技有限公司，针对技术和标准成立了鲜咨达技术服务有限公司，为新资源要素的交易、流动奠定了基础。

二、鲜易一体化的系统服务

鲜易一体化的系统服务示意，如图 4－2 所示。

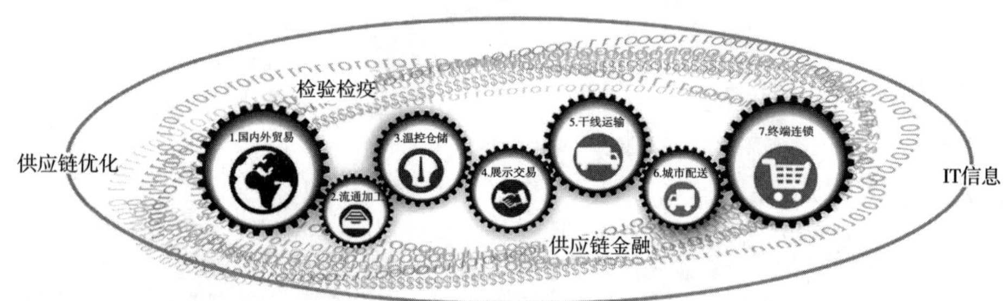

图 4－2　鲜易一体化系统服务示意

（一）两大基石

1. 温控仓储

通过自建、租赁、托管等方式，鲜易在全国七大区域运营 18 个温控供应链基地，分布在大中原、华东、华北、东北、西北、西南、华南等区域，仓储总容积达到 180 万立方米。

2. 冷链运输

鲜易围绕五横三纵交通干线、7 大区域、21 个全国性物流节点城市、17 个区域性节点城市，布局干线运输及区域分拨网络，形成“群、链、网”结合的服务优势。

（二）三大平台

1. 集采分销平台

鲜易基于广泛的市场需求，依托专业化的采购执行平台，为上下游客户提供生鲜农产品、冷链包装食品专业的全球采购服务，实现城乡联动、内外贸联动。拥有欧洲、北美、南美、澳洲/新西兰、东南亚、香港 6 个集采中心，覆盖全球主要供给市场。与 19 个国家和地区 100 多家厂商形成稳定的进口渠道，拥有 9 个出口资质，产品目前已经出口至 26 个国家和地区。如图 4 -3 所示。

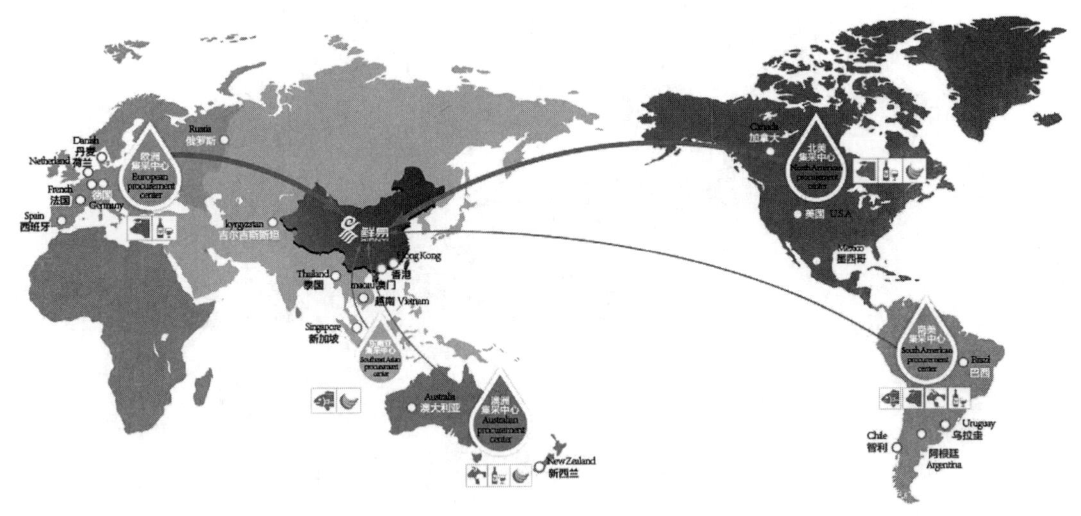

图 4 -3　鲜易集采中心示意

鲜易在 150 个重点消费城市，构建贸易分销平台，帮助企业或客户搭建高效的产品分销网络，实现产品快速销售。分销品类涵盖猪肉、禽肉、牛羊肉、水产品、乳制品、速冻食品及红酒等冷链食品。如图 4 -4 所示。

2. 电子商务平台

鲜易积极试水电子商务，创建“鲜易网”，打造生鲜食材 B2B 电商交易平台，致力于为中国生鲜食品企业用户提供信息发布、品牌传播、网络营销、担保交易、金融服务、仓储物流等多方位、全流程电子商务服务。

创建“冷链马甲”，打造面向全国的冷链物流线上综合性公共服务交易平台，为“车、货、库”等物流资源提供信息发布、交易撮合、物流在线支付、供应链金融等系统服务。

3. 全流程技术咨询平台

鲜咨达定位为生鲜食品供应链技术咨询服务平台，致力于为生鲜食品行业提供供应链全流程的技术咨询服务。鲜咨达依托国家级企业技术中心、博士后科研工作站、CNAS（中国合格评定国家认可委员会）认可实验室等平台

图 4－4　鲜易分销网络示意

优势，并链接国内外高校、科研院所等技术资源，对食品供应链上下游客户提供产品开发及技术应用、检验检测、标准制定、体系认证咨询、供应商托管、技术标准培训服务，满足消费者最安全的要求。如图 4－5 所示。

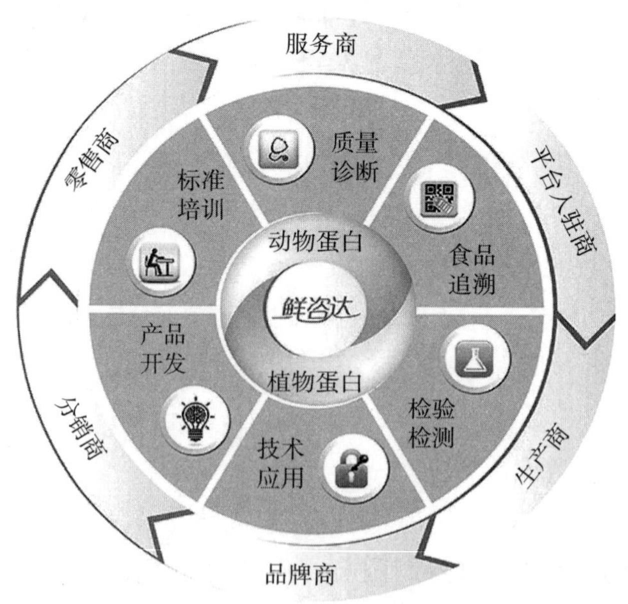

图 4－5　全流程技术咨询平台示意

（三）两大中心

1. 生鲜加工中心

鲜易通过 HACCP（危害分析和关键控制点）、GMP（药品生产质量管理规范）等体系认证打造流通加工平台，为连锁零售业、连锁餐饮业、团膳等上下游客户提供 OEM 贴牌生产，ODM 设计代工及分拣、贴标、包装等的生鲜产品流通加工服务。如图4－6 所示。

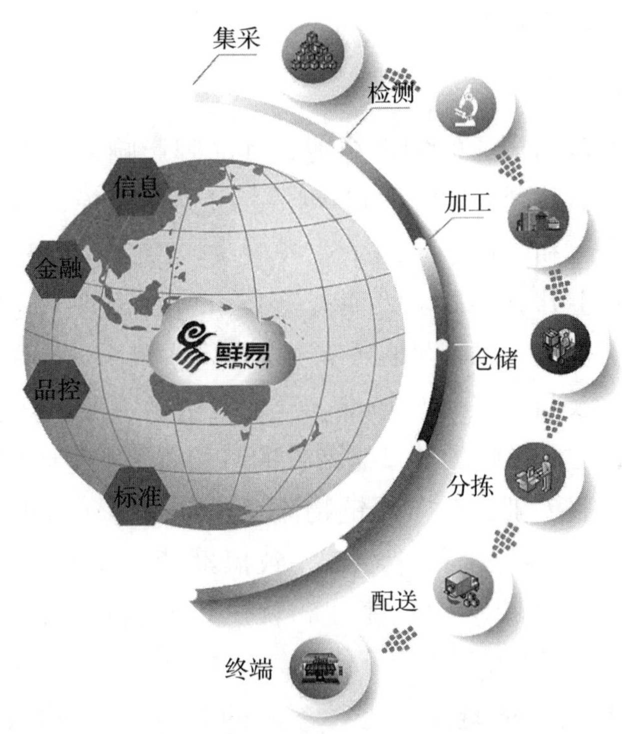

图4－6 生鲜加工中心示意

2. 生鲜配送中心

鲜易依托网络化温控仓储及冷链运输系统两大基石，以 B2B、B2R（商家对零售商）为主要模式，在郑州、天津、长春、沈阳、武汉、合肥等多个城市建设生鲜配送中心，为连锁零售业、连锁餐饮业、食品加工企业、贸易分销商等开展共同配送业务。

（四）两大融合

农产品批发市场、冷冻产品市场是我国冷链产品商流的主要发起地，鲜易充分利用自身系统化服务优势，通过与全国及区域性布局大型农产品批发市场、冷冻产品市场开展战略联盟合作，实现与两大市场的深度融合。为两大市场中的高端客户群体提供温控仓储 + 冷链运输 + 集采分销 + 供应链金融系统化服务。

三、鲜易服务案例分享

（一）A 公司仓库全托管案例

1. 案例背景

A 公司是速冻食品行业的领军企业，其品牌影响力、生产能力、销售总量均位居全国同行业前列，产能达到年产量 10 万吨规模，目前服务的市场对象主要包括餐饮渠道和流通渠道两个业务板块。2014—2015 年度 A 公司生产计划库存环比上年上升 20% 左右，而其 2013 年就已出现了仓库供不应求，导致部分冷库进行了外租，以满足旺季备货需要。同时 A 公司项目运作过程中也出现了出入库不及时、旺季装卸难、发货不精确、批次管理混乱和人力设备不匹配的情况，已经影响到其日益增长的市场需求和生产订单的满足率。

A 公司希望通过专业第三方冷链物流企业对公司仓储业务进行外包，来解决生产量与库存不匹配现状，专心一致搞经营，同时也希望借此机会降低经营成本，提高服务市场的敏捷性和客户服务满意度，以期能快速响应市场，增加市场占有份额。

通过对 A 公司的供应链体系进行深入的调研、分析和论证，鲜易提出了仓库全托管的创新合作模式，双方正式达成合作。

2. 解决方案

A 公司产品原本存储于多地，外租分仓较多，多地配货导致效率过低，客户抱怨，其产品品类较多，高端产品与成品库共同管理，无优先度，无专属服务，高端餐饮客户满意度较低。由于多家公司共同对 A 公司服务，多头沟通，内部供应链环节较长，造成沟通管理成本高，且信息化不对接，管理参差不齐，产品数据、批次混乱。鲜易组建了由众多行业专家和精英组成的项目运作团队，并就人员、运营标准、信息链接、文化等与 A 公司建立了一致。如表 4 -1 所示。

表 4－1　　　　　　　　　　解决方案

<table>
<tr><th>解决方案</th><th>达成标准</th><th>KPI 指标</th></tr>
<tr><td>合并成一个冷库，A 公司产品集中统一管理</td><td>解决多地存放，提升整体效率</td><td rowspan="7">1. 出入库及时率≥95%
2. 产品等待入库时间≤30 分钟
3. 装卸车及时率≥95%
4. 储存温度≤－18℃
5. 车辆等待时间≤4 小时</td></tr>
<tr><td>实施“全托管”模式</td><td>提供专业化服务，降低 A 公司人员、运营、管理成本</td></tr>
<tr><td>提供专属化服务</td><td>专属仓储、货梯、停车位、工器具等资源</td></tr>
<tr><td>与 A 公司结合成立业务对接小组，每月度召开对接会议</td><td>降低沟通成本，提升运营效率</td></tr>
<tr><td>制订 A 公司 SOP 服务方案</td><td>实现服务流程固化</td></tr>
<tr><td>仓储 WMS 应用及标示化管理</td><td>实现数据批次管理系统精确化</td></tr>
<tr><td>应急服务方案与协同机制</td><td>提供全时段的稳定服务</td></tr>
</table>

3. 合作效果

鲜易针对 A 公司的特定需求提供特定的定制化服务，结合鲜易大客户成熟运作经验，通过信息技术、工程装备技术、物流技术应用，完善 A 公司 SOP（标准作业程序）运作方案，从供应链协同支持方面，鲜易为 A 公司帮助其专注于核心业务，使其在餐饮和流通两大核心渠道的不断深化、扩张提供了持续的保障，保证让客户享受到安全、可靠、快捷的基础物流服务。

（二）J 公司供应链金融案例

1. 案例背景

随着全球生产经营组织模式转变和我国经济转型期背景下，中小企业受外部环境影响而导致经营存在很多不确定性，使银行金融机构无法对中小企业信用状况做出客观评估，因而中小企业很难长期、持续解决融资难题。鲜易联手金融机构推出系统增值的线上、线下供应链金融服务方案，帮助中小企业有效缓解资金压力，助力其进一步做大做强。

J 商贸有限公司是中国领先的乳制品供应商 M 集团的郑州区域经销商，

其代理M集团液体奶、冰激凌两大系列产品。随着J商贸有限公司业务的快速发展，销售旺季资金断链已成为困扰J商贸有限公司一个大问题。鲜易在充分了解J商贸有限公司业务运作及需求的基础上，为J商贸有限公司制定了定制化的售后回购模式，提供公司“发展易”供应链金融服务，为J商贸有限公司提供供应链金融服务，有效缓解J商贸有限公司资金压力，助力J商贸有限公司进一步做大做强。

2. **运作模式**

生产厂家或经销商（资金需求方，比如J商贸有限公司）和鲜易进行合作，与鲜易签订售后回购协议，先以一定比例的商业折扣把货物销售移交给鲜易，并在协议规定期间内，一次性或分批回购该批货物，鲜易释放相应金额货物。如图4－7所示。

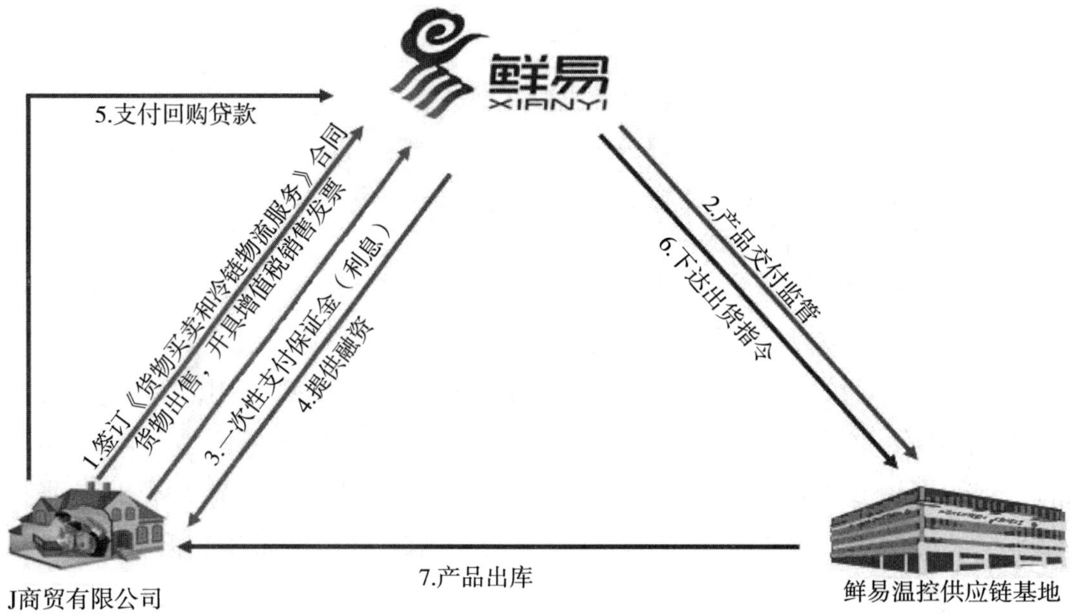

图4－7　运作模式示意

3. **合作效果**

鲜易全年为J商贸有限公司垫资6次，垫资率达33.62%，有效解决了J商贸有限公司库位限制、资金短缺等压力，帮助其在4个月内完成全年采购计划的74%，成功享受厂家返利政策。

（河南鲜易供应链股份有限公司供稿）

第二节　上海郑明现代物流有限公司

上海郑明现代物流有限公司（以下简称为“郑明”公司）成立于1994年，公司总部设在上海，主营业务包括冷链物流、汽配物流、电商物流、商贸物流，兼营垫付、代收货款以及融资、质押等物流金融服务。郑明现（2014年年底）有冷链运输车辆600多辆、特种集装箱运输车辆50多辆、厢式及其他运输车辆300多辆，日物流量1.5万多吨，其中冷链物流量5500多吨。

郑明公司1998年布局全国物流网络；2011年获得红杉资本投资，成立上海郑明现代物流有限公司；2012年设立郑明学院、郑明实训基地；2013年开创国字号冷链培训基地与地方民营企业战略合作的先河——中仓储冷链物流培训基地；2013年成为中国食品物流示范基地，成功通过上海市高新技术企业认定，凯辉私募基金进入，公司成为中、美、法合资企业；2014年大和证券、高和创投注入资金，上海郑明国际物流新版网站正式上线，计划3年内完成100个冷库建设目标。

一、案例：从麦肯项目看领先的专业供应链解决方案提供商建设之路

麦肯食品坐落于哈尔滨，为全国的麦当劳、肯德基等快餐连锁供应薯条。每年8月底到9月初，从其土豆基地，会有大量土豆需要运往哈尔滨。距离远、车辆少、运输水平也不专业，而土豆保质期又短，若不能及时运到，搁置时间一长就会出现破皮、薯肉变质等情况，一旦被麦肯拒收，豆农一年的辛苦劳动就白费了，所以每年的土豆丰收季反倒成了豆农的焦虑期。

（一）调研分析

作为专业从事冷链物流20年的郑明公司，就如何解决豆农土豆的运输问开始了调研。麦肯公司土豆产地与加工基地，如图4－8所示。

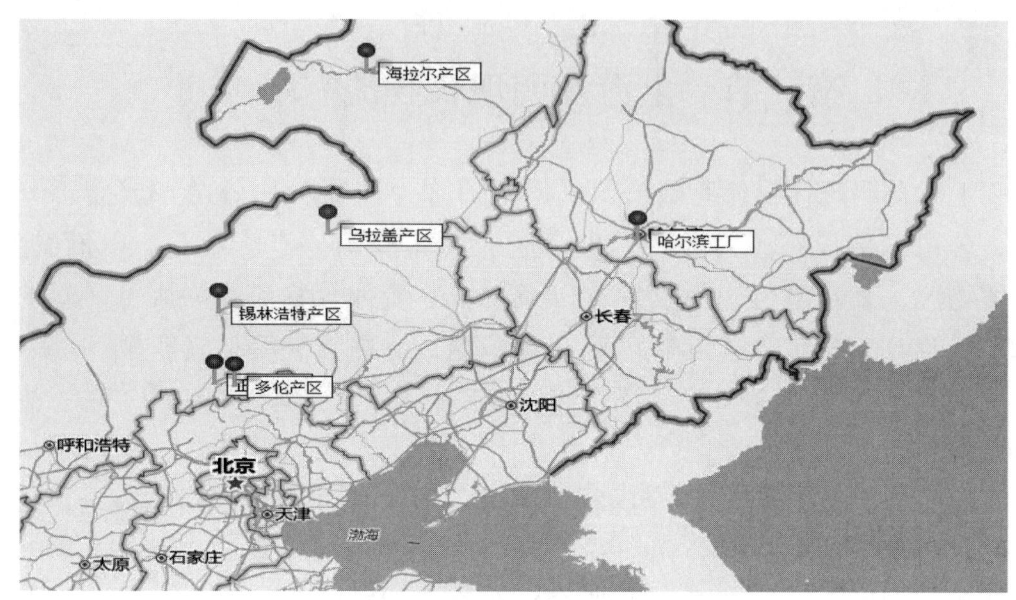

图4－8　麦肯公司土豆产地与加工基地

（1）每年土豆收购季节（8月中旬到9月底）的一个月时间之内，麦肯公司要完成20万吨的土豆收购。每辆货车装运30～45吨土豆，共需4500～5500车次的运输，平均每天要完成150～200辆货车的收购任务，短期集中的运输任务难于应付。

（2）麦肯寻找了几十家供应商的车队承担运输任务，车队供应商众多，工厂、农场、车队关系复杂，再加上各个农场收割时间不统一，车辆运输缺乏统一调度，造成车辆资源浪费。

（3）麦肯公司的土豆生产基地分布在内蒙古的多伦、蓝齐和呼伦贝尔等地，距离主产区平均距离在1000千米以上，而土豆又是会呼吸的生命，温控不合适会影响土豆质量，远距离在途质量控制存在挑战。

（4）每天200辆左右的运薯车集中到达哈尔滨，在厂区门前排起长龙等待入场前质量检验与入库作业。造成道路堵塞，黄牛盛行，夹号、插队现象严重，偷土豆、偷车油、偷轮胎等事件时有发生，秩序难于维持。土豆入厂、质检、入库协调存在困难。

（5）为维护货源，麦肯要于年初与豆农提前签订采购合同，并于春季土豆播种季节提前预支30%货款供豆农完成种植任务。完成交易后，豆农根据交易数量、土豆鉴定等级的单据，于60天账期之内拿到交易款项。土豆根据个头大小、是否破皮、是否变质发芽等划分等级，一等品每吨1300～

1500 元，破损严重的 650 ~ 780 元。计算下来，每个收购季麦肯公司要集中支付 2 亿多元的货款，造成麦肯公司短期资金筹集与账目处理的压力。

（6）在半成品销售方面，麦肯的客户基本上都按照自己的采购计划，按期按量采购，半成品积压严重，有的甚至积压了两年之久，库存资金占用巨大。

（7）麦肯对土豆的质量要求很高，土豆淀粉、糖分含量等都需要控制在一定的标准之内，所以，在土豆的成长过程中，麦肯随时需要调用大量的人力为豆农提供土豆品质质量抽样检验，土豆的质量检验与控制也是牵涉麦肯很大精力的一件事情。

（二）供应链方案设计

当下，物流业发展已不再仅仅停留在运输、仓储、搬运、装卸等传统活动上，物流与制造业、物流与金融、物流与贸易的融合发展趋势越来越明显。针对于制造业物流服务商，从原材料采购到产成品送到客户手中，甚至产品回收的整个供应链条所涉及各个环节都有物流服务商可以掘金的盈利点。为此，此项目设计应从供应链思维出发，梳理土豆种子到消费者口中的薯条这个过程的链条，从这条相互衔接的链条中找到不协调不通畅的环节和涉及的相关利益方，针对问题考虑郑明可以为谁提供什么服务，以使这条链变得更通畅、更高效，同时实现郑明的盈利。如图 4 – 9 所示。

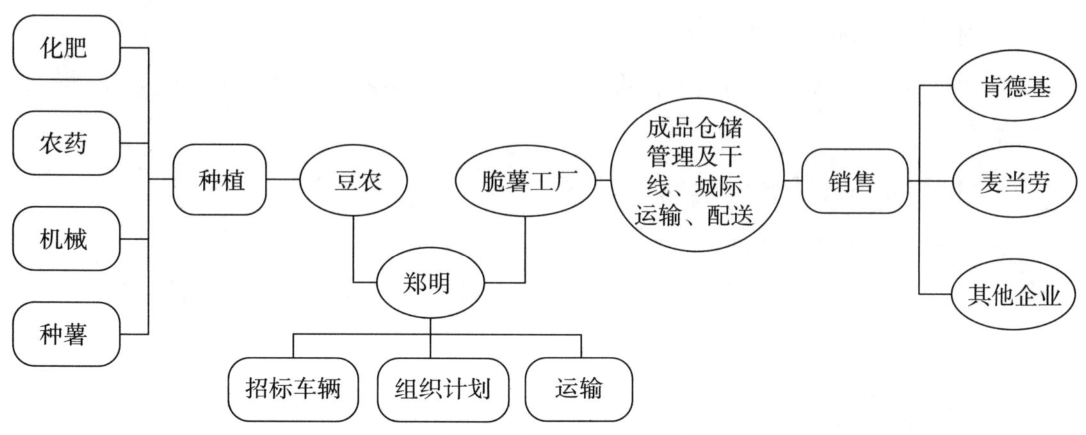

图 4 – 9　郑明公司全面介入麦肯薯条供应链示意

1. 种植环节——资金垫付

为缓解麦肯公司资金紧张问题，郑明为麦肯垫付土豆种植培育期间支付豆农的20%的预付款，并承包下土豆成熟后采购运输环节。在土豆成熟后，郑明公司的介入对土豆的保鲜运输、仓储等“早期质量”环节提供了重要保障，同时也是实现农产品冷链“最先一公里”商业模式的初步尝试。

2. 采购环节——车辆整合

郑明公司着手对土豆运输车进行了整合。通过招标运输车辆，形成专业的运输团队，并合理安排运输计划与时间，保证了车辆需求的满足，在一定程度上缓解了操作人员的工作强度，使每辆车等待时间由原来的24小时缩短到19小时内。

3. 收货环节——供应链金融物流

郑明公司通过对麦肯公司开展动产质押金融物流活动，承揽下为麦肯支付剩余80%款项的重任，而且将支付账期由60天缩短到15天，给豆农吃了一颗定心丸，提高了豆农的积极性，同时解脱了麦肯资金流困境。

4. 销售环节——贸易执行

在麦肯公司将土豆加工成薯条半成品之后，郑明通过贸易执行业务，解决麦肯公司的库存积压问题。郑明通过一次性买下麦肯公司的所有薯条半成品库存，再根据麦当劳、肯德基等下游客户的采购计划，进行全权销售，通过物流金融工具实现货物配置控制权，在自身物流网络优势下实现了基础物流业务的整合，再加上半成品的购销差价，有效保证了自己的盈利，同时解脱了麦肯的巨大的库存占用资金和仓库管理费开支。

5. 成品（薯条）的仓储管理

运用WMS系统对成品薯条的出库、入库、库存等进行管理，执行标准的仓储管理流程。

6. 成品的干线及城际运输、配送

利用公司全国网络资源及冷链运作优势，开展从哈尔滨工厂至东三省及华东部分城市的干线运输及哈尔滨市内及周边区域的城市配送服务。

二、案例应用理念分析

供应链管理的真谛体现在四大核心理念上，即整合理念、合作理念、协调理念、分享理念。下面就从四大理念来分析上海郑明现代物流有限公司这个案例。

整合理念：该案例自始至终都体现出整个的思想。比如，他们从麦肯公司在收购土豆过程中的问题发现了机会之后，重新构建了该业务的供应链，根据新的供应链系统有目的地去整合上下游的各种资源。

合作理念：有了这些资源还不够，必须让这些企业成为自己的合作伙伴，大家有了共同的利益，才能够形成一股合力。郑明在这一点也做得很好，他们并不是简单地把合作者看作业务伙伴，而是看成战略性的合作伙伴。

协调理念：供应链运营中的协调性是决定供应链管理成败的另一关键。该案例中，为了解决收购难的问题，郑明专门制定了 SOP，这就在日常业务操作上保证了供应链运行的协调下和稳定性，同时加强现场管理，不因额外的干扰造成成本上升。

分享理念：供应链管理的终极目标是合作伙伴能够分享其创造的价值。通过郑明的供应链整合服务，解决了豆农运输压力、收购现场压力，资金紧张的压力以及库存积压的压力，使原有各方都从中分享了供应链整合管理而产生的价值，这也是郑明能够成功运营麦肯供应链的关键所在。

正如案例材料中所述，郑明公司如果想在供应链服务上走得更远、成功扩展更多的供应链增值服务项目，必须一如既往地抓住这四大核心理念。

三、未来公司供应链建设的思考

麦肯项目，郑明公司已从最初的探索，到成功实施已两年，在中国冷链物流领域是绝对创新的，在绝大部分的冷链物流企业还沉浸在仓储、运输等传统业务的时候，郑明公司已经做通了从农民那里的“最先一公里”到产成品的末端配送“最后一公里”整个业务链条，同时还渗透了供应链金融、物流与贸易的融合等高端物流增值服务业务，成功地做到了行业里的专业领先地位。体现在以下两点：一是针对车源、运输、销售、配送等不同的环节，都有针对性的方案设计，实现了供应链链条式方案设计，做到了双赢；二是成功将质量管理、供应链金融物流、贸易与物流的融合等融入到麦肯项目中，走在了行业的前沿。通过一系列的运作，对麦肯公司薯条供应链中存在的问题，交出了满意答卷。

然而，麦肯项目其实是一个产品单一，从原材料到成品配送的链条关系又比较简单的项目。而公司目前服务的各种类型的物流服务项目达两百多个，业务涉及冷链物流、快销品物流、医药物流等众多领域，产品结构多样，物流服务需求网络复杂，客户需求个性化、专业化要求突出。如何利用麦肯项目优先的经验，根据市场需求创新我们的商业模式，为市场提供满意的服务型产品，将公司业务完全升级为提供领先的专业供应链解决方案，值得思考。

（上海郑明现代物流有限公司供稿）

第三节　招商美冷（香港）控股有限公司

招商美冷（香港）控股有限公司（以下简称“招商美冷”）由招商局国际有限公司和 Americold Realty Trust（简称“美冷”）于 2010 年 3 月合资成立。同年先后并购了招商局国际冷链（深圳）有限公司、康新物流（天津）有限公司、维益食品（天津）有限公司、康新物流（哈尔滨）有限公司，完成了国内冷链营运网络的基本布局，在业内得到了广泛的关注和认可。

2015 年 1 月，招商局国际有限公司与招商局物流集团有限公司完成了对招商美冷的股权转让，招商物流正式全面接管招商美冷。招商美冷依托双方股东在品牌、资本、网络、客户及专业经验等方面的资源优势，致力于为客户提供一体化的冷链及贸易服务方案。

截至 2015 年年底，拥有和管理 15 座冷库，面积达 16.4 万平方米，自有冷藏运输车辆 73 台，同时整合管理 500 余台长期可控外协冷藏车，运输网络覆盖全国主要省市地区，初步形成了覆盖全国的冷链营运网络布局。

一、股东介绍

（1）招商物流是国家 5A 级物流企业、招商局集团旗下发展现代物流业的全资一级子企业，在中国拥有 30 多家全资子公司，并于 2015 年年底先后并购了中国前 5 大零担快运物流公司恒路物流和整合了以物流为核心主业、航运为重要支柱业务、船舶重工为相关配套业务的中国最大的综合物流服务供应商中外运长航，形成了遍布全国的物流运作网络，物流服务涵盖汽运、铁路和水运业务，以及与港口（码头）相关的国际货代和船舶代理、理货等综合业务。

（2）美冷总部位于美国亚特兰大，在全球拥有及管理180余座冷库设施，库容总量约10亿立方英尺（约2830万立方米），冷链业务遍布全球，在加拿大、澳大利亚、新西兰、阿根廷和中国均设有分公司，拥有员工12000余名，是全球最大的冷链企业及领先的温控仓储和物流运营商，在美国拥有最广泛的冷链物流网络。

二、招商美冷主要业务板块

招商美冷提供温控仓储、干线运输、区域及城市配送等一揽子冷链物流服务的同时，也提供采购与分销、供应链金融等综合解决方案。通过高质量的冷链物流服务和业务创新，招商美冷将逐步增强对整个冷链的控制，成为供应链上的核心企业。

（一）温控仓储

招商美冷在中国主要城市经营管理15座冷库，均配备先进的设备及仓库管理系统，温控仓储业务温度区间分布广泛：包括冷藏（0℃～5℃）、冷冻（－25℃～－18℃）、恒温（18℃～22℃）以及干仓，致力于为客户提供优质、一体化的冷链服务。

（二）冷链运输＆配送

招商美冷拥有3T、8T、12T、30T等各类型号冷藏运输车辆，冷链运输网络覆盖国内主要省市地区，目前在哈尔滨、北京、天津、太原、青岛、苏州、上海、郑州、成都、武汉、广州、深圳、香港等地均拥有专业现代化的冷库可作为RDC进行区域配送。

（三）贸易业务

招商美冷在业务模式上不断追求创新，在专注冷链物流服务的同时，于2011年下半年尝试开展贸易业务，进一步将公司服务范围向供应链上下游延伸，加强对整条供应链的控制。

招商美冷旗下贸易公司具有肉类、海产品的进口资质和酒类流通许可证，为中国海关 A 类企业，提供食品的全球采购、进口代理和国内分销等一站式服务。

通过“线上微店 + 线下配送”的商业模式创新，公司增强了对进口冻品食品、红酒等自产地到国内终端销售的渠道和流向控制，同时有利于冷链物流业务向上下游业务的渗透，丰富了未来的业务形态和盈利模式，实现了物流业务和贸易业务的网络化。

（四）其他服务

主要包括冷链物流增值服务、供应链金融服务、报关与报检及冷链信息传播、行业标准推进等公众服务。

三、主要客户案例

招商美冷与众多知名零售、餐饮服务、进出口贸易企业等均有合作。以下就招商美冷与几个具有代表性客户之间的业务合作进行简单介绍。

（一）连锁零售类

招商美冷凭借国内丰富的冷链网络资源和大型项目运作经验，与某国际大型连锁零售商在生鲜配送中心项目上建立多年长期合作，并为其提供全程冷链服务。截至目前，招商美冷已为该零售商在郑州、太原、武汉等地提供定制化生鲜配送中心（FDC），具体包括前期项目选址、冷库建设/改造、冷藏运输、仓储、分拣及办公室布局和检验检疫等在内的一系列服务。

日常操作上，招商美冷严格执行全程冷链，确保收发货、分拣等操作均在温控环境下进行，有效保障生鲜产品品质。同时，通过 SAP（企业管理解决方案）系统及操作流程等方面的不断优化，实现各类货品集中、准时配送，节约了客户物流成本。

（二）连锁便利店类

招商美冷于 2015 年下半年，与某知名连锁便利店建立合作关系，为其在中国南区的数百家地铁便利店提供全程冷链运输配送和周转箱回收服务。

由于该连锁便利店门店分布广、产品品类多，配送具有“小批量、多批次”的特点，同时对配送时间要求极高，操作难度较大，时限性强，限制多等困难，如配送时间限制在24点至凌晨2点半之间，全程规定人工搬运，不能使用电梯运货，如有违规，将会面临罚款或关店，承担的操作风险极高，不少物流运营商无法承担其业务。在经过了深入的调研和充分沟通，该连锁便利店最终将其中国南区冷链业务交由招商美冷运营。

为加强项目运作管理、提高紧急事件应急处理能力，招商美冷成立项目小组并派成员外驻客户仓库。制定严格的循环箱及回单交接监管制度，要求司机完成配送任务后于当日上午10点前交还循环箱并将回单交至单据人员，对发现异常的问题及时联系车辆调度人员处理。

通过客户订单信息合理安排运输路线及运力，车辆配置制冷机、保温门帘、温湿度显示器、三角木等设施与工具，采用GPS（全球定位系统）全程跟踪，对在途车辆位置和温度进行实时监控，成功解决了便利店在地铁等区域的冷链物流配送难题，实现了快速、准时、高效的全程冷链服务。快速全面达到客户KPI（关键绩效指标）要求，将由前冷链服务商提供配送服务时高达0.7%甚至更高的不明损耗成功降低并控制在0.3%以下，货品实际准时到达率达99%以上。如图4－10所示。

同时，在双方的齐心协力下成功置换新旧胶箱，提高了胶箱周转率，简化了操作流程，杜绝了胶箱货损问题，在同等货量的情况下，有效地优化了单箱和车辆的实际装载率。

通过近一年时间的合作，招商美冷以安全、高效运作水平和优质的服务获得客户的高度认可，双方决定在进一步推动线路和周转箱等装载设备优化、提供区域性冷藏冷冻仓储实现区域性仓配一体化运作、降低客户自行运作所需要物流成本及经营成本为客户扩张计划提供冷链物流基础，及全国其他区域门店等方面加强并深入开展配送一体化战略合作，实现双赢。

项目操作流程，如图4－11所示。

项目的持续有效发展更是得到区域地铁公司的认可，提升了招商美冷

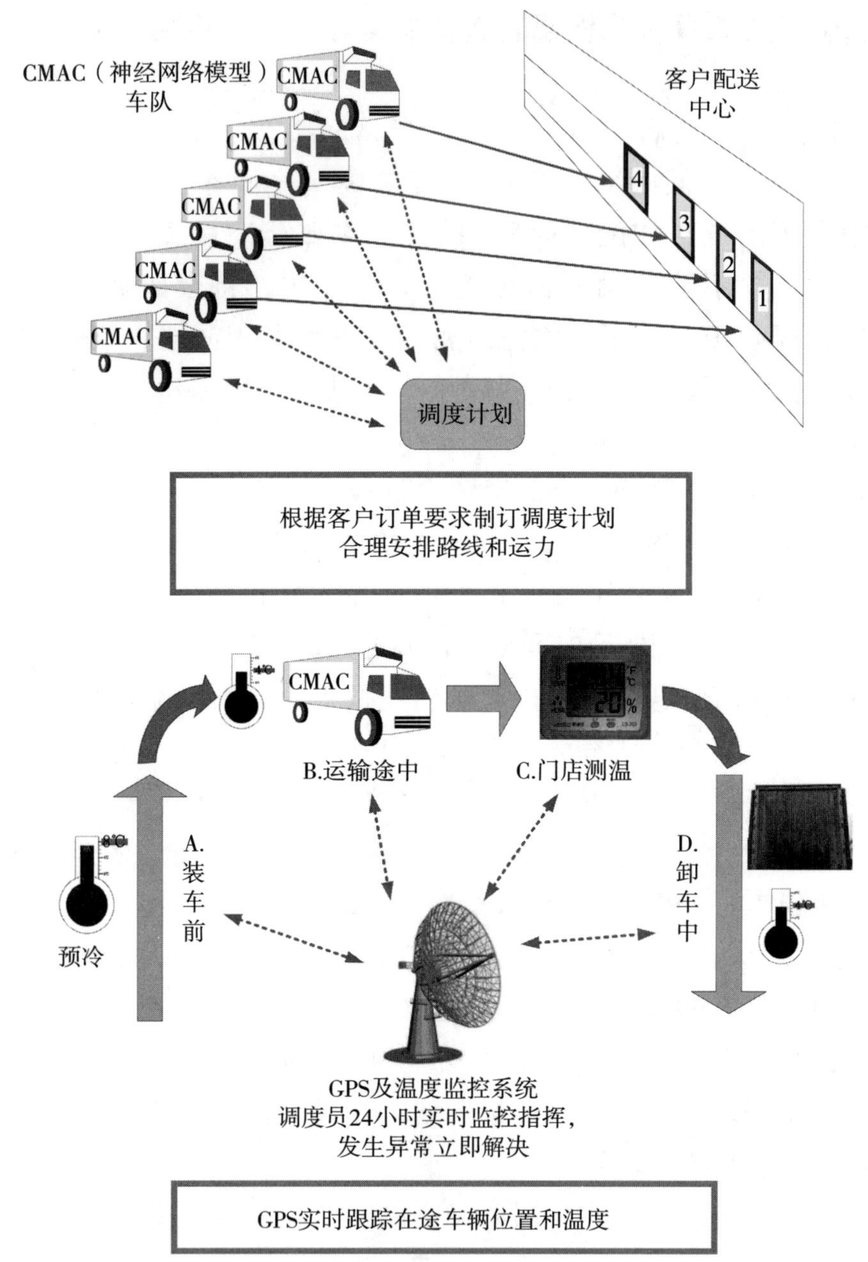

图4－10　全程冷链运输流程示意

的品牌，体现了招商美冷的管理水平和操作人员素质，无论从整合外协运力资源，建立完善管理团队，扎实做好员工的培训工作，到项目的开展，均能够使用有限资源发挥最大效率。借助品牌效应，使更多品牌企业考虑选择招商美冷为合作伙伴，为招商美冷在城市冷链配送中成为标杆企业奠定基础。

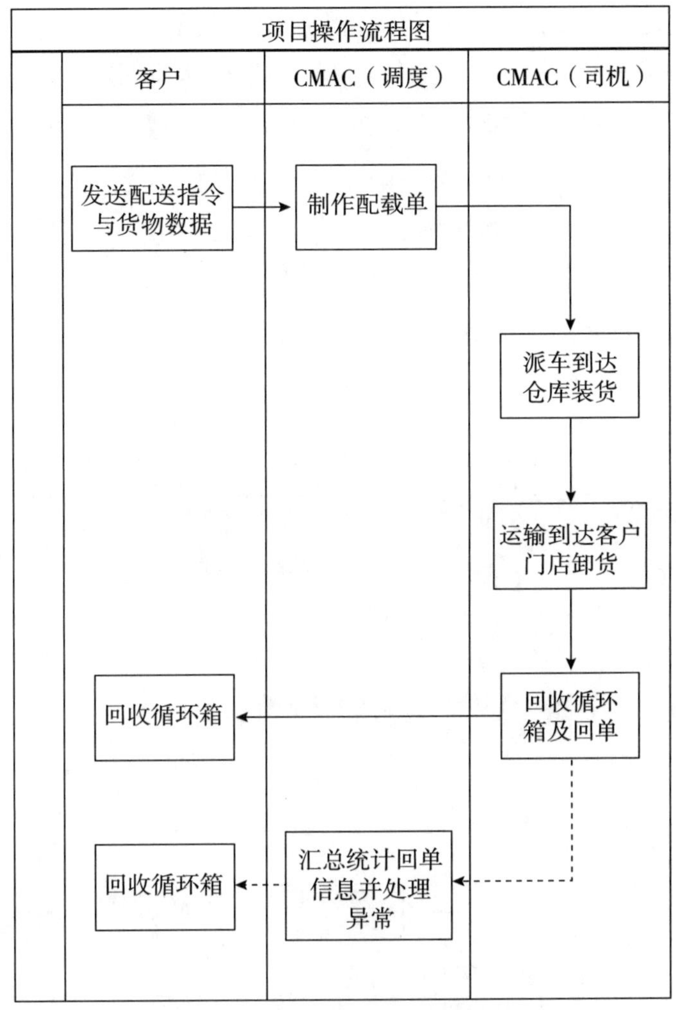

图4－11　项目操作流程

（三）进口食品国际中转之“前仓后店”业务

深圳检验检疫局目前与香港食环署签署《关于国外进口冻肉经深圳前海保税港区中转香港的检验检疫合作协议》（简称“合作协议”），标志着前海蛇口自贸区国际中转食品监督模式正式启动，而招商美冷作为保税港区内唯一冷库运营商，为进口食品国际中转提供全程冷链物流服务。

招商美冷在合作协议签署后，积极应对政策要求，严格执行香港和国家质检总局准入要求，确保集装箱号码与封识号与卫生证书记载一致，进区货物清洁、卫生无异味，保证冷库温度在所要求范围之内。招商美冷正积极与香港方面探索建立中转冻肉信息化管理系统，预计下步开始系统测试，在正式实施后，冷库利用率也将得到相应提高。

同时，受益于该“前店后仓”政策，香港企业将减少配送环节，提高效率，降低人工、插电等运营成本30%以上。该模式依托前海湾保税港区毗邻香港的地缘优势，通过境外冻肉“前海保税仓暂存、转运香港”的新渠道，打通深港两地的冷链运输，这种“前店后仓”政策，既缓解了香港冷库不足的现状，又切实便利对港中转贸易，为前海蛇口自贸区国际中转业务特别是片区现代物流也发展提供新的增长点。

海外肉类产品中转基本流程，如图4－12所示。

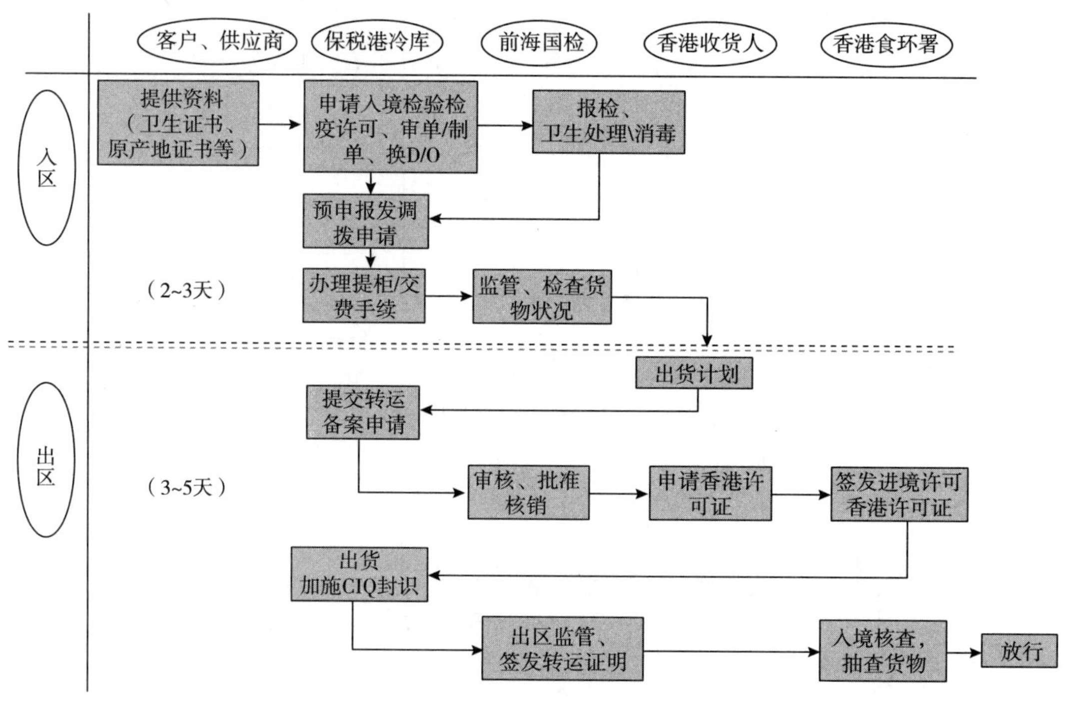

图4－12　海外肉类产品中转基本流程

四、未来发展规划

作为“多温区、全产品”的公共冷链服务商，招商美冷将在发展冷链物流的同时，积极开展采购与分销、供应链金融、电子商务等业务模式，为客户提供更好的冷链服务和更高的价值，全力保障民生和食品安全；同时在未来几年内建立全国范围内的冷链网络，致力成为中国领先的公共冷链服务商。

招商美冷全国网络平局，如图 4－13 所示。

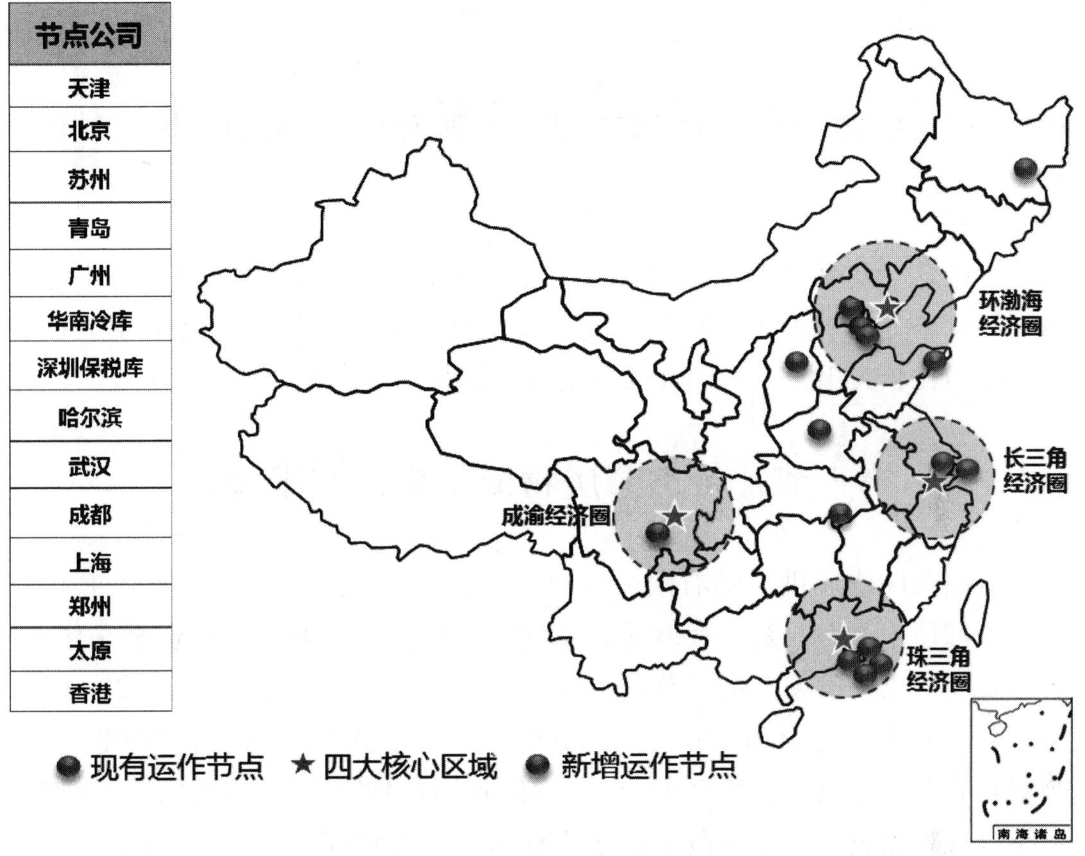

图 4－13　招商美冷全国网络布局

（招商美冷（香港）控股有限公司供稿）

第五章　冷链仓干配综合型企业

冷链仓干配综合型企业是指以从事低温仓储、干线运输以及城市配送等综合业务为主，可为客户提供仓干配一体化的解决方案。这类企业往往综合能力比较突出，有全国性的冷链布局网络和资源整合能力。

第一节　希杰荣庆物流供应链有限公司

希杰荣庆物流供应链有限公司（以下简称“荣庆物流”）成立于1997年，总部位于上海，是一家多元化发展的中外合资企业，注册资金5亿元。现已发展成为一家集冷链、普货、化工三大核心业务，分支机构120多家，运营服务网络覆盖全国1500多个城市，拥有50万平方米仓储资源，1500余辆自有车辆，员工总数5000多名，年吞吐货量约600万吨的国家5A级大型综合性物流企业。服务范围涵盖干线运输、终端配送、现代仓储、包装、供应链解决方案设计、驾驶员培训、汽配供应、汽车维修、保鲜冷藏箱生产、蔬菜食品冷藏加工等物流相关领域，是一家名副其实的物流产业链齐全的现代物流供应链企业。为实现企业的战略转型，公司正在实行“仓干配一体化”运营模式。

荣庆物流通过了ISO 9000质量管理体系认证和欧洲RSQAS（道路安全质量评估体系）认证。2014年和2015年，荣庆物流连续两年被中物联冷链委评选为“中国冷链物流百强企业第一名”；此外荣庆物流还先后被评为“冷链物流五星级企业”“《食品冷链物流追溯管理要求》国家标准示范企业、《药品冷链物流运作规范》国家标准试点企业”“中国冷链物流服务行业十大创新企业”“中国冷链十佳综合物流服务商”“中国医药物流行业优秀物流服务商”。

2015年9月，荣庆物流与韩国CJ（希杰）大韩通运签署部分股权转让协议，从而实现了强强联合，为公司进一步提升综合竞争力并走向国际市场奠定了坚实的基础。

一、荣庆物流主要业务模式

荣庆物流现在的运营模式主要是“仓干配一体”，其服务特点主要是解决卖家货物配备（集货、加工、分货、拣选、配货、包装）和组织对客户的送货。荣庆物流不断加快“仓配一体化”建设步伐，结合自身资源优势，通过一站式仓储配送服务实现货物运营流程无缝对接，实现企业高效、系统运转及货物安全快捷运行。

荣庆物流围绕B2B的模式设计规划仓库管理，已建立较为成熟的加工车间，以备仓储增值优势服务项目之需；同时正重新规划占地1000平方米的B2C试点小型仓，用于满足电商订单集中分拣需求，预计实现日分拣力达1000单。

依据既定战略，荣庆昆山分公司仓库所有项目的客服、运营统一整合到淀山湖现场运营，结束了此前靠电话维系三方的尴尬局面。通过近两个月的试运营，荣庆的重点客户在年度例行审计各项KPI全部达标，客户投诉下降、整体服务质量得到很大改善，异常问题能得到及时反馈和解决。为配合荣庆上海宝山运转中心，荣庆开通了淀山湖甩挂节点。这样一来，部分线路依据货量在淀山湖可以直发，降低了运营成本，减少了周转环节，缩短了运输时间。

此外，荣庆物流在IT硬件、系统方面实现电商订单系统、WMS系统、快递公司系统协调运作，使企业仓储优势得到持续强化，与客户的业务流程形成无缝对接，具体的流程如图5－1所示。

二、荣庆物流冷链客户案例解析

（一）M公司案例

M公司创建于1911年，是全球最大的食品生产商之一，素有“食品行业里的宝洁”之称。公司年收入超300亿美元，旗下拥有众多世界知名的品牌，除××、×××等巧克力品牌和××糖果品牌，还有××狗粮、××猫粮等宠物食品品牌，且M公司所涉足的每个业务，在各自的领域内都是市场的领先者。

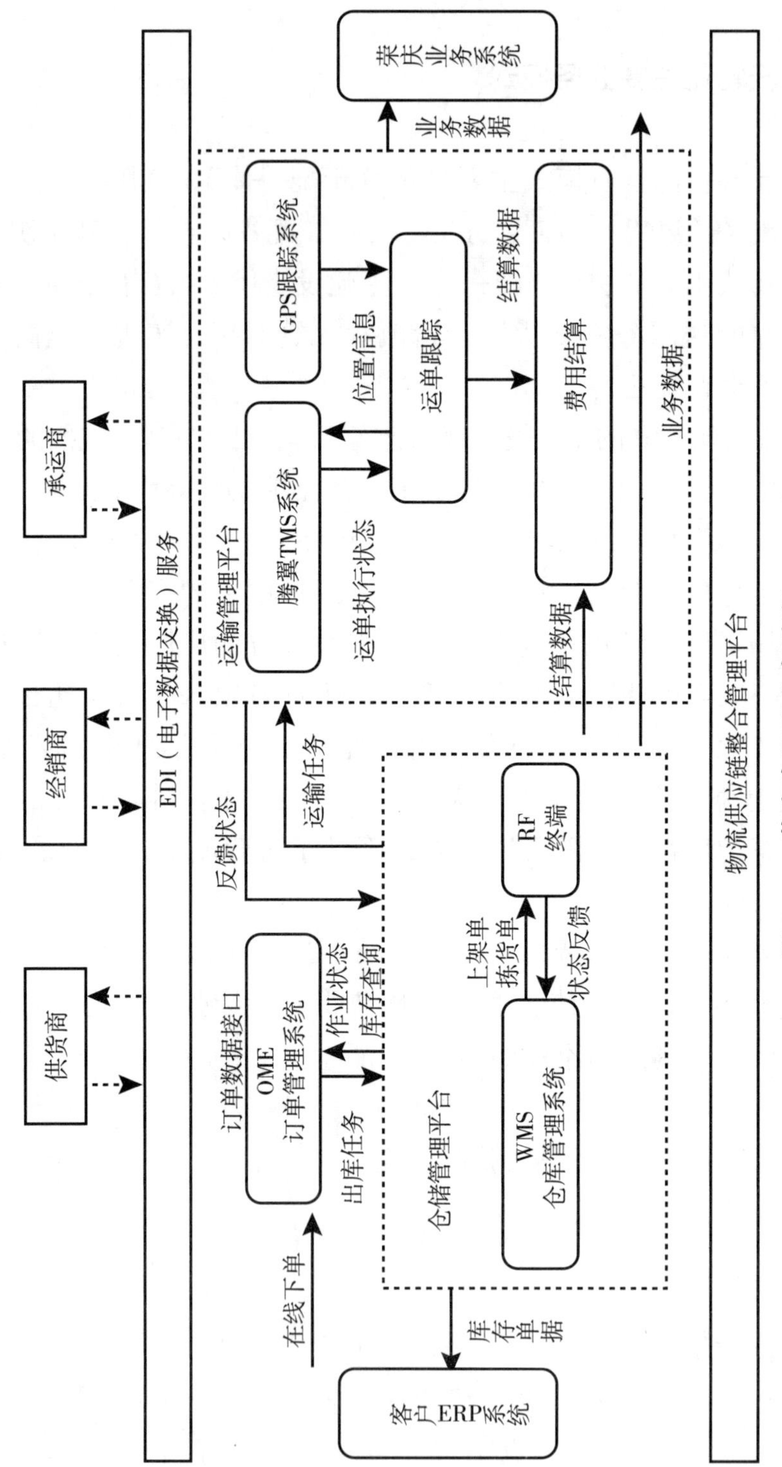

图5-1　荣庆仓干配业务流程

M 公司是荣庆物流重要的合约物流伙伴之一，双方已建立起多年的业务与合作关系。荣庆贴心的服务意识、精准的服务定位、优异的运营规划和方案设计、高效的执行能力等，持续赢得了 M 公司高层的高度赞誉，多次荣获 M 公司最佳承运商表彰。现将公司操作 M 公司巧克力物流案例分享如下：

巧克力对运输、储存的要求特别苛刻，其运输、储藏适宜温度为 15℃～18℃，适宜湿度 50～60RH。如果方式不得法、不恰当甚至操作失误，会在一定程度上减损巧克力的口味，严重的会造成巧克力食品的损坏、变质。所以，巧克力的运输、储藏等物流操作流程非常复杂。

1. 解决方案设计环节

荣庆物流接到委托后，根据 M 公司的要求，第一时间组织项目研讨，制订适合 M 公司特殊情况的物流运作方案，在征得 M 公司再次修改、完善后，确定运行方案，大致分两个步骤：

第一步：客户下订单后，客服接收订单信息，下预订单并确认；监理接受任务分配、分单中心分单到派车机构；调度中心派车；监理检查装备并找到提货车辆，在得到调度发车确认后，随车前往客户处提货。

第二步：到达客户处，监理跟客户发货人实施对接沟通，并指导客户填写工作单；监理检查货物及外包装并清点核实货物；双方签字确认工作单，监理把发货人联交予客户；监理录入基本工作单信息、制作标签并贴标签；装车回公司。

2. 仓储环节

巧克力从接货到仓储，从运输到终端客户各个环节，始终使其处于 M 公司要求的特定温度环境中，这就要求低温链条不断链、无缝隙的运作方式。

（1）接收验收：在库区建立独立“对接月台”，温度始终保持在15℃～18℃。需进出货时，启动相应设备，将温度始终保持在货物要求的温度、湿度环境中，建立了库房与运输车之间的保障通道，保证了巧克力仓储环节的无缝对接。

（2）库藏节点：对影响巧克力储藏的潜在危险进行全面排查与管控，包括温度、湿度在线监控，制冷设备故障在线监控、出入库在线监控、现场电力在线监控等，保障巧克力储藏的正常进行。

（3）发货节点：对发货单、配货任务单等各种单据实施数字化管理，同时采用条码管理技术以核查发货过程中，M 公司信息及巧克力件数的准确性，如发现不符，运输车监管系统会自动发出提示警报。

3. 运输配送环节

（1）货物在途：全程温控，如箱内高温敏感点、低温敏感点和最大不均匀度敏感点等；GPS 系统，监控车辆运行轨迹，实施全程在线管控，实时了解配送情况，以便出现故障及时采取“应急预案”、及时处理。

（2）货物配送：针对多站点配送情况，对每辆运输车辆实施全程实时监控，如货物情况，多配送站点的配送时间、卸货操作时间，以保证卸货的准确性，如出现误差，则及时出现警报以提示核查。

（3）客户签收：运输车辆配备实时打印设备，客户可以对运输途中的在途温度实时打印，目的在于监控车辆运输温度，确保货物运输质量，更好地服务客户。

（二）医药客户案例

荣庆物流于 2007 年开始运作第一个医药项目——上海国药，随着冷链物流的发展和新版 GSP 的颁布，荣庆物流于 2013 年 8 月成立医药项目部，统筹规划管理医药项目。目前，服务的客户有上海医药、中国医药、葛兰素史克、费森尤斯等 20 多家国内外知名企业，终端配送覆盖 3000 多家医院和药店，医药合作经销商近 500 家。

荣庆物流医药项目部组织结构，如图 5 -2 所示。

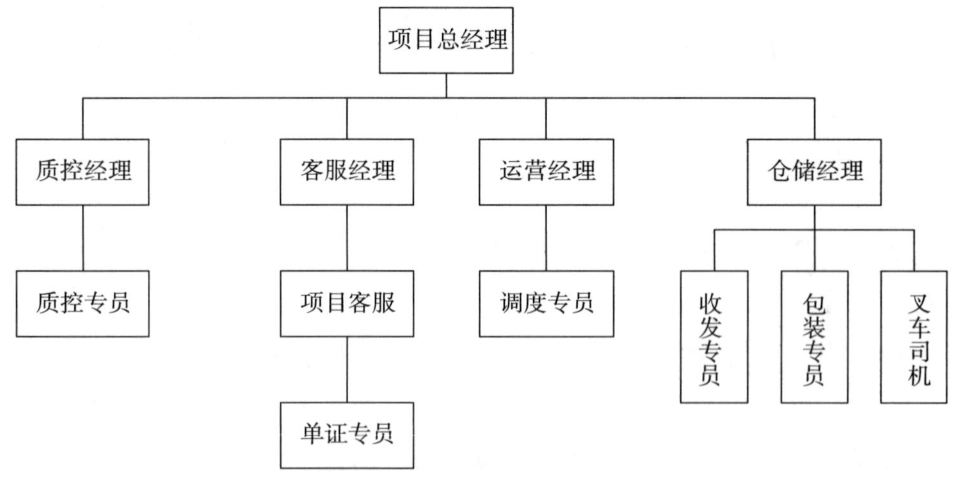

图 5 -2　荣庆物流医药项目部组织架构

具体的运营操作流程如下：

1. 提货环节

（1）客户提前一天通过邮件形式（附件：提货单）通知荣庆物流客服人员下单，荣庆物流安排车辆、人员和专线，于次日提货。特殊情况下，可于当天上午通知当天下午提货。

（2）去仓库提货人员必须携带发货清单到各个仓库提货。

（3）车辆必须做好出车检查，使用全封闭厢式车。车辆干净清洁，车厢无异味、无积水。

（4）货物必须以托盘形式装车，并且需要用缠绕膜包裹以后再装车，严禁货物直接放置在车厢内，货物整体放置于托盘上，避免任何货物悬在托盘外的情况发生。

（5）整车运输货物必须一横一竖形式装车，托盘标准为 80 厘米 ×120 厘米和 100 厘米 ×120 厘米。每托货物间的间距空间必须使用填充物，将两拖货物相互紧贴，使货物不会单独晃动，防止货物在运输途中由于剧烈晃动使托盘移动造成货物外箱挤压，对于容易破损和变形的货物应装在每托最上面，以“大不压小，重不压轻”原则来装货。

（6）整车运输严禁和其他货物混装。

（7）提货人员进入提货现场要遵守仓库有关现场规定作业。在提货人员与客户进行货单签收过程中，提货时点清数量以及注意货物外包装是否完好。发现货物有任何疑问的，可以要求现场人员当场查看。对有破损之类的商品，提货人员可要求换货（如相同品种缺货情况下，可在签单上注明实际提货数量）。承运商按提货单上实际数量提货，提货时不要拆二次包装货物。如果客户方不同意换货，荣庆物流可在提货单上标注外箱已有破损并标注破损数量。

2. 单据交接

（1）提货人员所提商品必须单、货相符，在客户的发货清单上签收。

（2）发货交接单一式三份，一份承运商现场人员签收完后仓库留存，另两份需随货带走，并在送货完成后一份留给客户，另一份签单将在送完货物两个工作日以内装箱返回上海，驻场人员在货单上注明装载具体托数、箱数。

（3）回单要在签收之日起两个月内返回 A 客户。

（4）回单是结算货款的凭证，回单应妥善保管，随身携带，不准将回单遗留在车上过夜，如果丢失回单将对此票业务进行罚款。

3. 运输要求

（1）厢式车必须配备足够的紧固件加固货物，加固时必须在外箱菱角处加保护块以免纸箱破损。

（2）在确认所需运输的货物后，对货物进行包装确保货物在运输途中无破损和遗失。

（3）到达客户指定目标地，按客户要求把货物就位摆放好。

4. 信息沟通

需要与客户及时沟通的方面有：商品在配送中发生的问题、承运商在配送中的问题、不能按时送达客户；单据、商品等的遗失。

以上异常情况异常承运商必须2小时内反馈给A客户项目部客服专员，坚决不可直接联系终端收货客户，并根据A客户的要求及时返回相关回单，做好破损退货等相关操作。承运商需每天提供商品跟踪信息，意外情况及时反馈沟通。

5. 送货环节

（1）按送货单地址送货。

（2）不得随意更改送货单位地址，若收货方客户需要更改，必须要客服接到A客户方面邮件指令时才能更改地址。

（3）货单和货物应同时与客户交接。

（4）保持送货单签收的干净整洁（签字、时间、盖章）。

（5）如客户签收实收数量，则以实收数量为准。

（6）签收时若商品有破损，需及时联系A客户，由A客户与收货方客户进行协调沟通。特别是以医院为最终客户的情况，送货人员必须先电话预约送货时间并且送货态度必须服从，帮客户把货物就位好。

6. 送货纠纷

（1）司机在送货时应态度友好，耐心。

（2）在送货期间如发生特殊情况（如客户刁难等），必须及时通知客服部，由客服部协调客户解决。

（3）如果客户拒收货品或发生争议，司机应立即与客服部联系，由客服部与客户进行协调，解决送货争议问题。

（4）任何送货司机不能和客户有任何冲突，一切不公的事情由客服部协调客户解决。

7. **货物跟踪**

（1）货物每天 1 次跟踪，对于需当天送货的货物需及时跟踪司机，查看送货情况。

（2）长途车辆不得在同一地点停留 10 小时以上，及时监控。如有意外情况第一时间通知相关客服。

8. **退货要求**

对于破损有异常货需统一退货，退货时需做出退货明细，认真核对退货件数，货物包装是否完好以及货物属性。

9. **结算操作**

按月结算，每月月底由承运商制作上月结算运费账单供 A 客户核对。每月破损赔付明细由 A 客户方提供给承运商核对，客服专员需每天与客户进行账单核定。

三、仓干配一体化特点和优势分析

运输、仓储和配送都是物流功能作业中的一种，目前仓储是仓储、运输是运输、配送是配送。仓、运、配是分割的，客户不得不面对物流链条上的每一家企业，其实客户更希望只和一家企业对接。

从流程服务的趋势来看，未来仓储企业、运输企业、配送企业之间的合作会越来越紧密。因为有两方面利益驱动：一是从客户角度来说，客户希望只对一家物流企业，而不希望面对流程中的每一家物流企业，这就要求有人把仓、运、配整合起来，提供一体化的服务，这就是客户价值。二是流程整合中有优化的空间，对服务商也是有价值的。

仓储—干线—运转中心—营业站点—终端配送的一体化是趋势，但要靠整合来完成，因为未来将会是专业化的分工，专业的人做专业的事情，整合中的关键点是利润分配，如同一个生态系统。整合中只有掌握关键节点才能有效地推行 KPI 考核指标，并且物流的节点将会改变传统的物流专线格局和传统的物流园格局，节点性分拨可以引申为虚拟物流地产，它的价值会超越实体物流地产的价值！

（希杰荣庆物流供应链有限公司供稿）

第二节　海航冷链控股股份有限公司

海航冷链控股股份有限公司（证券代码：831900），是海航物流集团旗下一家专业冷链物流企业，也是国内首家新三板挂牌的冷链物流企业。海航冷链创立于1997年8月，是国内最早专营冷藏运输的企业之一，2010年与海航集团结缘，2014年完成股份制改造，2015年8月正式更名为海航冷链控股股份有限公司（以下简称“海航冷链”）。

海航冷链于2015年2月2日在全国中小企业股份转让系统挂牌，2015年7月22日完成第一期定向增发募集资金17亿元，2015年9月11日、15日分别入选新三板成指样本股和做市指数样本股名单。截至10月23日，海航冷链以市值21.5亿元位列新三板3803家挂牌企业中第55位、交通运输行业企业第1位。

海航冷链立足高速增长的行业环境，依托海航集团产业集群优势，着力发展第三方冷链物流、冷链仓储业务和冷链金融、冷链科技、冷链投资、冷链商贸等创新增值业务，通过“金融＋科技”双轮驱动和产业并购整合，致力成为国际化产融信一体的冷链产业集成服务商。

一、海航冷链主营业务板块介绍

海航冷链主营业务板块，如图5－3所示。

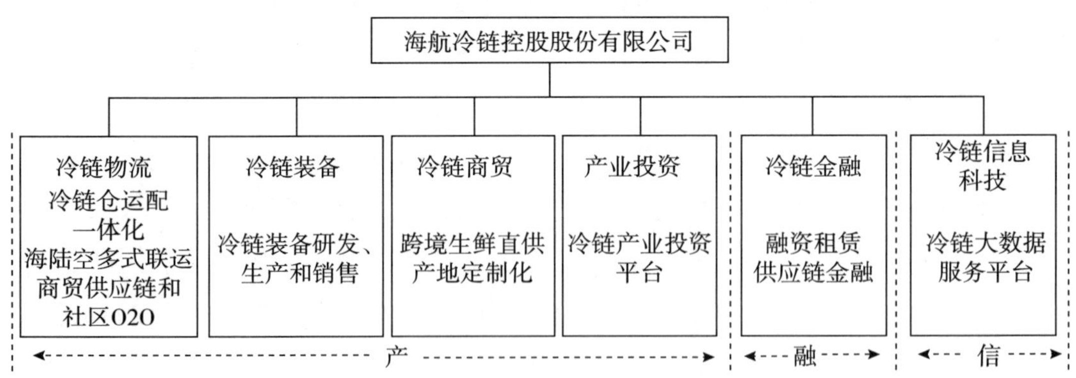

图5－3　海航冷链主营业务板块

（一）冷链金融

海冷融资租赁有限公司，由海航冷链（75%）与恒运投资控股有限公司（25%）共同出资设立，2015 年 10 月获批在上海自贸区注册，注册资本 3 亿美元。公司聚焦冷链行业，重点开拓现代物流、医疗健康、食品化工等上下游涉冷行业设施装备的融资租赁以及相关商业保理等业务，致力成为国内冷链行业领先的金融服务与资产管理平台。

（二）冷链科技

海航冷链依托旗下实体物流、冷链金融、冷链装备、冷网科技业务，面向产业链上下游客户，打造融基础信息服务和衍生增值服务为一体的公共云服务平台，利用车联网大数据，开展无车承运人业务和冷链产业链相关的增值业务。旗下中国冷藏网是国内首家专注于冷链行业的信息化平台，此外其面向移动端客户的冷运通 App 现已正式上线。

（三）冷链投资

海航冷链聚焦国内外冷链物流领域的产业投资和金融投资，实现冷链物流产业链全程参与，并为优质中小企业提供资金和技术支持。

（四）冷链物流

海航冷链旗下北京海航华日飞天物流有限公司、海航速运（北京）有限责任公司，可为客户提供干线运输、区域配送、医药零担等基础功能型服务和仓运配一体化、海陆空多式联运等解决方案型服务。

北京海航华日飞天物流有限公司，专注发展第三方冷链物流业务，总部位于北京亦庄经济技术开发区，设有上海、广州、天津、西安、成都、沈阳、常州、海南 8 家分支机构，管理各式冷藏车超过 600 辆，业务遍布全国主要城市。

海航速运（北京）有限责任公司，为海航物流旗下航空物流综合解决方案提供商。公司总部位于北京顺义区，设有昆明、广州、成都、上海、南京、天津、西安、青岛、郑州 9 家分支机构，业务模式包括国内、国际空运代理、邮政进出港、国际贸易物流、跨境电商物流及国际公路运输等。

（五）冷链仓储

海航冷链计划未来2～3年内通过自建、并购、共建、定制、合作经营、委托代理等模式，构建以北京、上海、广州为核心的全国性冷链物流中心布局。根据发展规划，海航冷链北京冷链物流中心（总体建筑面积26885平方米）预计将于2016年年底正式投入使用。

（六）冷链商贸

海航冷链在严格、规范的风控管理原则下，可为战略合作伙伴提供售后回购、仓单质押、委托监管、信用担保、垫支服务、资金管理及代采金融等供应链金融服务。同时，海航冷链与客户合作，借助自身海陆空一体化冷链运输资源，开展跨境生鲜供应链和城市社区O2O平台业务。

二、业务模式及合作案例分析

（一）海航华日冷链物流

1. 仓运配一体化模式（如图5－4所示）

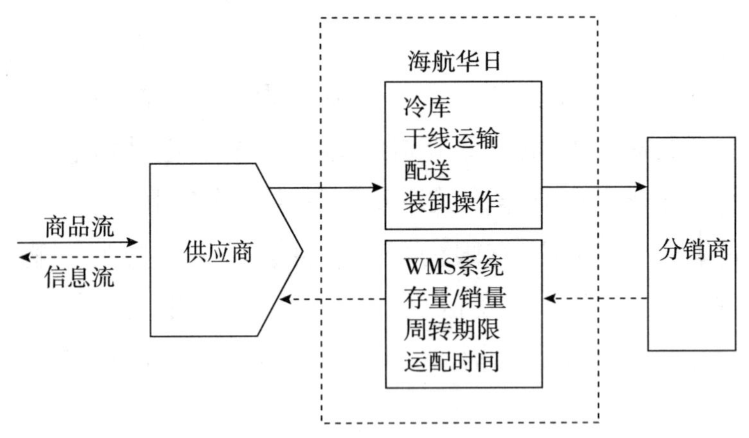

图5－4　仓运配一体化模式示意

模式优势：

（1）运输、仓储、配送一体化服务。

（2）作为物流运营商，实现供应商、分销商、储运商之间三方互动。

（3）寻求最优的生产量解决方案，为供应商提供增值服务。

（4）冷库由储存型转向流通型。

2. **医药化工全程冷链物流模式（如图 5－5 所示）**

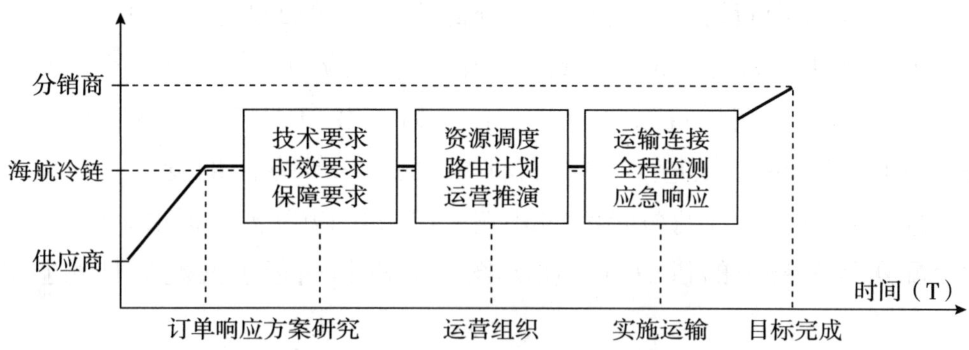

图 5－5　医药化工全程冷链物流模式示意

模式优势：实现医药化工从生产、仓储、包装、运输、配送到分销商全程 24 小时冷链管理。

3. **陆空联运模式（如图 5－6 所示）**

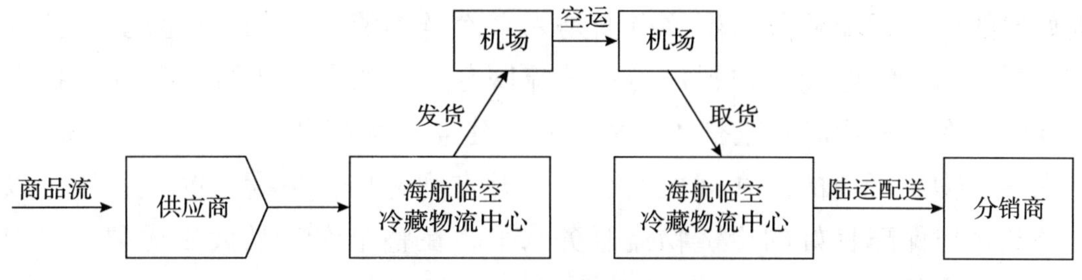

图 5－6　陆空联运模式示意

模式优势：

（1）整合空运、陆运、运输调度资源、仓储资源，实现无缝对接。

（2）时效快、成本低。

4. **商贸物流模式（如图 5－7 所示）**

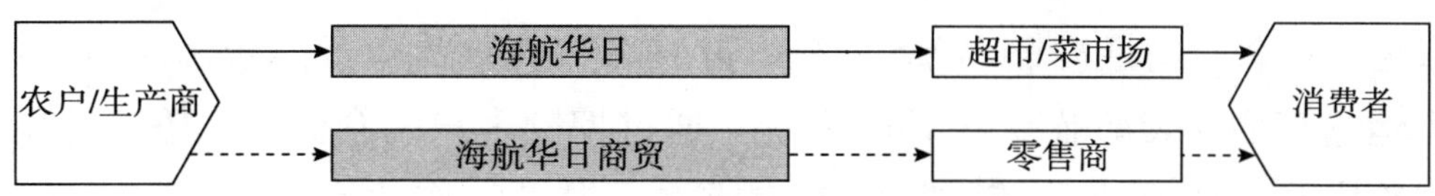

图 5－7　商贸物流模式示意

模式优势：

（1）减少中间环节，有利于产业链两端客户的利益。

（2）嵌入最核心商贸交易环节，掌握行业两端流通资源，从物流服务商升为商品交易商。

（3）冷链和商贸协同，可以有效降低成本，增加自身竞争力。

①A是全球著名连锁企业，其一共数百家供应商，供应数万个品种的物品。2014年起，海航华日通过与其合作，为该客户的华北地区各门店提供服务，对其所需的物品进行采购、仓储以及配送等方面的管理。与此客户的合作代表着海航华日商贸物流的开端，以及可以为客户提供采购、仓储、运输及配送等全链条的供应链解决方案，丰富和完善了海航华日的服务运作模式。

②2015年海航华日参与B超市东北地区生鲜仓库配送项目投标工作，该客户的成功签约，标志着公司推行第四方物流模式的成功，同时打开公司在东北地区的布局。B超市同为上市公司，又在2015年下半年同C生鲜签署战略合作，同B建立的合作为海航冷链行业品牌的提升起到重要作用。

③2015年海航华日同生鲜电商O2O平台D建立合作，为其提供水果产地始发的干线运输业务，生鲜电商是未来冷链物流合作的一个重要的目标客户群，为生鲜电商客户提供冷链物流服务，其服务水平要求高，可提升海航华日在冷链物流行业整体服务水平，建立果蔬产品冷链物流服务标准，未来冷链物流行业的潜在规模及市场上升空间，均在果蔬产品上，如可以为该类客户保障良好的冷链物流服务水平，在整个农产品大流通中，将起到至关重要的作用。

（二）海冷融资租赁

1. 衍生金融服务

向A客户提供货物采购、分销、订单处理、物流运输、冷库管理、资金垫付及支付结算等供应链服务。为控制项目风险，货物放入海航冷链监管库，安装监控设备及海航冷链WMS系统，并且客户将物流业务总包给海航冷链，所有运输车辆安装海航冷链TMS系统。通过控制客户的仓储及运输，运用先进的冷库及物流管理系统，降低客户成本，提供工作效率，掌握客户物流、资金流及信息流等，降低项目风险，实现多方共赢。如图5-8所示。

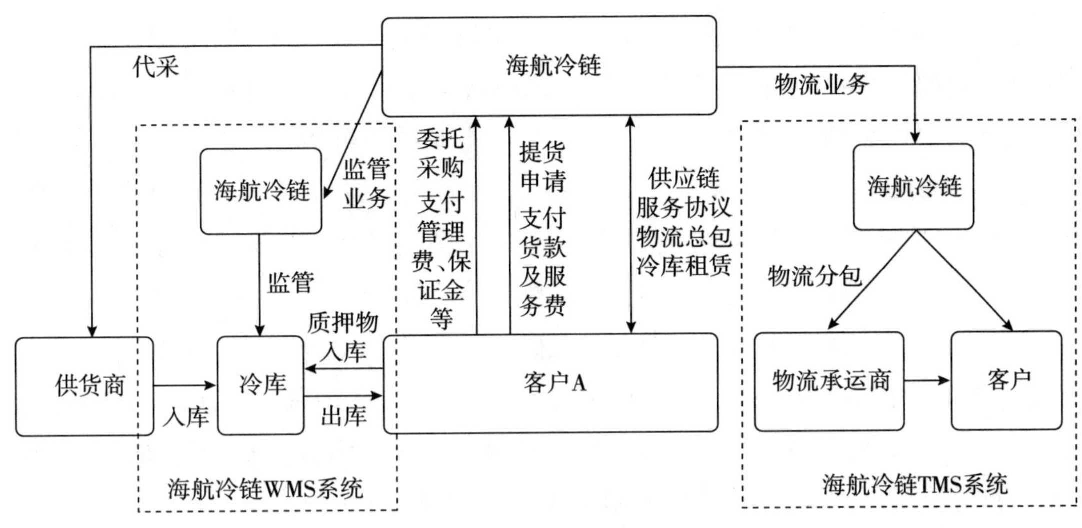

图 5－8　衍生金融服务

2. 融资租赁服务

向 B 客户提供融资租赁服务。为控制项目风险，厂房出租方、海航冷链、客户及海冷租赁签署四方协议，厂房出租方现将厂房租给海航冷链，海航冷链再将厂房转租给客户，同时客户将物流业务分包给海航冷链。通过监控客户的仓储及运输，掌握客户物流、资金流及信息流等，降低项目风险。如图 5－9 所示。

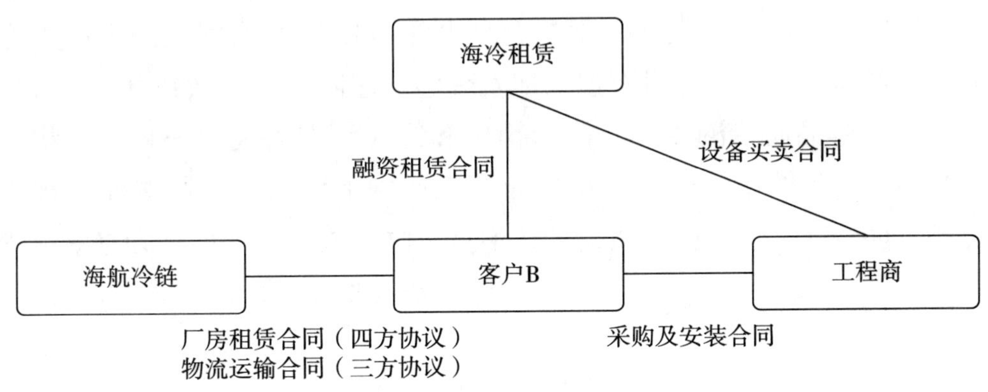

图 5－9　融资租赁服务

（三）车联网——绝味食品冷链品质监控合作项目

绝味食品股份有限公司是一家从事休闲食品连锁经营的专业性公司。公司下辖华中、华南、华东、西南、华北等多家子公司，并建立起数千家特许零售专卖店，居全国同行业之首。绝味食品配送车辆均由海航冷链车联网事业部提供冷链品质监控服务，范围涵盖整个长江以南所有绝味体系，以及河南、内蒙古、辽宁、甘肃、陕西。具体服务包括：

（1）物流品质管理和服务商考核制度化。车辆安装了温度 GPS 设备，通过 GPS 系统，可以查询承运车辆的温度数据。这一措施促使承运车辆按规定开机制冷，保障了绝味产品运输配送的温度安全。通过查询承运车辆的温度信息，保障数据的及时性、准确性；在物流品质的管理上明确评判标准和考核办法。建立绝味冷链物流品质管理体系，提出绝味产品冷链物流标准，建设绝味冷链物流品质管理系统，建立冷链物流质检制度，考核物流服务商，规范处理绝味产品物流环节温度超限问题。

（2）实时监控冷链过程中的温度数据。温控是冷链物流的核心，也是物流环节保障食品新鲜度，防止食品变质、腐败的关键措施。即时发现并当时处置物流过程中温度超限问题（而不是事后检查），能够有效地保障产品品质。

（3）产品召回机制。对物流过程温度超限达到一定程度的产品实行召回制度，防止变质、腐败产品流入销售环节，杜绝食品安全事件。国内对食品安全的关注越来越强烈，食品安全事关产品品牌的生死存亡；物流环节因温度超限造成的产品变质、腐败是食品安全主要因素之一。绝味物流产品库分散、承运车辆较多，常规管理办法难以杜绝温度超限，启用冷链物流品质管理体系，才能没有遗漏地发现温度超限问题，做到万无一失。

（4）冷链品质追溯查询。门店销售和终端消费者通过条码、手机、电脑查询某一产品的冷链码，确认门店销售或网上购买的产品物流过程中温度合规，食品安全。冷链品质追溯让消费者吃得放心，从而信赖绝味品牌。

（海航冷链控股股份有限公司供稿）

第三节　顺丰冷运

2014 年 9 月顺丰速运推出顺丰冷运（SF Cold Chain），利用顺丰航空、陆运、仓储等资源优势，整合顺丰现有门店、网点及末端配送资源，为食品和医药行业客户提供专业、安全、全程可控的冷运服务。

顺丰冷运致力于建设网络化、自主化与专业化的冷链运输网络，通过干线运输及航空运输实现全国范围互寄，并搭建自有收件、中转、派件团队，形成独立运营能力，实现全程冷链，实时温控。

目前，顺丰冷运已在全国范围内开通冷链干线32条，其中省际干线18条，城际干线14条，实现31个城市的互通互寄；自有冷链车辆122台，专业食品、医药冷仓48座，为客户提供高品质的仓干配一体化冷运供应链服务。

一、优秀业务案例（食品方向）

（1）A企业是国内领先的生鲜O2O企业，提供优质鲜果、干果小食、果切果汁、进口食品等鲜食产品。由于客户订单包装模式为塑料购物袋，导致配送难度非常大；同时客户需求仓外提货，同城次日达，对配送时效要求较高，对出仓交接环节效率有较高的考核标准。

在对客户需求的充分了解和专业的业务对接的基础上，顺丰冷运为客户有效节约了物流成本，更成就了业务收入的大幅飞跃，整体订单妥投率99%以上。2016年5月开始，顺丰冷运与A企业进入深度合作，配送区域扩大到华东区域各城市。

（2）B鲜花企业依托于全国各地的联盟花店，配送网络覆盖全国。决除了提供特殊包装方案以应对较高的温度控制要求，还须解决长距离干线配送的时效问题。同时由于客户订单量非常大，配送频率极高，如何合理配置末端配送范围、满足时效和服务质量的高要求，是顺丰冷运持续思考和探索的问题。顺丰冷运将通过与客户订单系统对接，及时获取寄送信息，高效率、高品质的完成客户的寄递需求。鲜花的寄递是一个全新而具有挑战性的业务领域，与B企业的成功合作将为冷链物流行业的发展提供一个新的方向。

（3）C企业于2010年开始做淘宝C端销售业务，2015年8月上线微商城，主营进口牛肉、进口海鲜。由于客户主要发运牛羊肉为主，受市场上冷运物流的限制一直无法有效扩大销售范围。之前尝试用泡沫箱加冰袋的模式销售北京、广州，发现到达目的地产品质量不理想且物流成本过高。由于寄托物为生鲜产品，客户对物流配送的时效非常关注。顺丰的冷运产品可实现次日完成配送，在天猫上流量较大的6个江浙沪城市可以实现全程冷运，从根本上解决了客户在时效、产品安全、配送范围上顾虑。为整体减低客户的物流费用，提高供应链周转效率，同时通过专项客服跟进快件配送情况来提高妥投率，降低终端客户原因未能及时配送所带来的损失。

截至目前，客户对顺丰冷运所提供的运输保障非常满意，客户的顺丰冷运发件量已增长 2.5 倍。同时，随着顺丰冷运的营运网络建设日益成熟，能为客户提供的服务范围逐步扩大，客户的销量呈现了显著增长的态势。

二、优秀业务案例（医药方向）

（1）C 企业主营医药批发和零售业务，是国内知名的药品流通企业，省级医药商业的龙头企业。2012 年公司抢占医药电子商务先机，建成了所在省第一家网上药店，公司正式进军医药电商领域。

由于医药电商 C 端业务模式时效要求高，且要求时效标准统一，需要服务商在线下及时响应配送需求，并高效的送达至客户手中。同时鉴于药品的特殊性，C 企业的同城项目需要确保配送环节符合药品质量管理要求。

为更好地为客户创造价值，顺丰冷运配备专项团队，仓库至客户点对点直发，减少流通环节；同时项目团队专项客服提供控制塔服务，制定逆向物流操作标准和应急措施，按客户指令操作退货环节。

（2）D 公司是国内最大的中外合资医药流通企业，经营业绩一直位居全国同行业前列。由于客户原有供应商服务标准参差不齐，且难以满足药品运输、配送的监管需求。同时，如何解决在原有零散外包模式下，物流成本不透明，运作模式混乱的现象，也是顺丰冷运始终在思考、致力在解决的问题。

在 D 公司的业务承接中，顺丰冷运明确中转节点，固化运作流程和配送模式，依靠现有药品店配的产品服务能力，形成标准化的运作规范；同时通过项目的有效实施，推进客户业务的全面承接。截至目前，顺丰冷运寄递服务覆盖超过 900 间药店，每天平均约承接 200 间药店票件，为客户节省物流成本约 35 万元/年。

（3）E 公司成立于 2001 年。经过十几年的发展，现已成为中国医院处方药市场领先的制药企业。E 公司的成功源于其拥有独特的销售模式、领先市场的产品组合、覆盖全国的网络及雄厚的研发能力。

客户需求呈现多元化的特征，业务需求场景包括干支线运输、末端配送、点对点直派等多种运输模式，运输范围覆盖一线、二线、三线城市及偏远地区；同时由于原有服务商难以有效覆盖所有业务范围，客户被迫引入多家物流服务商导致管理成本上升，管理难度加大。

针对 E 公司的痛点，项目整体上是通过“干线 + 分仓”“直派 + 大网”的模式实现全国各流向业务覆盖，提供统一的服务控制塔，基于顺丰现有网络资源，有效降低 E 公司的物流管理成本和难度。

（顺丰冷运供稿）

第六章　冷链运输型企业

运输型冷链物流企业是指以长途跨区域运输业务为主，拥有强大的冷藏车辆资源和运输网络基础，同时具备较强的货物整合能力。

第一节　漯河双汇物流投资有限公司

一、双汇物流基本情况

漯河双汇物流投资有限公司（简称“双汇物流”）是双汇集团旗下的全资公司，成立于2003年，注册资金7000万元，总部位于河南省漯河市，是国内最大的冷链物流专业公司之一，国家4A级物流企业，主要负责双汇物流在全国各地的投资、发展决策、网络建设，致力于为企业提供运输、仓储、分拣、搬运、配送、信息等一体化物流服务。

公司在全力保障双汇集团采购、销售、商业连锁配送的同时，积极拓展物流服务领域，以“构建专业物流体系、打造知名物流品牌”为发展愿景，以服务双汇产业、整合国内外知名企业物流业务为使命，形成了集货物仓储、分拣包装、运输配送、信息处理、物流解决方案等一体化的物流服务体系。

二、双汇物流现状介绍

目前，双汇物流已在河南、湖北、内蒙古、北京、广东、山东、辽宁、上海、江苏、四川、黑龙江、江西等地投资成立了十多家省级区域性冷链物流公司，未来将继续加大投资建设，完善物流网络布局。公司拥有冷库20万吨，常温库18.5万平方米，自有冷藏车辆1400多台，常温车辆150多台，整合社会冷藏车辆1000多台，常温车辆850多台，总运力达3万吨以上，拥有铁路专用线7条，分布在漯河、绵阳、金华、阜新、乌兰察布等地。

公司物流网络遍及全国各地，拥有河南省县级以上城市日配物流网络，广东、湖北、山东、江苏、浙江、河北、辽宁、黑龙江等地级以上城市日配物流网络，双汇物流已经形成了长途运输辐射状网络与区域仓储、配送交织网状分布的大物流网络格局。

公司利用自身网络优势为客户提供了门到门、点到点的运输、分销和配送服务。双汇物流除了服务于双汇集团业务外，努力实现由企业物流向第三方物流企业的转变，第三方物流业务已经占到双汇物流总业务的43%以上。主要产品涵盖国内外知名企业的肉类、乳品、冷饮、快餐、医药、果蔬、花卉等，还与一批知名的餐饮、连锁企业建立了良好的长期战略合作关系。服务的主要客户有：肯德基、麦当劳、麦德龙、小肥羊、宏宝来、雀巢、思念、佑康、大成、正大、六和、修正、大商等。

经过多年的发展，双汇物流由最初的一家法人公司，发展到目前的17家独立法人公司，自有车辆由最初的78台，发展到目前的1400多台，员工由最初的320人，发展到目前的近3000人。双汇物流公司发展至今，业务规模也迅速扩大。业务网络由2003年的覆盖河南全省，发展到目前覆盖到全国12个省市；年发运规模由2003年的1.73万车次，发展到2015年的34.7万车次；货物周转及运输量由2003年的16.9万吨，发展到2015年的近380万吨；营业收入由2003年的不足6500万元，发展到2015年超13亿元。

三、双汇物流主营业务和模式分析

双汇物流主营业务以公路冷藏运输业务为主，主要业务模式包括：

（1）物流：原辅材料购进。

（2）生产物流：生产物资仓储及短驳。

（3）销售物流：产成品仓储及运输。

（4）3PL物流：外部业务物流服务。

（5）逆向物流：退货产品运输。

（6）商贸业务：大宗农副产品等交易。

四、双汇物流合作客户案例分享

2010 年，双汇开始与某大型连锁商超合作，运作全国门店的温控产品配送业务，该项目有效解决了双汇自有车辆业务对接问题，解决了双汇物流自有车辆货源不足、车辆停滞及放空问题。

五、双汇物流在探索新模式、新合作方式方面的心得经验

探索第三方物流的运作经验，通过租赁冷库做运营场地，从事仓储、加工、配送业务，同时复制该模式在其他地区开展果蔬仓储、加工、配送项目，双汇物流从单一运输型业务模式转变成集仓储、加工、配送为一体的第三方物流业务。双汇物流通过大型第三方物流的运作，积累了运作大型温控 DC 项目的经验，培养了能够从事综合性物流管理的人才，为双汇物流业务转型打下了基础。

六、双汇物流国外冷链经验研究和借鉴

2013 年 9 月 26 日，双汇以 71 亿美元收购美国斯密斯菲尔德公司，开启了双汇国际化的道路，自此中美业务协同全面展开，物流板块也进行了多次的交流学习，通过对比发现国内冷链物流发展与国外差距依然较大，主要体现在以下几个方面：国外冷链及其配套设施完善，冷链流通率高达 100%；国外物流体系健全，标准化、流程化作业水平高；国外物流信息化程度高，上下游之间通过信息化可实现无缝对接；国外制造商、物流商、销售（配送）商分工明确，专业化运作程度高。

（漯河双汇物流投资有限公司供稿）

第二节　獐子岛锦达鲜活冷藏运输有限公司

獐子岛冷链物流隶属于獐子岛集团股份有限公司，下设獐子岛锦通

（大连）冷链物流有限公司（以下简称“锦通公司”）和獐子岛锦达（珠海）鲜活冷藏运输有限公司（以下简称“锦达公司”），锦通公司以中、短途和市内配送与运营为主，锦达公司以鲜活干线冷藏运输为主，两个公司由一个团队进行运营与管理，统称为獐子岛冷链物流。

獐子岛冷链物流致力于打造全国鲜活干线运输和配送型冷储平台，其网络覆盖全国各大中城市。主要服务范围：海运，空运，陆运货运代理业务；冷库出租，商品的运输、配送、包装、仓储、搬运装卸、流通制作、信息服务等。

一、锦达公司发展历程

锦达公司2000年正式成立，从最开始一台车进行冻虾的运输，逐步扩大至30辆进口SCANIA车头与先进配备的冷藏运输车厢，先后运输过冻虾、冰淇淋、奶油、巧克力、保鲜海产品、鲜果蔬菜等。多年的运输经验与客户关系良好的维护，锦达公司做到了客户眼中的诚信企业，并且先后获得了“中国运输行业十大信用中小企业”“中国冷链‘金链奖’十佳服务商”“《食品冷链物流追溯管理要求》GB/T 28843国家标准试点企业”等荣誉或称号。

二、鲜活品运输能力

（一）鲜活海产品的成型保活运输

前些年，国内活鱼类产品保活运输通常采用的是少批量空运或短距离运输，成活率普遍在40%～50%，活鱼产品运输成本很高，使跨区域的活鱼类产品在北方市场低迷，价格高并且品质大打折扣。锦达公司承载活鱼产品的运输近十年，以充足的经验与装备、运输技术，可以满足干支线陆路运输至全国各大中城市，保活运输时长达40小时以上，成活率达70%～80%，全程冷链的运输，同时减少大量的运输时间且品质保障，从而重振北方市场，降低了市场价格，使北方人民享受到安全放心的活鱼食品。

（二）大洋资源产品的保活运输

2014年，獐子岛集团进购的加拿大波士顿龙虾全面进入国内，也是龙虾国内电商时代的开启，因为龙虾价值高并且国内从未运输过活体龙虾的先例，运输风险极高，很多第三方物流均不敢尝试进口龙虾的发运工作。为保障集团电商事业的顺利进行，獐子岛冷链物流技术团队与国家农产品现代物流工程技术研究中心合作进行活体龙虾的静态模拟运输测试工作，并且由技术人员运用包装技术包装波龙后携带奔程千余公里，用时 12 小时确保龙虾继续存活，为正式陆路运输波龙产品奠定坚实基础。

后期进行两次冷藏厢式挂车的跟车运输与监控，最终确定最佳运输方式，确保国内干线运输波龙产品成活率达 95% 或 95% 以上，鲜宅配波龙产品成活率达 95% 以上。蟹足类产品一千公里以内运输保活率达 80% 以上，均可与美、日等先进冷链物流运输相媲美。

三、差异化服务模式

（1）建立定时、定点的冷冻产品路运“零担班车”，以优于同行业的零担产品价格，准时、保质的配送到客户。

（2）根据不同产品的特点，针对性的使用运输包装技术，将易腐、生鲜食品从产地收购、加工、储藏、运输、销售，直到消费的各个环节都处于适合该产品的可控温度环境之中，以保证食品的质量，减少食品的损耗，防止食品的变质和污染，获得客户在服务质量方面认可。

（3）收集国内核心城市冷链物流产品信息，搭建建立全国冷链物流货源的网络平台，提供给合作的第三方物流企业运输，以低廉的成本，获得较高信息服务费收益。

（4）寻找集团公司外部有产、供、销链条系统的企业进行合作。獐子岛冷链物流通过门到门的配送服务，最大限度地满足客户的需要，达到保障、巩固和扩大市场的目的。建立第三方物流企业合作标准，选择“外包”“自办”“联办”的冷链物流业务模式，吸引并扩展新的市场。

（獐子岛锦达鲜活冷藏运输有限公司供稿）

第七章　冷链仓储型企业

冷链仓储型企业是指以从事低温仓储业务为主，为客户提供产品分拣、包装、存储、管理、分拨、附加值等服务。

第一节　太古冷藏仓库有限公司

太古冷藏仓库有限公司（以下简称“太古冷藏”）计划在中国大陆重点城市投资建设冷藏库并提供配套冷链物流服务，从而建立一个覆盖全国的冷链物流网络，通过提供高素质冷链物流服务体系来保障食品安全。太古冷藏的冷链物流网络将服务华东、华北、华南、华中、西南等全国重要区域，辐射范围达全国2/3人口。太古冷藏旗下现已有上海、廊坊、宁波、南京、广州5座冷库正在运营。另有成都、厦门、武汉3地冷库正在建设中。

冷藏业务是核心发展的业务，以仓储量计算，太古为全球第三大冷链物流运营商（数据统计至2015年3月），在全球各地（美国、澳大利亚、中国大陆、越南及斯里兰卡等）拥有超过50座冷库。太古的冷藏服务范围从分拣、常温、冷藏和冷冻的储存，交叉转运订单配货，增值物流服务，到整合和导入/导出管理方案和合作伙伴量身定做的专用设施，致力为客户提供先进的冷藏设施及服务。

太古冷藏的仓库设施均采用太古冷藏美国及澳大利亚行业内最先进的营运管理、仓库设计及制冷工程技术。所有仓库均能作为区域仓储中心，并具备分拣配送服务功能，设多温区存储以满足不同食品和饮料对温度的需求。太古冷藏在未来继续完善全国冷库网络布局，利用多元化的物流方案，协助有关企业建立一个冷链产业的共同协作平台。

一、进口肉类客户A公司

A公司是国外非常著名的高级牛肉和水产品出口商，其产品主要包含生肉、半成品和成品，共计约900种产品。产品主要销往我国华东地区和华南地区的五星级酒店和高档餐厅。A公司对于产品流通过程要求非常严格，尤其是对冷链物流和冷链仓储条件选择颇为慎重。A公司质量管理和物流部门经过多方面的评判和考察，最终选择太古冷藏作为其产品冷链仓储服务商。

（一）基本流程

（1）入库：提前预约。
（2）到货：检测温度。
（3）拍照：检验车辆及货物。
（4）贴标：按批号贴标。
（5）入库抄码：按SKU（库存量单位）贴标。
（6）存储：避免混放。
（7）存储温度：冷藏－2℃，冷冻－18℃。
（8）出库：提前预约。
（9）出库：按要求出库。

（二）其他要求

（1）陆运货物：成品长途运输和配送。
（2）快速回应：客户下单后7小时内出货。
（3）解冻：按温度、时间和方式。
（4）装箱：按货物尺寸规格确定外箱型号，按客户要求打包封箱。
（5）包装材料：记录数量及使用量提供给客户。
（6）退货要求：收到退货清点品名数量和记录退货原因反馈给客户等待客户指示。
（7）提供统计报表：库存、入库、出库、退货、包装材料、盘点等。

二、乳制品M公司

M公司是中国最大规模的乳制品生产、销售企业之一。

（一）基本流程

（1）入库：邮件提前预约。

（2）到货：测量温度、现场拍照，如有异常及时通知客户。

（3）码托盘：按 SKU 和批次分类。

（4）存储：不能混放。

（5）存储温度：冷冻产品 -18℃，冷藏产品 2℃ ~8℃。

（6）出库：提前预约。

（7）出库要求：测温，清点数量，与司机交接。

（二）其他要求

（1）每月盘点，并发送盘点报告给客户。

（2）每天提供进出库报告给客户。

（3）根据客户要求发送温度记录。

（4）按月提供不良品报告。

（5）存储如发现异常应及时通知客户。

（太古冷藏仓库有限公司供稿）

第二节　中外运普菲斯冷链物流有限公司

中外运普菲斯冷链物流有限公司（以下简称“中外运普菲斯”）成立于 2009 年，总部设立在中国上海浦东新区临港新城，是一家专业从事冷链仓储及物流的专业企业。它是由中外运股份有限公司（简称“中外运”）、普菲斯美国（简称“普菲斯”）、阳明海运股份有限公司（简称“阳明”）及亿达集团（简称“亿达”）共同出资在中国成立的合资公司。

其中，中外运是国务院国资委直属管理的重要国有骨干企业之一，是中国物流标准委员会审定的、我国唯一的集体整体 5A 级（中国最高级）综合服务型物流企业。普菲斯是美国冷冻冷藏仓储服务领导者，全球冷链公司排名前 4 位，专注于把先进技术应用于冷冻冷藏仓储管理，并致力于为客户提供最好的服务。阳明海运是全球名列前茅的海运公司，秉承现代化、制度化、效率化的管理，提供客户准、快、稳、省的一贯完善服务。亿达集团是集软件园投资运营、建筑、软件信息、冷链物流等产业于一体的企业集团，是中国服务产业500强企业。

四家企业合力打造的专业食品冷链公司中外运普菲斯，把中国外运在国内物流领域的领先优势和普菲斯在冷链运营方面的专业能力有效结合，拥有一支集调度管理、客户服务、财务管理、系统支持于一体的专业运营团队，为中国冷链行业提供高标准的专业第三方冷链服务。

中外运普菲斯在上海和天津建成并运行了3座单体冷库，上海2座，分别位于临港新城（靠近洋山港）和外高桥，天津1座，位于滨海新区，广州1座（在建），其中上海临港冷库是中国最大冷库之一，也是中国第一个运用全自动货架系统的冷库；公司投入高标准的冷链运输车辆，并配备先进GPS跟踪系统为客户传送实时的货物信息，以便客户随时掌握所属货物的动向。同时，还将在中国大陆的各个主要城市建造并运营同等条件的冷库设施，并以此为基点全面完善全国冷链运输网络。

一、公司经营状况及主要客户

中外运普菲斯集团2015年实现1.6亿元的营业额，其中上海临港和外高桥仓库均为洋山港和外港商检整改指定仓库，为客户提供便利。中外运普菲斯目前的顾客群主要来自食品和饮料行业，如海产品、肉类、禽类、奶制品、快速消费品、果蔬类、冰淇淋、软饮料等，关键客户有麦当劳、百胜、辛普劳、麦肯、嘉吉、养乐多、可口可乐、巴西食品、苏州虹信、中立、新尚实、中粮、光明奶酪、怡斯宝特、夏晖、保世高、天谱乐事、味全、联合利华、雀巢、南侨、通用磨坊等。

二、物流解决方案

中外运普菲斯一体化服务流程：产品消费市场调研—进口产品收货人备案—确定进口产品准入资格（是否首次进口等）—办理进境产品检疫审批—产品进口配额申请及协调—进口清关—标签备案—仓储—贴标等增值服务—物流配送—产品O2O推广等物流一体化服务，满足不同客户的产品需求。

（一）进口清关

中外运普菲斯利用中外运 60 多年来建立的全国货代网络及资源，可为客户全权代理进口食品（如预包装类食品、动物源性食品）配额申请、收货人资质备案、标签备案及审核、单据预审、代付外汇及税费、拖柜等进口清关操作。

（二）仓储及增值服务

中外运普菲斯在上海洋山港、外高桥，天津滨海有 3 座自建单体冷库，分别有 40000、27000 及 32000 个托盘位，地理位置优越，临港仓库距洋山港码头 30 分钟车程，外高桥仓库距外港码头 10 分钟车程，能满足客户不同航线进口的到港需求。同时，上海两个冷库均为 CIQ（中国出入境检验检疫）指定查验整改仓库，与商检保持良好的沟通与协作，自产品进口清关起为客户提供快捷高效的全程冷链服务。

1. 优越的地理位置

中外运普菲斯的仓库都建在靠近各大港口的地方，这些具有战略性的地点使得中外运普菲斯客户的运输车辆能方便地前往主要公路，从而大大减少了运输时间。通过有利的仓库位置，中外运普菲斯能有效地为每一个市场服务，为本地化市场区域的客户提供优越、方便、快捷的服务。中外运普菲斯在中国的仓库设施离连接临港新城和洋山深水港的东海大桥只有几分钟车程。除此之外，冷库设在主要港口和交通枢纽地区的另一个好处就是能使用铁路运输，临港的站点也都毗邻铁路通道。这些都使得中外运普菲斯成为了进出口和城市配送的理想仓库。如图 7－1 所示。

图 7－1　优越的地理位置

2. 合理的冷库布局

（1）超大停车坪：中外运普菲斯的仓库都配有特大的停车坪，可以提供中转区。同时为低交通流量做出了明显的标志，从而提高了整体安全性。这使得客户及中外运普菲斯自己的卡车在中外运普菲斯设施内有更大的机动性和接驳性，进而提高服务水平，并加快了周转时间。如图7－2所示。

图7－2　超大停车坪

（2）宽敞装卸区：中外运普菲斯的装卸区不但宽敞，而且没有阻碍，规模在同行业中是最大的。这个设计使客户的产品在进出库时容易被安排，并能确保产品质量的稳定性。所有的装卸口都配备了绝缘门和机械装卸平台，使中外运普菲斯能将区间内温度保持在40℃。这些大型装卸区能提高仓库的吞吐量和整体表现水平。如图7－3所示。

图7－3　宽敞装卸区

（3）现代的物料搬运设备：中外运普菲斯使用的是交流电源驱动的炮塔型高位叉车，在VNA（窄巷道）环境中由架空导轨引导运行，叉车平台能与叉车同步上升，提供高位拣货功能。其封闭供暖的驾驶室给操作员（仓库管理员）提供了一个舒适的工作环境，确保在零下低温环境中操作员能保持良好的作业水平。有些冷库实行的是全自动起重机操作，整个上下架流程不需要冷库内有任何操作人员，并只需要使用一个摄像头便能提供精确的库存说明。这个特征使产品选择过程更加精确，性能更加稳定。如图 7－4 所示。

图 7－4 现代化的物料搬运设备

3. 领先的科学技术

(1) 高效货架系统：所有仓库完全按单板深度的 VNA（超窄通道式货架）设计来构建。全部仓库都带有混凝土填充的钢制边石和导轨，为高位叉车导向和方便保洁。这个特点能为仓库提供优越的性能和效率、一个更好的产品存储环境，以及整体设施的安全性和内部管理。对客户的好处包括：使选择过程更快、更准确，减少产品库存的损伤，同时还能提供优质的服务水平。如图 7－5 所示。

图 7－5 高效货架系统

(2) 节能应急的制冷系统：每一个仓库的设计中都带有最新、最先进的制冷元件，沿用美国普菲斯仓库独特的制冷设计，利用循环使用的液氨作为冷媒，节能环保，例如临港仓库作为中国最大的冷库之一，5.5T 液氨循环使用，比同样当量的冷库用氨量少80%，用电量少1/3。同时，中外运普菲斯为关键的制冷元件配置完整的备份，每个仓库还备有一部足以维持整个仓库正常运作的紧急现场发电机。这些功能将确保产品的质量。通过运用最佳温度控制和系统可靠性，客户能保证得到高效、安全、充分的制冷。此外，客户将了解到，他们的产品在分销过程中将保持上乘的品质，同时也会知晓公司在停电时能持续营运能力。如图7－6所示。

图7－6　节能应急的制冷系统

（3）精良的仓储管理系统（WMS）：中外运普菲斯管理系统是为了让客户更容易读取实时信息而设计，提供全天候24×7的实时数据服务，它具有更高的速度、效率，更好的可靠性和连通性。客户能在一年中的任何一天、一天中的任何时间，获取产品的库存数据，通过“普菲斯在线”系统实时查询货物状态，生成报表。向客户提供涵盖SAP、Oracle、微软，以及其他形式的系统整合。为保证可靠性，中外运普菲斯设有UPS以及完整的备用主机，能够避免因各种情况而造成的服务中断。如图7－7所示。

图7－7　精良的仓储管理系统

（4）完善的灾难恢复计划：为了确保数据恢复安全以及业务的可持续

性，中外运普菲斯的信息管理系统在高可用性以及具有一定容灾能力的平台上进行规划与建立。与此同时，完善的灾难恢复计划已在中外运普菲斯所有冷库建立起来。仓库管理系统的灾难恢复包括：实时复制到远程位置，每日测试脚本自动化复制，每日磁带备份，定期完整的灾难恢复模拟，以及一个最先进的数据中心。如图 7－8 所示。

图 7－8 完善的灾难恢复计划

4. 整改贴标等增值服务

部分客户产品首次进口中国，中外运普菲斯不仅为客户进行标签备案，清关报检，还有效利用作为 CIQ 整改仓库的便利，自查验整改开始保证货物存放于中外运普菲斯冷库中，更加专业快捷地进行标签整改，解决生产日期及保质期备注问题，待整改放行之后，直接在库内进行下一步操作。另外，根据产品特点，中外运普菲斯还为客户的部分产品进行分拣，再包装，从大包装更换成小包装以方便销售，为客户提供一条龙的冷链服务，减少衔接环节，保证客户产品完全处于冷链之中。

（三）物流配送

（1）冷链车辆：公司有上百辆不同车型（4.2M 到 15M 车型不等）冷冻冷藏车辆，温度区间（－25℃～25℃），往返于全国各地。

（2）国内冷链运输网络基于中外运普菲斯天津、上海、广州三大冷库，以沿海城市为主线，运输网络以华东区域为基础覆盖长三角，天津为基点，覆盖环渤海及东北，以广州为着眼点，覆盖珠三角经济区，由三大区域向内陆辐射，从而发展全国。

（3）跟踪系统：车辆均安装便携式 GPS，可对运输状态进行全程跟踪定位，同时进行24小时不间断的温度记录，可供客户实时查询。如图7－9所示。

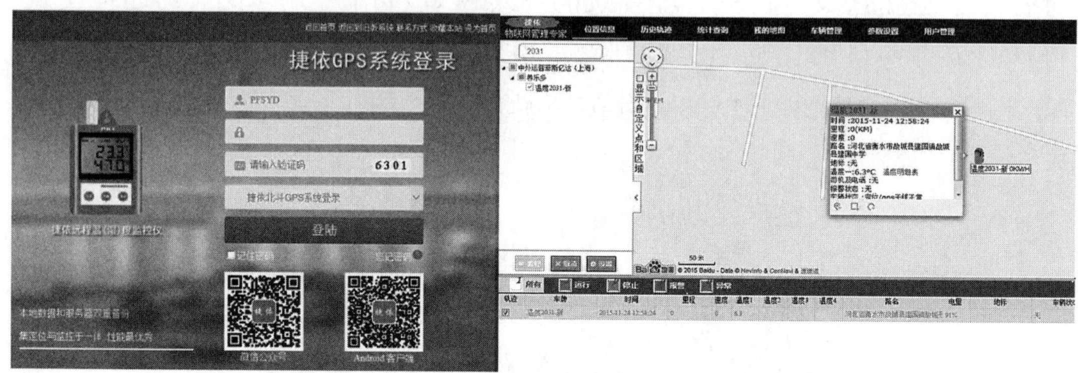

图7－9　跟踪系统示意

（4）个性化物流方案：中外运普菲斯还可根据部分客户电商平台销售的需求，为客户提供冷链整车运输、零担运输拼装方案设计、冷链运输节能设计、在途全面信息监管方案、系统管理方案设计等多种供应链设计服务。配送网络以上海为基点，辐射长三角及京津唐经济圈，根据客户订单，仓库与运输同时响应，备货出库，装车运输，以最快时效将产品送到客户手中。

三、公司未来发展方向

（一）未来使命及能力

中外运普菲斯致力于打造国内外食品供应链专家，体现在：

（1）产业链条一体：进出口清关报关—拖柜—仓储—中转干线—配送中心（DC）—门店（餐桌）。

（2）质量过程透明：对所有客户，上下游开放全程实时监控平台，随时在平台甚至手机端可以查询中外运普菲斯仓库、车辆及配送在途温度情况。

（3）国家风向标：国有性质结合外资先进科技，能将全国食品行业商圈整体规划整合，因我们能第一时间获悉国家最优惠政策，并且能够将实惠直接提供给客户。

（二）战略规划

拓广中西部地区，搭建中西部地区的食品供应平台：

（1）未来3~5年，建立广州、武汉、成都、西安、北京、沈阳、乌鲁木齐等现代化冷库，设立整合、转运、配送中心。

（2）“一带一路”发展战略将东部西部结合，发展铁路运输。

（3）整合客户资源，特别是麦当劳等食品生产制造和餐饮领域客户，公司总部尤其对中西部业务开发给予资源方面的大力支持。

（4）IT系统全面升级，实现运输全程可视化管理。

四、案例分析

ICEFRESH项目——让消费者享用纯正的挪威美味。ICEFRESH是一家来自挪威的生鲜品牌，其以新鲜为理念，倡导“寻觅久违的新鲜”。ICEFRESH创造了独特的“唤醒新鲜技术”，将单独包装的海鲜鱼速冻至-35℃（比业界标准还要低2倍），从而保证了鱼的色泽和新鲜度；然后全程恒温冷链运输到目的地，再由他们独创的唤醒新鲜技术一小时解冻到0℃。2015年，ICEFRESH正式进入中国市场，主要提供海鲜品，包括三文鱼、鳕鱼等。

（一）挑战

（1）挪威水产品进口配额申请：因中挪贸易关系，挪威水产品进口存在贸易壁垒，水产品进口配额申请审批严格，配额数量极其稀少。

（2）进口清关：ICEFRESH尚未申请到进口及贸易所需的进出口资质、水产品收货人资质等相关资质，无法收付外汇，需由中外运普菲斯全权代理操作，协助客户收货、付汇、抵税。

（3）标签备案及再包装：ICEFRESH首次进口产品时，需对所有产品申请标签备案。

（4）提供物流解决方案：需同时实现B2C和B2B物流配送，确保产品全程严格的冷冻要求。

（5）O2O推广：产品进入中国市场后实行O2O销售模式，需铺设线上销售渠道，辅助客户推广产品。

（二）解决方案

针对客户需求及产品特性，结合进出口国的相关贸易、海关政策，中外运普菲斯为客户提供专业的全程冷链物流解决方案和高效的贸易代理解决方案，不仅帮助客户将高品质的海鲜品完美地呈现在消费者手中，同时为客户解决了进口配额、进境水产品检疫审批等棘手的贸易问题，并提供了水产品消费市场调研、产品 O2O 推广、代收货款等贸易代理服务。

中外运普菲斯在上海洋山港、上海外高桥、天津滨海有 3 座自建单体冷库，可提供 -25℃ ~10℃的冷冻冷藏仓储、再包装、多温区配送的一体化物流服务。上海两个冷库均为 CIQ（上海商检局）指定查验仓库，避免了因查验而产生额外搬运和短驳。

同时，通过合理的仓库布局、配备现代物料搬运设备、节能应急的制冷系统和先进的仓储管理系统，保证了作业的安全、高效和货物的充分制冷，从而确保货物在每个环节均保持上乘品质。对于客户时刻关注的品质问题，客户通过在线查询系统可以在一年中的任何一天、一天中的任何时间，及时获取产品的库存数据、货物状态和温度记录数据。

为保证运输过程中的产品品质，中外运普菲斯在上百辆自有冷冻冷藏车辆上安装了便携式 GPS，对运输状态进行全程跟踪定位，并进行 24 小时不间断的温度记录，以供客户实时查询。

中外运普菲斯根据 ICEFRESH 电商平台销售的需求，为其提供冷链整车运输、零担运输、冷链运输节能设计、在途全面信息监管方案、信息系统管理方案设计等服务。通过以上海为基点辐射长三角及京津唐经济圈的配送网络，中外运普菲斯将产自挪威深海的美味送到每位消费者手中。

此外，中外运普菲斯利用 CIQ 指定查验仓库的便利，为客户提供标签备案、再包装、大包装更换成小包装等增值服务，保证了货物自查验整改开始一直处于客户要求的冷冻环境。

（三）为客户带来的价值

中外运普菲斯作为客户在中国的物流和贸易整合服务商，为客户成功解决了配额难题并扫平了贸易障碍，将进口清关时间从最初因配额、销售标签等问题导致的1个月时间缩短为4～5天，从而保证了货物的顺利进口与销售。此外，中外运普菲斯还为客户提供包括代付汇、代付税、代开票、代收款在内的金融服务，并帮助客户引进知名电商平台进行在线销售。

中外运普菲斯为客户提供的清关、仓储、再包装的全程冷链保鲜服务，确保海鲜品到消费者手中保持本真的口感和品质，实现了客户产品新鲜活力的理念。

（中外运普菲斯冷链物流有限公司供稿）

第三节　北京众惠供应链管理有限公司

北京众惠供应链管理有限公司，专注于温控供应链领域，致力于建立高效的温控供应链服务体系，为客户提供多温层仓储、分拣、配送和其他基于供应链优化需求的金融、分销等延伸服务。

目前，在京津地区建设运营超过12万平方米（120万立方米）的温控物流基地，为和路雪、麦肯、维益、三全、百事等国内外企业提供服务。沈阳、西安、武汉成都等地的运营基地将于2016—2017年建成投入使用。

一、当前进展

（一）北京

目前，已经建成运营23000平方米的现代化配送中心，位于北京通州物流基地，2016年年底前规模达到70000平方米，2018年达到300000平方米，具备仓储、包装、分拣、配送、清关、保税、金融服务、产品分销等全面功能，成为北京最大规模的温控共同配送基地。

（二）天津

定位于华北分拨中心的24000平方米的仓储基地于2012—2013年建成投入使用，为麦肯食品、三全食品、维益食品等企业提供仓储配送服务。两个基地分别位于京滨工业园和大良产业区，单层立体仓库，作为华北地区中心节点的区域性仓储分拨中心，在所在区域高端冷链食品仓储物流市场中占据重要地位。

此外，西安、武汉、成都等地的基地正在规划建设之中。

二、合作案例分享

某国际知名食品品牌选择众惠北京马驹桥冷库基地作为其北京的基地，实现了物流管理的极大提升和成本的答复节约，众惠帮助其实现了如下功能。

（一）整合中心

该食品企业拥有多个产品线，多个温层需要，比如有－22℃、－18℃、2℃～6℃和常温4个温区要求，之前散落在北京的至少四五个仓库，不仅仅因为温区不同散落各地，而且因为各地的冷库容量有限，同样温区的产品也分布在不同的冷库，每个库距离都相距较远，给管理带来极大的不便，并且库存很高，成本居高不下。针对以上客户痛点，众惠北京冷链基地，具有容量大（建成后，有30万平方米的总库容量）、全温层（－25℃～25℃，全温层带的库房都具备）、交通最为便利的物流基地（东南角、高速聚集、距离高速500米）等优点，成为客户的全温层和多产品的整合中心，为其物流管理起到质的飞跃，不管在管理成本上，还是产品库存上，以及配送的距离和便利性上，都极大地降低了客户的成本。

（二）共配中心

该客户的城配需求非常大，对时效性和成本要求非常高。之前，不同产品散落在不同的冷库，大都单独配送，通过产品的集中、整合，可以实现不同温区、不同销售渠道的全面整合和共同配送，比如商超、餐饮、专门店等的共同配送，冷冻、冷藏的共同配送等，配送单车的配送门店数大幅度降低，也就意味着产品单位成本可以实现大幅度的下降。

综上所述，通过客户产品的整合，实现了物流管理和成本的优化，帮助客户的产品销售更具竞争力，所以众惠北京马驹桥冷链基地的目标就是打造北京最大的全温层冷链配送基地。

（北京众惠供应链管理有限公司供稿）

第八章　冷链城市配送型企业

冷链城市配送型企业是指以提供固定城区及近郊地区的冷链仓储及配送服务为主，是冷链链条中“最后一公里”的配送，服务半径一般不超过160千米。

第一节　上海领鲜物流有限公司

上海领鲜物流有限公司（以下简称“领鲜物流”）成立于2003年，隶属于光明乳业股份有限公司，是一家具有雄厚实力和丰富物流管理经验的冷链物流企业。不仅为光明乳业提供仓储配送服务，也面向社会为第三方客户提供专业的物流服务。公司物流营运团队深谙冷链体系及物流服务体系建设，具有极为丰富的冷链物流运作及实战经验。

截至2015年，领鲜物流已在上海为中心的华东地区建立起强大的现代冷链物流网络，拥有配送中心23座，常温、冷藏和冷冻库面积5.5万平方米，拥有冷藏车辆258辆，合作承运商冷藏车辆350余辆，日配送终端网点近16000家，形成了24小时内送达的高效物流网络。如图8－1所示。

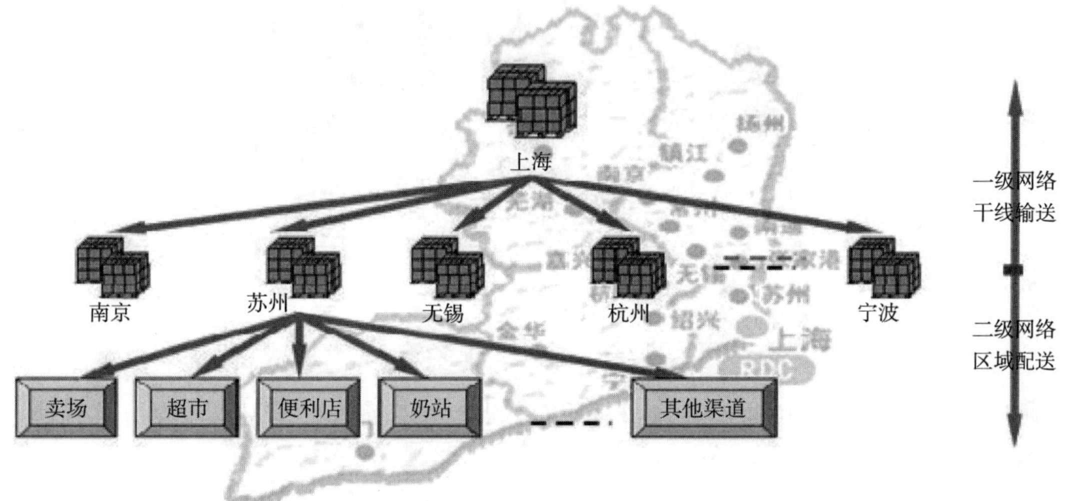

图8－1　领鲜物流网络

一、领鲜物流运作模式

（一）业务模式1——集中式中央大仓管理

1. 定义

在上海设立中央仓库，作库存管理，华东其余城市采用零库存方式，依托现有的冷藏输配送网络，根据订单要求实现48小时内整个华东现代商超的配送。如图8－2所示。

2. 特点

单中心管理，便于控制库存，操作简便，节省成本，充分挖掘领鲜现有网络优势。

3. 适用条件

第一，客户业务量不大，而且以上海为主、华东其他城市为辅。

第二，客户销售订单中心在上海，总部与物流直接对接。

第三，销售渠道以现代商超为主。

第四，双方可以实现信息对接和共享。

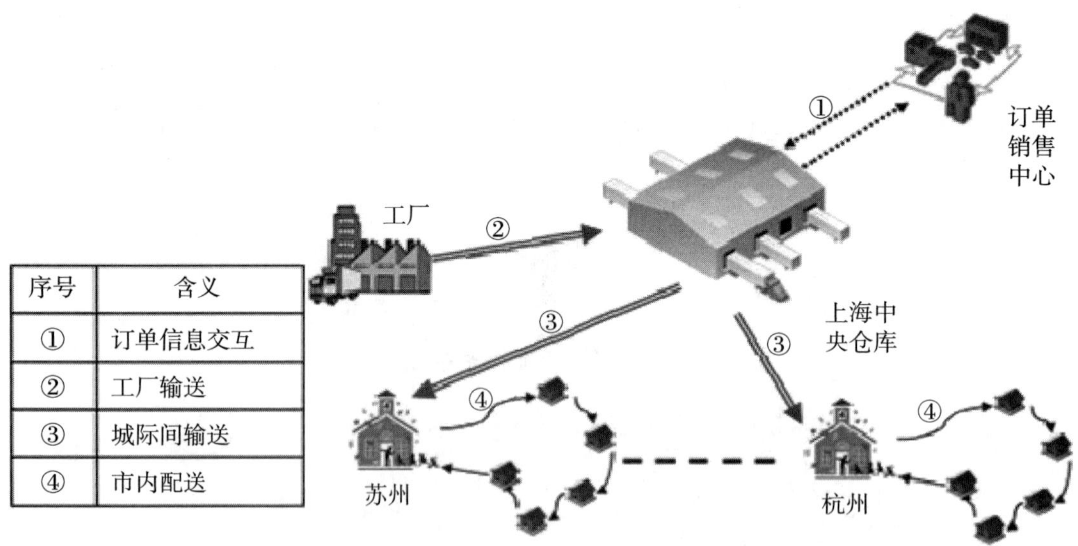

图8－2 集中式中央大包管理业务模式

（二）业务模式2——分布式多中心管理

1. 定义

在华东设立多个配送中心，每个DC保有库存，负责一定的区域，所有货物由工厂直接输送到位。如图8－3所示。

2. 特点

减少输送环节，提高客户响应速度，更贴近一线市场，管理难度增加，可以充分利用领鲜物流华东DC资源及市内配送网络优势。

3. 适用条件

第一，客户业务量较大，足以支撑分中心业务运作。

第二，客户的订单管理采用分布式，以独立销售分公司模式运作。

第三，双方信息共享，多中心统一的信息平台，实现仓库调拨。

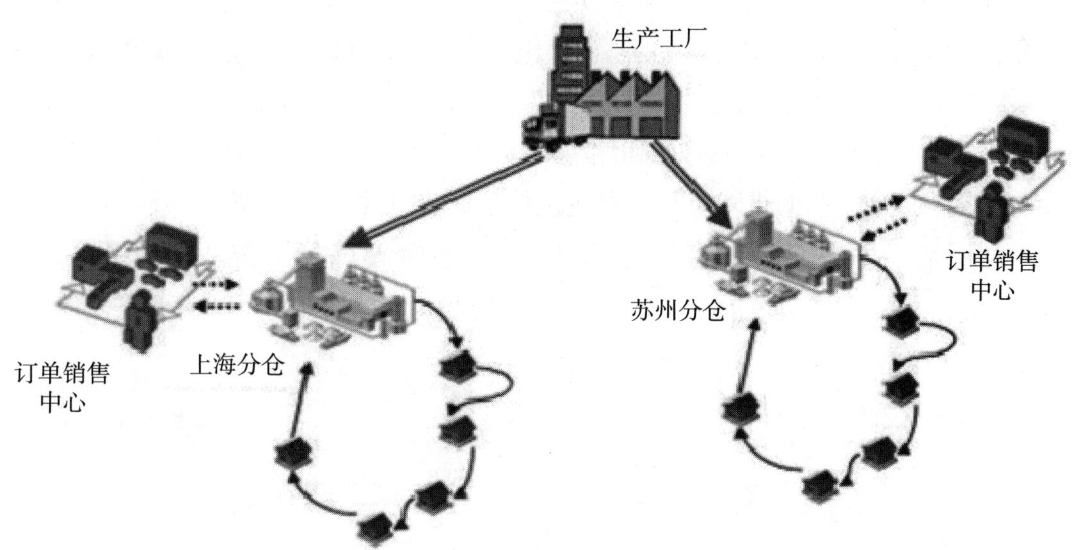

图8－3　分布式多中心管理业务模式

（三）业务模式3——混合模式

1. 定义

将集中式中央大仓管理与分布式多中心管理结合使用，即在上海中央大仓保留主要库存，分中心严格控制库存量，充分利用领鲜物流现有的输配送网络和中央大仓低成本的优势，发挥WMS系统的平台功能，进而降低成本。

2. **特点**

能够充分利用两种模式的优势。

3. **适用条件**

第一，有库存的业务，比如常温、冷冻等业务类型。

第二，客户的工厂较多，或者工厂不在华东，但是发货量适中。

第三，客户的销售模式为华东设有销售总部，同时下面设立有销售分公司，独立核算。

第四，客户与领鲜物流必须能够实现信息对接，提高供应链的管理水平。

在现代物流业飞速发展的当今，上述不同模式均有赖于信息系统的支持，供应链信息化水平高低是供应链体系优化程度的一个表现。领鲜物流深刻理解到信息化的重要性，较早地实施了WMS系统，一方面提升了企业内部管理水平，通过系统指导业务运作；另一方面也通过系统实现了与客户系统的对接，提高了沟通效率，降低了沟通成本，目前情况下，该对接包括与客户系统的直接对接或利用生成数据的间接对接。通过核心的WMS系统，接收到客户电子订单后，再通过其他信息系统如TMS系统、DPS系统等利用订单数据实现运输线路编排、电子标签拣货等操作。如图8－4所示。

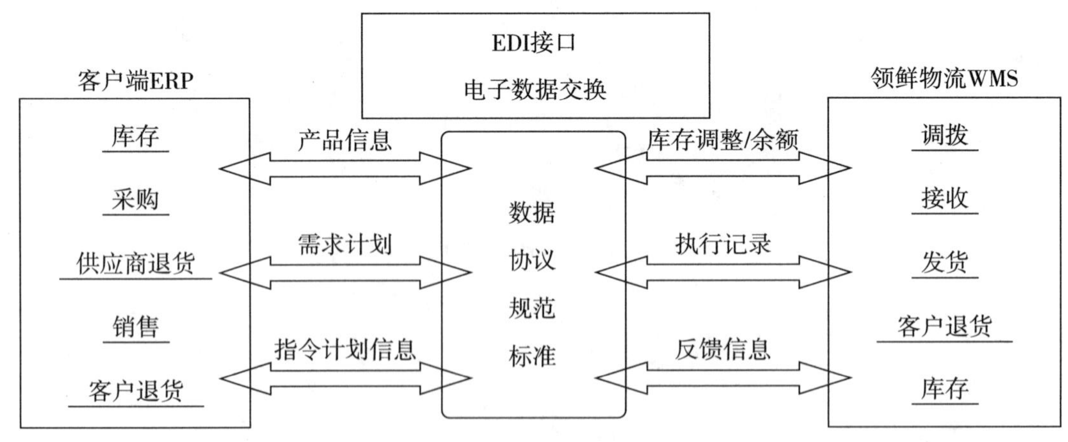

图8－4　混合模式

领鲜物流作为光明乳业一体二翼战略规划中的重要一翼，同时也是光明乳业全产业链中的重要组成部分，有效地支持了光明新鲜产品的发展。

同时，领鲜物流和众多行业客户建立了长期合作关系，包括泰森、雨润、荷美尔、宝迪、圣华、德清源、避风塘、欧福、安德利、乐斯福、联华快客、光明便利等。依托良好的物流硬件设施、优秀的运营管理团队、高效的运作效率和丰富的食品物流经验，领鲜物流携手上下游合作伙伴，致力为社会提供高品质、多温度带的食品物流服务。

二、领鲜物流运作案例

（一）领鲜运作案例 1

客户 A 是一家业务覆盖面广且规模很大的食品生产销售企业，其产品既有冻品又有冷藏品，在与领鲜物流合作前，其物流采用自营 + 部分外包模式，由于业务量大，有多个外包商，日常物流管理难度较大，并且随着其业务的不断拓展，原来这种机动灵活小而全的方式随着竞争加剧和销售渠道对物流要求的提高，越发难以满足其业务需求，希望有一家专业冷链物流企业能成为其战略合作伙伴，提供其专业的物流服务。

为实现自有模式向物流模式的转变，影响了客户 A 整个营运体系的调整，包括 IT、销售管理、物流管理、计划等多个方面。

在确定领鲜物流为其合作伙伴后，为保证稳妥实现专业化物流，双方进行了长达 10 个月的准备，从订单模式、计划模式、销售管理、物流配送、仓储管理、客户服务等多个方面多个供应链环节，深入考察和探讨，建立实用且可行的 SOP 手册。在实际运作中，考虑到客户产品横跨二个温度带，故此领鲜物流采用双温车方式，即同一部冷藏车有 2 个隔舱，通过相关制冷设备设施分别控制不同的温度，实现同一网点二个温度带产品的同车配送，将运输费用下降了近 1/3。

目前，双方在物流业务上已合作多年，在确保业务正常有序运作的同时，领鲜物流每日从物流角度向客户 A 反馈订单执行日报、库存日报等，以便其了解营运结果和销售体系，为其调整经营策略提供一手的数据。

（二）领鲜运作案例 2

客户 B 是一家正在积极拓展市场的食品生产销售公司，业务量波动较大，在与领鲜合作前 B 客户采用自有车辆营运，但是销售波动给车辆资源的配置带来很大难题，要么出现车辆不够导致丧失销售机会，要么车辆闲置，增加成本；同时在拓展销售渠道的过程中，面临的最大问题是物流资源的投入，业务拓展前期渠道销售的订单量较小，而每个销售渠道系统的网点又比较多，导致单车的装载率很低而配送的路径长，投入产出不成比例。

领鲜物流是专业的物流公司，其配送网络已经覆盖相关城市的各个网点，通过整合相似业务和相同网点，实现同一车辆相同销售渠道的共同配送，将客户 B 的业务量纳入到领鲜既有配送线路中，提高单车装载率，不仅降低了自己的物流成本，也为客户提供了一个合理的物流费用。同时，领鲜物流的资源优势也解决了客户业务量波动时的货物运送无法及时到位的问题。

领鲜物流先天庞大的分销物流网络，还有力地支持了客户 B 新增渠道业务。

客户 B 原先物流业务自营时单点的平均物流费用约为其销售额的 10% 以上，在领鲜物流承接后单点物流费用约为 7%，费率下降了 3 个百分点。

（三）领鲜运作案例 3

领鲜物流较早的采用了电子标签系统（DPS）实现拆零拣货，面向便利店和部分有较大拆零分拣需求的客户。如图 8－5 所示。

通过该系统可以有效地降低拣货差错率，降低作业中断，减少人工，节约用工成本。据测算，采用 DPS 后有效提升了分拣的作业速度，相比原先人工纸面拣货大大降低了拣货差错率（低于 0.02%）；按照一个波次拣货 498 家门店计算，相比原先人工作业可节约用工 8～10 名，年节约用工成本约 30 万元。

目前，该系统服务于领鲜物流的四家客户，日拣货品项数约 400 个，总件数约 10 万件，有效地帮助了领鲜物流节约仓库运作成本，提高作业效率，提升客户服务能力，通过该系统节约下来的拣货时间在一定程度上缓解了客户的销售和业务运作的时间压力，支持了领鲜物流实现其供应链管理仓储段的运作优化目标。

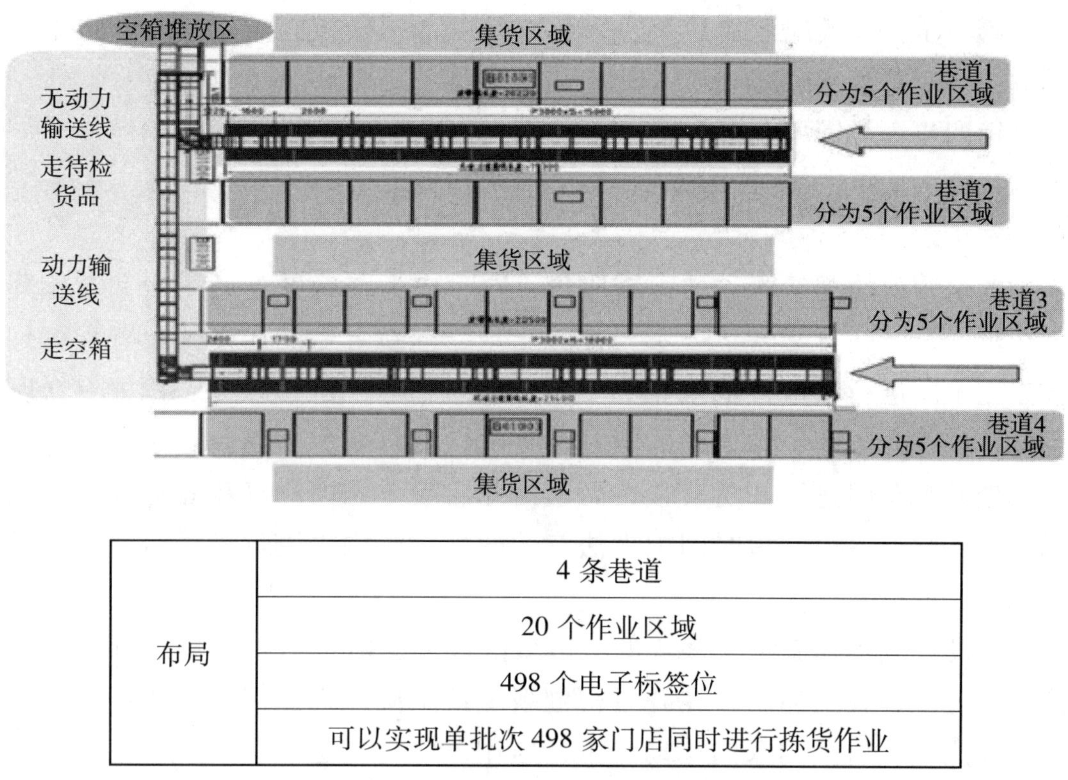

布局	4 条巷道
	20 个作业区域
	498 个电子标签位
	可以实现单批次 498 家门店同时进行拣货作业

图 8－5　领鲜物流电子标签系统示意

（四）领鲜运作案例 4

客户 D 是一家生产销售高端豆制品的企业，其销售渠道主要是现代商超，对产品生产及到站时间要求均很高：既要保证新鲜，又要赶早市。因此，客户 D 的产品在每天下午生产，晚上下线，同时希望所有卖场和便利店能在早上 8：00 之前送达。其原来的物流配送网络资源无法满足，而华东现代商超的拓展速度很快，要求供应商的物流资源也要充足，在双方合作后，领鲜物流强大的分销网络有力的支撑了其销售渠道的拓展。

在具体合作过程中，领鲜物流采取了四个步骤，分析客户需求，提出解决办法，实施物流运作。

第一步：诊断现在物流运作中存在的问题和难点。

第二步：依据分销渠道分析运作特点、产品 ABC 分类和客户要求，一般是大卖场的要求比较高，次之便利店，最后是超市。据此合理编排线路，采用复合配送＋专线配送的模式，同时根据到货时间晚分拣时间短的情况确定了采用电子标签进行拆零拣货＋整箱标签进行整箱拣货的分拣方案。

第三步：在实施运作后与客户建立月度沟通会议，定期回顾营运中的问题，及时总结和改进。

第四步：与销售紧密沟通，有计划地拓展销售渠道，做到充分准备。

（五）运作变革案例

为全程保障配送产品的冷链质量，同时也为了确保产品质量和节能降耗要求，领鲜在日常营运中不断推陈出新、创新管理。在硬件配置和管理体系上不断进行适应性的调整和变革以实现最佳的配送效果。例如：众所周知，城市配送中经常遇到的问题就是配送网点密集，因此配送过程中需要频繁开关车门进行卸货交接，而车门开启后车厢内冷气势必会外流造成逃冷，一旦逃冷后在短时间内无法有效的恢复车内冷链温度，给产品质量带来一定的隐患。

为此，领鲜物流结合多年的冷链城配经验，对配送过程中所存在的难点进行分析，找出症结所在并进行创新变革。从卸货交接的操作规范到门帘的使用以及后期的双向移动门帘的应用，使得配送过程中逃冷情况得到了有效的控制，从而达到了节能降耗、有效提高配送质量的效果。对比效果如图 8－6 所示。

图 8－6　对比效果

原先冷藏车辆一般采用固定塑料片门帘，虽有一定的防逃冷效果，但实际使用中上下货不方便而且塑料片受冷后容易受损，存在诸多弊端。而领鲜新安装的双向移动门帘采用不对称叠加复合式，通过滑槽便于在车厢内移动，在卸货时可以关门取货，然后开门卸货，真正有效地避免了逃冷情况的发生。同时，在配送过程中货量不断减少的情况下，门帘可以前移，减少了制冷机组需要制冷的空间，从而起到了节能降耗的效果。

以上是领鲜物流众多技术和管理创新案例中的一项，通过扎实的管理和有效的执行，真正提升了企业的冷链服务质量和水准。随着史上最严食品安全法的出台以及消费者消费安全意识的不断提高，全程冷链的时代已经到来。

（1）甲方企业对于冷链的要求会不断提高，冷藏产品常温配送的旧习将一去不返。

（2）冷链运作的标准和企业自身的软硬件设施的配套将会不断提高和完善。

（3）冷链物流企业的准入门槛也将进一步提高。

（4）冷链物流市场竞争激烈，但恶性的价格竞争将会逐步减少。

（5）未来的冷链物流市场将会是一个资源、合作、网络布局以及高效整合的竞争环境。

领鲜作为一家以冷链配送业务为主的物流企业，既是责任也是担当。未来领鲜物流将不断提质增效，通过加强与上下游企业的深度合作，不断提升自身软硬件实力，积极探索商业模式转型与变革，引入互联网 + 物流模式助力企业快速发展，实现“合作共赢共创未来”的愿景。

（上海领鲜物流有限公司供稿）

第二节　快行线冷链物流有限公司

快行线冷链物流有限公司（以下简称“快行线”）是一家专业的第三方冷链物流解决方案提供商及运营商，前身是 1997 年创建的北京顶点商贸公司（做冷冻、冷藏食品商超渠道的销售代理），后单独剥离出来，2003 年在北京创立快行线食品物流有限公司，之后建立冷链物流联盟，引导城市同行转向第三方物流，同时布局全国网路。2013 年，快行线冷链物流总公司成立，母公司将北京、上海、广州、武汉、成都的公司纳为全资子公司，并与锐特合作升级信息管理系统，独创“两段式”宅配，引领快行线冷链物流联盟进入生鲜宅配领域。2015 年 7 月，快行线完成 A 轮融资，平安艾格旗下农业基金已经确定向其注资 1000 万美元。截至 2016 年，依托资本和

IT 两条主线，已扩展至 17 个城市，除了 5 个子公司之外，网络还覆盖沈阳、济南、天津、石家庄、福州、青岛、厦门等地。

一、快行线业务模式创新与探索

快行线有将近 20 年的物流服务经验，用“准时达、约时达、恰时达”3 个产品，服务超市供应商、超市 DC、连锁餐饮、生鲜电商 4 类客户，并以供应链金融、餐饮供应链等方式不断尝试创新业务。快行线在全国一共服务了 130 多个超市供应商和餐饮食材供应商，大多数供应商都有资金方面的需求，尤其是在各个中国传统节日旺季需求大量的备货期间。同时，快行线自身具备对库存商品的监管能力和对抵押商品进行处理的销售渠道，以此为优势开展供应链金融业务。

餐饮供应链的模式，旨在解决生鲜食材后厨的人员和操作区面积的问题，另外通过生鲜食材做前端菜品的创新，已经成为餐饮企业的核心竞争力之一。通过给连锁餐饮行业做物流服务，快行线更加深入地了解到餐饮企业对生鲜食材的强烈需求，由此尝试性的拓展餐饮食材贸易业务、增加餐饮企业的服务黏性和提升物流服务业务量。

共配和超市 DC 配送，是快行线的起家之道，也是目前市配市场最有难度和整合空间的模块。超市配送因为有交付的复杂性，是城市配送的最难点，也是最有壁垒的领域，同时也是快行线这一群有贸易 DNA 团队的优势，虽然给供应商门店的送货量受超市 DC 的影响会越来越少，但这种业态永远不会消失。

超市 DC，一定是未来商超的主要物流模式，快行线在 2010 年开始与沃尔玛合作建设华北区生鲜 DC，即沃尔玛在中国的 11 个生鲜 DC 之一。沃尔玛是全球领先的供应链管理企业，依托沃尔玛 DC 的管理经验及品牌效应，快行线在沃尔玛生鲜 DC 基础上首创的“共享超市 DC”的模式已经走出了一条成功之路，首先通过资源的使用率大大降低了所有参与者的成本，其次通过成熟完善的操作体系减少了人员培训、流程设计等诸多新建超市 DC 必备要素的时间和成本。目前，在运作的除了沃尔玛，还有大润发、乐天玛特和华联，这样流通型的连锁商超 DC，极大程度地实现了共享资源，优化配置，打造多赢的局面。

二、共配理念的率先提出与应用

自快行线服务于北京奥运期间，考虑到物流市场散、小、弱、乱、差和北京特殊的交通情况，提出共同配送、夜间配送的服务理念，目前这种模式依然在用，而且越来越多的厂家、商贸和经销商认识到这种模式的好处。

什么是共同配送？举个例子：30 个厂家送 500 家门店，每天门店要收货 30 次，会产生 15000 次配送线路，在途运输车辆至少 1500 辆，北京交通压力山大；但如果是共配的模式，厂家的商品由第三方集货后统一配送，门店只收一次货，收货人员压力减轻，验收方便，配送线路 530 次，在途车辆不超过 100 辆。共配的模式能降低厂家物流成本，规范化的第三方冷链运输对于超市来说也便于收货验收，食品质量也有保障，在途车辆的减少也是对北京提出的“绿色交通”口号的最佳践行。快行线正把这种服务于供应商的共配模式复制到全国，统一服务标准，更好地为当地及全国性客户服务。

（快行线冷链物流有限公司供稿）

第三节　漳州大正冷冻食品有限公司

漳州大正冷冻食品有限公司（以下简称“漳州大正”）是一家食品代理、提供现代化冷冻仓储、冷链配送服务为一体的漳州市大型的第三方冷链物流企业。通过多年的发展，公司逐步构建起广泛发达的渠道网络、高效完善的仓储配送体系，成为沃尔玛、家乐福、大润发、新华都集团、永辉等大型商超集商品供应、物流配送、冷冻仓储为一体的综合服务商，在厦漳泉闽南地区直控网点达 4000 多家。

本节以伊利低温奶仓储及配送物流项目为个例，通过针对性介绍来重点阐释漳州大正冷链物流管理的流程与做法，以及取得的成功之道。

一、闽南金三角物流现状

“闽南金三角”指福建省南部沿海的厦门、泉州和漳州三个设区市及所辖县区。经过数十年的发展，特别是改革开放以来 20 多年的大规模建设，闽南三角地区已逐步发展成为福建省经济最具活力的核心区域，并日益成为福建省新型生产力中心与制造业基地、先进制度与技术的创新源以及海峡西岸重要的都市连绵带。

二、伊利乳品闽南区域仓储物流项目

作为漳州大正最大的配送客户，伊利低温奶在泉州地区年配送量为 500 多万件，2015 年以来更是以 30% 的速度在增量。由于伊利低温奶配送的特点是货量大、周转快、保质期短，产品特性使得对新鲜度、实时性和安全性要求极高，市场对产品的可追溯性要求也非常严格，所以伊利集团对配送商有着特别严格的管理规定和考核标准。随着市场对于乳制品新鲜度的敏感日趋上升，伊利要求配送商直接将产品送达各个零售终端的营销网络，推行扁平化管理方式，缩减二批等中间环节，建立快速反应机制。同时，冷链物流的特殊性也决定了他们对物流供应商的人员素质提出高要求，要求冷链各环节具有更高的组织协调性。

三、存在的问题

面对伊利的严要求，漳州大正在项目初期也遇到了种种问题。一是品项多、配送时效短，必须严格按照批次日期出入库，因此对库存管理的准确性有很大挑战；二是终端客户对库存的控制导致对物流配送做到少量多批次下单，这就大大增加了公司的物流及人力成本；三是冷链配送车辆的条件要求较高，车辆成本大；四是商超送货难，商超配送最大的问题就是时间灵活性、卸货复杂性、时间占用过长；五是下游客户分散，如何做好配送回路或者路径优化；六是配送人员的素质参差不齐，服务意识不强。

四、方案优化及操作流程

伊利乳品作为漳州大正的核心物流项目之一，为更好地服务客户，满足客户的要求，公司在对物流方案进行改进后，采用高层自动穿梭车货架和横梁式货架相结合的仓储系统，并依托与手持终端系统下，在进出库操作流程、货位管理、信息流程以及配送路线等方面进行优化，大大提高了货物的进出库效率及准确性，同时仓储面积的使用率提高了200%以上。

（一）进出库操作流程

1. 入库流程

（1）由仓储接收收货指令，建立收货单关联伊利采购订单。

（2）收货信息同步到后台，并校验信息，完全匹配后才能入库。

（3）进行第一次货物拼盘，第一次拼盘操作结束后，仓管员采用手持终端PDA，打印出相应数量的托盘货物标示卡贴附于货物托盘上。

（4）叉车司机上架，将托盘货物标示卡与相应货位进行扫描绑定以示该货物已经上架。

（5）当所有货物卸货完成时，由仓管员进行“装卸完成”操作，入库完成由点数员进行“装卸完成”操作，操作完成后，客户即可到开单处打印入库单凭证。

（6）入库完成。

2. 出库流程

客户订单以电子邮件或传真的方式通知漳州大正（或由开单员在网站客户端下载），根据客户每日下达的订单，漳州大正保证当日上车量必须达到80%上，在次日上午10：00前全部到位；日配产品、卖场总仓配送产品漳州大正均在收到订单后12小时内上车分货。

（二）信息系统

为结合客户实际需要，漳州大正以信息系统为核心优化部分，自主研发了扫描系统、手持终端系统、库位管理、仓储配送等系统，并在项目操作过程中发挥了重要的作用。

1. 仓储管理系统

可通过网络实时对仓储信息进行查询，进行动态化跟踪评估，为产品的日期管理提供了最佳决策。并利用系统可实现仓库货物实时更新，提高数据分析和货物操作的效率。

2. 配送管理系统

快销业是一个需要快速周转的行业，而伊利低温奶配送是根据客户的订单在12小时内送到指定门店，大正配送的网点近4000家，因此存在服务地域分散、及时性要求高等特点。若不利用信息系统对信息进行有效链接必会造成信息不畅，主要表现为对于产品装运、车辆调度、温度管控、配送路线没有准确管理，造成物流配送成本较高。

针对以上存在的问题，漳州大正以实现订单管理为基础，其中功能包括仓储管理、配送安排、信息反馈、费用结算等模块。利用该套系统，漳州大正可根据送货订单信息，进行货物的拣货、配货等操作，然后根据最优的配送方案给予司机配送指令，大大提高了配送的时效性。

（三）库位动态化管理

对于库位的安排，大品项、单一品类往往存放在库房的中心位置，而新品、小众化产品而存放于库房的角落；另外，还有退货回来的临期品位置，由于日期管理需要严格，所以该部分存在的位置需预留整理区。但是面对大批量、多批次的货物进出库情况下，在建立高架库时，采用自动穿梭车货架及横梁式货架相结合，以满足多批次、综合品项的产品存储需求。同时借助仓储管理系统，可以不断对库存进行考核评估和分析，快速确定哪些是畅销品、哪些是滞销品，并将产品自动归入相应的库位。

为了提高拣货和上架效率，系统在入库操作过程中对货物进行不上架直接待转出库操作，提高了货物上架与拣货效率。同时，依靠系统来优化仓库人员的任务分配，比如缩短拣货距离，提高拣货效率；系统还针对货物的拣货最佳路径规则进行定期以减少人工的作业浪费，其中最普遍的规则有：商品大类—储放层数—先进先出—货位—指点货物条码。

五、案例思考

（1）经过一系列的优化完善举措，截至2016年4月，伊利低温奶的临期、破损产品与去年同期相比降低了近7%，由之前的30%降为23.6%。扎实有效的物流管理优化完善工作，提高了漳州大正服务品牌的同时，也赢得了客户群体的信任。

（2）对物流管理的优化与完善，既是漳州大正自我完善的需要，也是推动其冷链物流适应市场变化的需要。企业从近期来讲，提高了企业的收益率、信誉度，增加了企业的相关管理能力和经验；从长远角度来说，则是吸引更多的客户选择漳州大正，树立企业知名度。

（漳州大正冷冻食品有限公司供稿）

第九章　农产品冷链流通平台型企业

——天津海吉星农产品物流有限公司

农产品冷链流通平台型企业是指对传统的产销环节农产品批发市场进行改造升级，融入冷链物流设施和技术管理手段，搭建新型的现代农产品流通体系，减少中间流通环节、降低流通成本，帮助农民增收、农业增效。

中国农产品流通体系主要经过农户—中间代理—产地批发商—销地批发商—零售商—消费者这一供应链进行实体流动。农超对接已经成为全国蔬菜供应的发展趋势，农贸市场的货源得到了保障，鲜活农产品流通体系也已经基本建立起来。对于如何降低流通成本、降低产品价格，真正让商家、农民、消费者得到实惠，有很多工作要做，其中，鲜活农产品高效的冷链流通就是很重要的一方面。

一、打造高效的农产品流通渠道

农产品批发市场仍是我国农产品流通的主渠道，城镇居民90%左右的农产品供应需要通过批发市场来实现。坚持以农批零对接为主渠道，继续抓好农产品批发市场建设，并促进其功能完善和发展转型，是今后一个时期建立高效农产品流通渠道的重要手段。

以天津海吉星农产品物流有限公司（以下简称“海吉星”）项目法国顾问公司法国翰吉斯市场为例，整个市场占地280公顷，建筑面积达50万平方米，是目前世界上面积最大的批发市场。翰吉斯国际批发市场于1969年建成投入运营，由政府投资兴建，建成后市场由事业法人代替国家进行管理，目前有驻场企业1400多家，工作人员1.3万人，每天有2.5万客户进场交易；年交易农产品数量达18亿吨，年交易金额达80亿欧元，流通范围涵盖了德国、西班牙、意大利、荷兰等国。

据了解，法国有15个类似性质的农产品物流基地，对农产品物流的集散发挥了重要的功能，对于满足城市居民的日常生活需要发挥了基础性作用。农产品批发市场的本质是创造一个空间，使得上下游客户聚集于此买和卖，并提供管理和服务，使客户对市场产生黏合性，市场从中受益。欧洲市场交易的产品包装标准化程度很高，标准化会带来很多好处，运输、装卸、可追溯、成本、价格等。为实现农产品的顺畅流通，我国需要良好的包括农产品批发市场、仓储、交通运输条件和工具等基础设施支持，其中重点应完善批发市场的功能，提高批发市场的档次，在全国大中城市和主要产区建设一批布局合理、交易方式先进、功能齐全、安全卫生的骨干批发市场。积极发展连锁超市、直销配送等新型流通组织，建立多层次、多业态、多种经营方式的农产品市场体系；加快农产品的储藏、加工、运输、配送等物流设施建设，建立现代化的农产品物流服务体系。

二、中国农产品冷链批发市场现状及问题

国内批发市场掌握着农产品流通领域80%的份额，即各地农贸市场的绝大部分农产品都来自批发市场的供货，所以对批发市场农产品的冷链物流体系建设正是中国农产品冷链物流建设的关键。而国内大多数农产品批发市场均没有建成农产品交易的全程冷链管理体系，市场冷链问题确实严重，中国每年约有4亿吨生鲜农产品进入流通领域，但在这过程中腐损严重，仅果蔬每年损失就达到1000亿元以上，农产品冷链物流目前在国内几乎尚未建立。

我国的国土面积与美国接近，但却具有类似日本一样分散的农业生产，“小农经济”生产非常分散的特点，使得农产品保鲜最关键的环节——采摘（或屠宰）后的产地保鲜处理，难以得到保证，且农产品保鲜、屠宰、加工、包装等环节机械化程度很低，标准化程度低，因此也阻碍了农产品冷链的发展。

三、创新型冷链批发市场建设

海吉星天津项目位于静海北环工业区内，占地面积5000多亩，主要经

营农副产品深加工及物流。该项目分为二期建设，一期已正式开业运营。一期工程重点建成交易市场，包括批发交易区、展示区和管理服务区三大区域重点建设水果、蔬菜、冻品、干货等农产品专业交易区，以及认证农产品加工配送中心、果蔬深加工中心、肉鱼深加工中心、进出口交易中心等设施，并配套大型冷库等。

由于鲜活农产品具有一定的季节性和生化特性，其在生产、加工、包装、运输、销售等方面对物流设施、相关技术和设备有着较高的要求。而目前京津冀农产品物流设施不完善，相关技术和设备相对落后，造成了区域合作之间的效率十分低下，从而严重影响了鲜活农产品物流的一体化发展。目前阶段，农产品流通 90% 以上还是通过实体批发市场进行流通，京津冀地区的农产品市场多由当地村、镇自发组织形成，缺乏统一的设计和规划，随着交易规模的扩大，缺乏长期发展的基础，随着城市化进程的推进，已经对城市整体规划和发展造成阻碍，最典型的就是交通拥堵问题。同时，由于批发市场基础设施条件限制，难以提升农产品流通效率、保证农产品质量。

天津静海海吉星农产品批发市场，将打造面积超过 10 万平方米、容积达到 100 万立方米、总存储量达到 20 万吨级现代化国际立体冷库，分布在交易市场内满足全程冷链交易的小型冷库，总库容将达到 60 万吨。其中包括温层覆盖包括 -2℃ ~18℃ 的冷藏立体储存区、 -25℃ ~ -18℃ 的冷冻立体储存区，以及专门为精致水产品提供服务的 -55℃ 的超低温深度冷冻立体储存区。现代化冷链物流中心采用高效率节约型存储系统，基于 RFID 技术的农产品冷链物流管理系统，以满足涉农类的多品类与快响应的运营需求，包括 26 个确保冷链不间断的卸货作业平台。

现代化冷链物流中心将依托广泛高效的物流网络，先进的系统仓储管理模块，完善专业的仓储设施和成熟的运作队伍，为客户提供包括：仓储、搬运及装卸服务、货物分拨与条形码管理、系统库存管理与库存分析在内的全方位专业冷链物流服务，实现货物有效的分拨和在库管理，有效协助客户实现库存管理的精准化、减少存仓成本、缩短货物周转时间、缓解生产压力等最终多赢目标。

尽管我国是农产品生产和消费大国，但是与发达国家比较我国的农产品流通水平处于较低状态，行业存在“劣币驱逐良币”现象，这使得京津冀区域一体化的最终目标仍要受制于各自行政目标的限制，导致农产品物流难以实现真正意义上的产业对接与协同发展。

北京农产品批发市场多数建设年代久远，农产品冷链流通水平落后，流通效率低。在北京所调查的八个农贸批发市场（八里桥、顺鑫石门、昌平水屯、大洋路、回龙观、新发地、岳各庄、锦绣大地）来看，市场里都有冷库等制冷设施来储存商户的鲜活农产品：有冷冻库，用于储存肉类产品或水产品；有水果库，用于存储、加工水果；有蔬菜库，用于易腐类蔬菜的保鲜。有些市场的制冷设施种类比较完善，以顺鑫石门农贸市场为例，用于冷冻肉类、水产品的冷冻库有 82 个，总容量达到 1500 余吨，用于存储加工香蕉的冷库有 45 个，总存储量 3500 平方米。总之，对于不同种类的鲜活农产品都有相应的冷藏方式，公共冷链仓储基础设施建设比较健全，但对于眼前的市场需求仍然不能完全满足，有些商户在考虑自建冷库。自建小型冷库商户在所调查的几个批发市场中比重不大，一般在 20% ~50%；用于存储肉类、水产品的商户自建小型冷冻设施较多，而用于存储蔬菜、水果类农产品的商户冷冻设施建设相对较少，在顺鑫石门农贸市场，在近 50 家有经营店铺的蔬菜销售商中，自建冷库的商户只有 5 家。在我国蔬菜瓜果商品化达到 60% 以上的市场环境下，进入冷链系统的蔬菜水果比重仅占 20%，远低于发达国家 95% 的比重。对于批发类的市场，蔬菜、水果类供应商对冷库的使用并不多，他们都是尽可能在 1 ~3 天内就将所进的蔬菜销售（批发）出去。即便是在夏季，稍微保护后的蔬菜在三两天内不会变质，那么对制冷设施需求就不会很迫切，除非是由南方运来的易变质产品，有较高的恒温要求。在经济利益的驱动下，很多销售商不愿意增加成本来自建冷库或使用公共冷库，如大洋路批发市场，租用公共冷库的开销是 300 平方米每天 1200 元，对于销售剩下的尾货，宁可任其腐烂，这对于个别商户来说减少了租用公共制冷设施的成本，但对于整个社会来讲，却是资源的浪费。

批发市场中的商户销售量比较大，在粗放式经营方式下，损耗就经常发生，若存在信息不对称或者其他原因使经销环节时间拖延，浪费就更加严重。运输商或批发环节上的销售商往往只关注本环节的经营成本，不愿意采用冷藏运输，因为蔬菜不会很快腐败，至少在他们所在的环节不会因蔬菜变质而卖不出去。超长的流通链条、有效冷链应用率不足导致冷链在目前流通环节中的作用并不明显。

四、京津冀农产品流通体系中的发展战略和具体项目

（一）打造高品质生鲜农产品冷链分拨中心

佳农食品（上海）有限公司，佳农食品代理佳沛奇异果在华北区销售。佳农大力发展出口业务，如大蒜产品年出口量超过16.8万吨，苹果产品年出口量超过8万吨，生姜产品年出口量超过4万吨。梨产品年出口量超过2万吨。在进口优质水果方面同样不遗余力，分别从菲律宾、越南、泰国、美国、新西兰、智利等进口香蕉、奇异果、火龙果、榴莲、红提、车厘子等水果。积极推进配送业务，同时全心全意做好质量控制。佳农公司是我国农产品行业的一股重要力量，是国内有影响力的国际贸易公司。获得新西兰佳沛奇异果在华北独家代理，将为首都乃至华北市场提供新西兰佳沛奇异果一手货源，减少中间流通环节，平抑进口水果物价。佳农食品租用天津海吉星冷库进行区域奇异果配送中心，租用面积3072平方米，作为佳农食品华北区奇异果的物流中心，半年来累计实现吞吐量6500吨，并为商户提供港口提货、冷链仓储、冷链分拨等全方位的冷链物流服务，在2016年佳农公司还将进一步扩大天津海吉星冷库的业务，与海吉星市场不断深入合作。

中和澳亚（北京）股份有限公司，是一家跨国的、以农牧业为主的集团公司。公司注册资金为1亿元，注册在北京市顺义区天竺空港经济开发区。公司在美国、加拿大、澳大利亚、中国香港设有全资子公司，主要从事农牧业生产和贸易。中和澳亚（北京）股份有限公司在澳大利亚的全资子公司“Australian Prime Meat Co. Pty Ltd”主要从事“和牛”“安格斯”肉牛的饲养及肉羊的饲养管理，为公司的主要战略“牛（羊）在澳洲养，肉给国人吃”“吃安格斯牛肉，走林书豪之路”夯实基础。“Australian Prime Meat Co. Pty Ltd”公司在澳大利亚有多处牧场，可谷饲饲养10万头育肥。中和澳亚租用海吉星冷库作为冷链配送中心，常年与海吉星冷库进行冷链物流方面的合作，租用海吉星冷库1200平方米，年吞吐量2200吨。并以海吉星冷库作为全国总仓，打造辐射全国的干线和城市配送网络。

（二）生鲜农产品加工配送中心业务

连锁商超生鲜商品采购渠道：利用海吉星市场提供的加工配送区域，引进连锁超市生鲜商品主要供应商进驻，在加工配送区域建立小型冷库，农产品粗加工全部在冷链环境下进行，成品在冷库中储存。供应商在批发市场内进行商品采购，在冷链加工配送区域进行粗加工和分拣，以此带动超市采购进入市场采购，并成为农产品冷链环境下进行流通的开始，提升批发市场商品质量，满足连锁超市对于商品冷链运输的要求，利用市场冷链物流班车配送能力，经市场内供应商商品整合后配送至连锁商超的冷链生鲜配送中心。引入包括沃尔玛、华润万家、人人乐、永辉超市的生鲜供应商，为供应商提供全程冷链覆盖的分拣、包装和发运环境，依托为海吉星市场服务的冷链车队资源未超时进行配送，保证农产品配送全过程冷链覆盖，并通过供应商与在海吉星市场以外经营的供应商建立业务联系，与超市采购部门建立业务联系，基本覆盖天津连锁商超渠道的50%以上。农批市场一站式采购和海吉星市场基地客户的开发，能够大幅降低超市采购成本。

连锁餐饮采购：中国连锁餐饮行业为对产品品质进行有效的控制，基于采购规模的议价权利，对于品类供应的持续性，餐饮行业供应链增值的收益等原因，纷纷投资建设为连锁餐饮采购服务的供应链管理公司。海吉星市场齐全的品类、单品选择性强、一级批发市场的价格优势、农产品实验室、加工配送服务、冷链物流和配送体系、农产品第三方实验室等资源与这类公司形成天然的高匹配度，而随着居民消费水平的提升，餐饮行业的快速发展的采购量也将占市场交易量的较大份额。目前，已经于众美联、西贝莜面村、海底捞等企业建立业务联系。

与静海当地知名企业金碗餐具管理有限公司合作开发餐饮配送业务："金碗科技"介入餐饮行业方式是，依托其研发的App平台，中小餐厅老板或采购员可通过App在每天晚上9点到12点下单，"金碗科技"在12点半前汇总需求，再进行集中采购和配送。订单汇总后再分配供应商订货，收到订单的供应商根据"金碗科技"平台需求再将货物送到"金碗集团"在海吉星的冷链配送中心，"金碗科技"人员则在12点半到凌晨4点完成采购及分拣，凌晨4点后再由货运车辆分送到各个中小餐厅和静海县工厂和学校的食堂。海吉星市场齐全的品类、单品选择性强、一级批发市场的价格优势、农产品实验室、加工配送服务、冷链物流和配送体系、农产品第三方实验室等资源与这类公司形成天然的高匹配度，而随着居民消费水平的提升，餐饮行业的快速发展的采购量也将占市场交易量的较大份额。

（三）温控淡水鱼交易中心

天津海吉星农产品物流园淡水鱼交易区进入试运营阶段，随着交易量的逐步增大，将为天津和周边省市百姓餐桌提供物美价廉的淡水鱼产品。天津海吉星农产品物流园位于静海区国际商贸物流园内，这里有良好的区位优势和便利的交通条件。2016 年的 1 月 19 日，物流园内的淡水鱼交易区开始进行交易。鲜活的鱼儿在水里游动，鲫鱼、草鱼、鲢鱼等十几个品种，很多都是十斤以上的大鱼。刚刚开始交易，量还比较小，客户都进来实现正常运转后每天的交易量可以达到 30 多万斤。辐射的能力像哈尔滨都是从这里中转，包括天津王顶堤市场、河北大城、霸州、廊坊这些地方都在这里提货，交易量是相当大的，活鱼必须销售很快。为了疏解北京的非首都功能，目前北京市区内的一些水产品批发市场正在拆迁，很多商户就选择来到了海吉星。疏解北京这边的市场，有效地把这些客户承接过来，配合京津冀一体化。商户吴培宇在北京做淡水鱼生意有 30 年了，他的产品直接从江西、浙江、江苏、安徽、山东等地购进。这次来到海吉星发展也是看好这里的环境和发展空间。每天进三四万多斤货，毕竟是刚开始，销售上基本上是一些老客户，能达到五六千斤。天津市王顶堤市场的很多批发商都是吴培宇的老客户，以前多是到北京购货，现在直接到静海就可以了，降低了运输成本。河北霸州、廊坊等地的客户也是如此。从产地到销售减少了很多的中间环节，就不用跑二级批发商甚至三级批发商了，直接拿到产地的货。天津海吉星农产品物流园淡水鱼交易区作为全国性大型的水产品集散地，对于售出的鱼会进行严格的质量把关。现在，海吉星的实验室每天会对他们的鱼进行食品安全的抽检，保障鱼的质量，不会有病鱼流入市场，一个是价格，一个是质量，都有保障。

五、提高农产品流通现代化水平、农产品批发市场转型升级、拓展物流配送功能、发展全程冷链、建设公共信息平台

（一）建设生鲜农产品线上销售渠道

天津海吉星的母公司深圳市农产品股份有限公司，自1989年就开创享誉全国的“布吉模式”，又率先运行农批市场网络化经营模式。正是依托母公司的全国“织网”及天津海吉星市场强大的硬软件设施，天津海吉星的电商平台应运而生。目前，海吉星正从三方面推进电商运作，一是产地与商户对接；二是商户与商户对接；三是电商孵化基地。网上海吉星（包括手机 App）于2015年11月23日正式推出，成为海吉星市场“线上化”的第一个 B2B 平台。它提供在线交易、大数据分析、仓储物流、金融服务、检验检疫等一体化服务。引导农业企业、批发商免费介入网上平台，对接全国农产品供求资源，扩大商户交易半径，降低交易成本。目前，交易、物流、支付各项条件都已具备，不少商户已入驻网上平台。生鲜电商孵化基地集中展示体验、共享交易、食品安全检测、物流配送、融资、营销推广、大数据、学习培训等一系列配套服务，形成线上线下综合服务平台。生鲜电商依托海吉星，物流和采购成本是最低的。商户直接与生产基地交易，减少中间环节。传统交易需要通过中间商、批发商从产地到达批发市场、百姓菜篮子，周期较长。而搭建线上交易平台、设立生鲜电商基地的最大好处就是“解决农产品市场的信息不对称问题”，能有效平抑市场物价，避免价格大起大落，保护农民和消费者利益。

（二）建设满足农产品冷链流通配套服务的冷链仓储中心

天津海吉星一期冷库库区面积18114平方米，总投资1.24亿元，冷库总库容仓储量2万吨。2013年年初开工，2014年5月底冷库主体建筑完工，2014年7月完成冷库制冷设备安装，2014年8月26日冷库正式投入使用；截至2015年6月，冷库仓储量10000吨，冷库使用率70%，累计货物吞吐量超过4万吨；冷库入驻大小商户15家，主要以农产品仓储为主，品类包括苹果、板栗、柿子、桂圆、进口奇异果、进口肉类等。主要大客户包括

佳农食品（上海）有限公司，存储进口奇异果1000吨，已经与客户达成长期合作，随着进口水果业务量的增加，仓储量将达到2500吨以上、鲜易温控供应链，合作包括三全水饺、呷浦呷浦火锅连锁店、华润万家生鲜配送等配送业务，业务量超过2000吨。2016年，天津海吉星冷链储运中心3#、4#、5#冷库将全面开工建设，包括4万吨冷冻库、1.5万吨冷藏库。同时市场内冻品、水果、菌菇经营商户档位内均建设满足展示和周转功能的小型冷库，园区内档位冷库共计建设220座，市场内冷链交易覆盖率超过70%，全部冷库仓储能力超过10万吨。同时正在规划阶段的天津海吉星二期冷库将建成20万吨冷库仓储能力。

（三）城市共同配送业务

引入顺丰冷运，依靠海吉星冷库和顺丰冷运的操作、车辆资源，搭建城市共同配送体系。顺丰冷运是专业的第三方冷链物流解决方案提供商及运营商，主要有三个业务板块：冷链城市配送；冷链零担业务；冷链宅配。顺丰冷运在大力发展城市配送业务的同时一直致力于“共同配送”的模式，用“共同配送”的模式最大限度地减少配送线路从而减少物流车辆对城市交通造成拥堵，同时也减少了汽车尾气对社会环境造成的污染和危害。依托市场众品冷鲜肉的商超配送能力和众品天津工厂的货源资源作为基础，众品冷鲜肉配送覆盖天津所有连锁超市和绝大部分区县的农贸市场。整合市场内商户天津市内下游市场的配送需求，进行合理的线路安排，实现海吉星市场运营初期的货物较少情况下的及时配送 。

（四）农产品进出口通关

引导出入境检验检疫局和海关驻场办公，并与国检合作建立第三方检测实验室，具有专业的食品质量管控能力。农产品进出口货物可在园区内实现一站式检验、通关，缩短时间，达到快速通关。天津海吉星有全国首家建设于农批市场内的“无水港”，进出口的农产品经由海吉星静海项目周转，可减少往返的物流成本，提升周转速度，大大保障了农产品的新鲜度。这一直通报关模式将带动现代农业物流产业发展走向新的高度。园区内有查验平台入场，高品质冷库，所有的进口产品和出口产品，在园区能够快速地完成通关的服务。目前，进口的水果进入天津港之后直接封存然后进入园区，进行“一站式”报关查验，大大缩短了清关的时间。现已吸引来自欧洲、美洲、亚洲、大洋洲等20多个国家的1000多个商家主动与天津海吉星市场合作。随着北方地区对进口水果、进口冻品等进口食品的消费大幅提升，加上天津自贸区挂牌以及京津冀协同发展的推进，未来这里将成为北方地区最大的农产品进出口贸易展销中心、北方农产品检验检疫中心和通关中心。

（五）一体化电子结算系统

物流园建立了一个多元一体、联系线上线下的交易系统。海吉星在全国有超过30家线上和线下市场，一年的交易量超过3000万吨，交易额突破2500亿元，该交易系统可方便市场里面的每个批发商会员更好地跟产地进行对接。园区内交易采用电子化结算，每一个进住的商户都会配备一个与互联网链接的结算器。同时商户会领到一个“身份证”，也就是会员卡。每个商户的展厅前都会有一个交易系统，可以通过它查询交易当天的交易情况和交易金额。整个过程类似消费者在超市中使用查询机，只要刷会员卡即可。目前，结算系统已经投入到正常使用当中，市场电子结算覆盖率超过50%。

（六）农产品食品安全监测实验室

保障食品安全方面，海吉星与国家质检总局合作打造第三方检测平台，希望整个信息化的应用能够跟县域、产区达成合作机制，实现从产地到批发市场、零售终端全程可追溯。海吉星在全国一共有37个批发市场，全国的检测数据已经实现共享，可以呈现出一个全国性的风险地图。如果哪个产地的产品出了问题，可以同时向全国的市场进行发布。茹江里说，就如几年前海南出现的豇豆事件，实际上是海南一个县的豇豆出了问题，但是通过媒体报道，整个海南的豇豆全部倒入大海，这就是因为没有一个有效的手段追溯到有问题的豇豆，风险地图可以说对于供需双方都有意义。海吉星已建成2000平方米实验室，每日对园区内交易货物实施筹建和重点监测相结合，每日发布检测结果，保证市场农产品流通食品安全。

（七）滑轨肉电子交易中心

天津海吉星农产品物流园肉类电子交易区于2016年5月正式对外营业。

交易中心采用全封闭温控交易环境，正式运营后的中心将全力打造“放心肉”品牌，通过肉类电子滑轨创新交易模式不仅能够实现安全高效的电子结算，更避免了传统猪肉交易模式中存在的食品安全、人工交易搬运二次污染猪肉等诸多弊端，保证肉类交易来有源头、去有追溯，切实担负起政府监管肉类安全交易的抓手，在实际运营中高标准严要求提升行业标杆，真正使京津冀地区市民享受到“安全便利买得起，全程追溯有保障”的放心肉，立足天津为京津冀和这个华北地区构筑一个放心肉类电子交易大平台。项目占地1500平方米，建筑投资200多万元，已进入弱电施工和调试阶段。

随着京津冀协调发展的加快，作为北方一级农产品批发市场，天津海吉星国际农产品物流园正加快硬件设施的建设、软性服务的搭建，做好承接北京农产品流通产业的转移。随着北京非首都核心功能的对外疏解。天津海吉星将成为北京农批市场向外转移很好的承接者，目前已吸引不少北京地区的商户入驻，北京一些批发市场的商户已将生意转移到天津海吉星园区。海吉星专业的规划设计、高效的交易模式、完善的配套设施以及庞大的市场资源网络，会让商户对今后的经营充满信心。城市功能的定义最终决定北京的物流中心要外迁，仓储、冷库也需要较大场地，这在北京较难实现。因此，在承接北京农批市场的转移上，天津海吉星具备明显的优势随着此次一期交易市场的试运营，作为首都农批市场疏解的重要承接平台，已经做好准备迎接更多商户的入驻。

（天津海吉星农产品物流有限公司供稿）

第十章　冷链宅配型企业

冷链宅配型企业与其他冷链物流企业的不同在于，前者以 B2C 为主，后者以 B2B 为主。前者更强调“最后一公里”甚至“最后 500 百米”冷链网络的搭建。近几年，由于生鲜电商的快速发展，如何将生鲜食品安全快速的送到消费者家中，成为生鲜电商企业的难点和痛点，在这一需求催动下，冷链宅配市场成为众多企业追逐的蓝海。

第一节　上海东启供应链管理有限公司（安家宅配）

上海东启供应链管理有限公司（安家宅配）于 2015 年 3 月正式成立，7 月公司城市物流配送中心选址确定、首家门店落成；9 月首批全部 7 家门店落成，物流中心竣工；10 月首家商户入驻，正式落地运营。

安家宅配定义为“冷链宅配及生鲜电商全程解决方案提供商”，致力于中高端电商的定制化冷链宅配服务，秉承城市宅配的服务理念和服务优势，强调食品安全与优良品质，为电商企业客户提供消费终端冷链宅配服务。力求通过高效、安全、稳定的冷链宅配服务，把便捷和舒适的网购体验带给您的每位电商客户。现阶段，安家宅配的业务领域覆盖生鲜食品、烘焙蛋糕、鲜花、冰饮及高价值的商品这几大类，目前的业务范围仅限于上海地区。

安家宅配的业务主要分为三大块：冷链宅配、市场推广以及线下商品代售。通过优质的服务，建立起消费者与商家之间信任的纽带，提高客户消费者的复购率，提高商家业绩的同时，带动安家宅配自身的业务量，达到和商家共同成长、共同发展的目标。

冷链宅配业务是安家宅配的基础，是其他业务开展的前提。冷链宅配大多以隔日配的形式为主，安家宅配与合作商家的配送操作流程是：消费者在线上下单，商家在当天线上截单之后，系统会获取订单数据，仓库根据订单信息进行分拣、打包的操作，完成之后通过冷藏车辆以无人交接的形式，从城市物流配送中心将产品运送至订单地址相应的门店，在门店上班之后，根据订单时间将相应的产品配送至客户手中。通过这样一个完整的流程，完成整个配送活动。

上面提到安家宅配把自己定义为服务商，作为服务商最大的价值就体现在服务上，安家宅配的服务宗旨是：为所有中高端电商提供高品质的安心服务，为消费者带来高品位的安逸生活。安家向商家和消费者承诺全程恒温配送，全程温度可监控及全程货品可追踪，做到配送完好率、准确率可达99.5%。

食品安全问题关乎民生，一直是国家和老百姓关注的重点。安家宅配在食品安全上面也是花了大工夫。安家宅配的仓库，无论是大仓还是城市物流中转仓均是经过检验的食品级的冷藏、冷冻仓库，干线运输的冷藏车辆保证全程恒温，杜绝因为温度变化带来的食品质量问题，“最后一公里”的配送是用专业的食品级蓄冷设备，保证商品全程冷链。我们的配送人员全部通过从业体检，避免了因为配送人员的健康问题带来的食品安全隐患。

安家宅配的配送员被称为“天使”，一线天使的服装、配送设备全部统一化，给消费者良好的第一印象。一线配送的天使都有过零售或者餐饮行业的从业经验，有别于传统的快递行业人员，具有较强的服务意识，懂得如何正确的同客户沟通，礼貌用语的使用带给消费者较好的服务体验。

对于商家来说，安家宅配的门店可以作为“终端线下体验店”。之所以这么说，是因为安家宅配的门店全部都是前店后仓的模式。后区作为货品中转的区域，配备冷藏冷冻冰箱，保证到店之后、客人签收之前这份个时间段的恒温。前区则是一个展示的区域，安家宅配的门店全部坐落在大型居民社区周边，充足的人流量保证了在门店展示产品的有效性及影响力。为电商客户创建了一个良好的线下产品体验展示的机会，从售前购买体验、线下产品推广到购买后的配送等售后服务，实现良好的消费体验，增进消费者与商家之间的黏度，为消费者的重复购买打下良好的基础。

安家宅配的门店均是坐落在大型居民社区周边，可以为线上商家提供线下营销解决方案，可以通过卡券代售的形式来帮助商家提高营业额，通过DM派发的形式来扩大影响力、提高知名度。另外，安家宅配的市场团队可以通过整合周边的社区、商区资源，配合电商客户组织一些有针对性的地推活动，让您的宣传更加有针对性，更加有效果。

安家宅配差异化服务主要体现在几个方面。

（1）市场调研。通过配送天使的配送服务即时收集消费记录、购买频次、居住环境等客户信息，为电商企业客户的线下活动提供相关数据分析。

（2）商品线下体验 & 展示。与 O2O 电商一起成长，了解下上线下营销的痛点，帮助零售电商平台实现线下切入线上、线上商业线下服务的互补，为目标市场的开拓争取更多资源，线下体验展示 + 线上电商销售，将成为商超类创新的 O2O 模式。

（3）专业的售前售后服务体系。24 小时的客户线上服务，保证您的任何问题都可以第一时间通知到相关人员，以便尽快解决。客服在配送信息的跟踪上面和温度监控上面会给到消费者最及时的反馈。

（4）线下市场推广策划、定位。整合门店周边社区、商区资源，配合电商客户组织有针对性的市场推广活动。

（5）线下营销服务。帮助商家进行代售货品、代售卡券的形式来拓宽您的销售渠道。

2015 年 10 月，95 Cake 成为安家宅配的首个入驻商户，同时安家宅配也是 95 Cake 的唯一物流配送提供商，11 月的日均大量基本在 20 单左右，安家的配送让消费者有了很好的消费体验，到 12 月基本上订单都是老客户的重复订购，较少的有新客户出现。安家宅配的数据部在看到这样的情况之后，将数据给到了市场部门。市场部拿着这样的一份数据同客户沟通，并建议客户通过安家宅配的团队和门店做一些推广活动，来提高品牌的知名度和影响力。市场部同客户经过两天的方案对比之后，确定了一套方案，开始印刷 DM 单页、海报、易拉宝等宣传品，全部门店招贴海报，摆放易拉宝宣传，每个门店每天派发出 500DM 单页，寻找合作社区，进入到社区内部做试吃活动，公司客户免费赠送试吃品等一系列的推广活动持续了 3 天，订单数量上慢慢有了起色，每天的单量从 20 提升到 30，又增加到了 40，让客户看到了安家宅配市场宣传活动的效果，也让安家宅配的团队更加的有信心了。经过后续的持续推广活动，目前 95 Cake 的日均单量已经提高到接近 100 单，真正实现了带动商家销售额的同时，提高安家自身配送单量，实现与商家共同成长的目标。

安家宅配的目标是通过高品质的服务，完成全国高端冷链宅配市场 1/3 的总量，为 5000 万至 1 亿名对服务品质有高要求的消费者提供服务。2016

年，安家的发展计划是在第二季度结束时落成新的大型物流中心，保证仓库可以完成日订单1500单的业务量。第三季度上海市门店数量增加至15个，覆盖到上海市全部外环内以及外环外主要核心区域。第四季度结束，实现日均单量8000单，月销售额达到35万元，并同时将业务覆盖一个A类沿海城市。

（安家宅配供稿）

第二节　北京黑狗物流股份有限公司

北京黑狗物流股份有限公司（以下简称“黑狗冷链”）成立于2015年6月，自成立以来黑狗冷链始终专注于冷链快递服务，在国内建立了庞大的信息采集、市场开发、冷运宅配、仓储服务、一站式供应链解决方式等业务机构及服务网络。公司主要服务群体包括：生鲜电子商务平台、微商、淘宝商、餐饮行业、商超、专业市场、生态种植、养殖农庄等经营生鲜冷藏类食品商户，目前已有千家合作客户，日均分拣6万件、日配送量已达上万单。

一、黑狗冷链优势资源及业务模式

1. 前置冷库

黑狗冷链的前置冷库具备存储功能，库存打散放到前置仓，进行2小时急速达，同时具备提货及二次派送功能。

2. 温度可视化

黑狗冷链利用自主研发的系统优势，商品从提货、配送、客户接收，全过程可视温度变化。直到最终配送结束系统将记录产品温度并导入至系统中，通过分析制图将商品派送过程中的温度变化打印出温度曲线图，随商品一起送至客户手中，让客户了解到配送过程中的温度变化打印出温度曲线图，随商品一起送至客户手中，让客户了解到配送过程中温度实时变化，实现冷链宅配温度可视化。

3. 仓储服务

黑狗冷链致力于将自己成功的冷库与常温运营管理经验，高端的库房管理平台引入到客户，并为客户提供卓越的存储服务。黑狗冷链的经营理念是通过建造和运营现代化的冷冻和冷藏常温库，为客户提供精准、高效的服务、有针对性地为客户提供量身定制的服务。同时，提高食品在物流环节中的安全性。

（1）冷藏冷冻库。黑狗冷藏冷冻库采用无霜速冻制冷方式，配置名牌压缩机及制冷配件，电脑智能控制。制冷系统采用绿色冷媒材料，属于21世纪国际先进的制冷技术。冷藏库主要用作于对食品、冷冻肉、冻水产、冻海鲜、禽肉类等的保鲜储藏。

（2）常温保鲜库。常温保鲜库是以保鲜储藏为目的的冷库，保鲜库可以最大限度的保持产品的新鲜度，在保鲜储藏一段时间后仍然保持刚采摘或者接近刚采摘时的鲜活状态和品质。常温保鲜库主要用于对水果蔬菜、鲜花奶制品、保鲜食品等的保鲜储藏。

（3）分拣操作库。分拣操作库是依据订单要求或配送计划，迅速、准确地将商品从其储位或其他区位拣取出来，并按一定方式进行分类、集中的作业过程。黑狗的分拣操作库配备智能化分拣操作设备，可有效地减少人力操作，降低分拣集货成本。

二、生鲜电商物流托管服务

生鲜电商物流托管服务是一项针对食品类商户的专属、专享服务（产品），此服务在满足生鲜业态个性化，定制需求的同时，使消费者获得一种高品质的快递体验。

快递的4种模式及流程：

（1）电商对个人（B2C）：电商委托→生成订单→商品出库→专车直送→货物送达→客户签收。

（2）零散配送（C2C）：客户委托→上门取货→专车中转→派送上门→客户签收。

（3）点对点配送（B2B）：客户委托→供应商入库→专车配送→商超验收→签收。

（4）线上对线下（O2O）：客户下单→分拣包装→2小时极速送达→客户签收。

冷链快递服务是一项针对生鲜食品类商户的专属、专享服务。此服务在满足生鲜业态个性化、定制化需求的同时，使消费者也获得一种高品质的快递体验。黑狗冷链启用了包括优先配载、优先配送、直发操作、特殊包装等环节的运作模式。对于商户而言，快递的品质可增强其产品优势；对于消费者而言，“快”已经不是消费者对快递的唯一考量，品质快递才是核心需要的。为了保证生鲜类快件的时效，客服专人跟进、监控生鲜速配快件，研发配套使用的系统工具，配备专项理赔。

（1）免费提货。免费提货服务是针对已签订合同客户提供的增值服务。当接到客户提货通知后，第一时间安排距离商品最近的站点去提取商品，上门提货有我们专业人员现场验货、点货，在核对商品数量无误、商品完好后开始装车，在商品装载完毕后，车门关闭前现场记录商品的温度，商品将在持续打冷的车厢中运往站点冷库，等待下一步中转派送。

（2）第三方物流。黑狗冷链物流致力于精准、高效、具有经济效益的物流服务，满足不同的订单种类和地域需求。通过运营自有车队和优质内陆运输合作供应商，来为客户提供全国的运输服务。

（3）增值服务。为了提供更加完善的物流服务，简化客户供应链管理环节，从而降低供应链管理的人力与物力成本。除了传统物流服务以外，黑狗冷链还提供一系列的物流增值服务，其中包括但不限于：动态仓储、供应链托管、广告推广、运输与仓储保险、食品级以及非食品包装生产、交叉配货，交接转运，重新包装，分拣、加工、贴标、代收货款等其他个性化服务。

（4）库内分拣操作服务。库内分拣操作服务是依据顾客的订单要求配送计划，迅速、准确地将商品从其储位或其他区位拣取出来，并按一定的方式进行分类、集中的作业过程。黑狗冷链采用的分拣方式通常以下三种：订单分别拣取、订单批量拣取及订单复合拣取。订单批量拣取是将多张订单集合成一批，按照商品品种类别汇总后再进行拣货，然后依据不同客户或不同订单分类集中的拣货方式。订单复合拣取是为了克服订单分别拣取和订单批量拣取方式的缺点，配送中心也可以采取订单分别拣取和批量拣取组合起来的复合拣取方式。

三、规模与合作伙伴

黑狗冷链物流已开通北京、上海、武汉全境的配送业务，天津、河北、江苏、四川、浙江、福建、广东等地也在紧张的筹备当中，业务将会陆续覆盖全国各个省市中心。

公司先后与知名企业麦当劳食品有限公司、雨润食品有限公司、伊藤忠华堂公司、外红物流公司、秦皇岛正大食品有限公司、肯德基食品有限公司、顶新集团、星巴克食品有限公司、沃尔玛超市、家乐福超市、卜蜂莲花、辛普劳（北京）食品有限公司、丘比（北京）食品有限公司、山东绿润食品有限公司、北京华联集团投资控股有限公司等建立了良好的业务合作关系，赢得了业内的广泛认可和社会各界的高度赞誉。

四、成功案例与对冷链行业发展的看法

民以食为天，在食品安全问题越来越被重视的今天，如何将安全的将百姓日常所需的鲜肉牛奶、蔬菜瓜果从田间地头、生产厂房带到人们的餐桌前，也就成为了一个严峻的问题。

目前，市场上仍有八成左右的生鲜农产品仍然处于在常温流通中。肉类、水产品及果蔬腐损率分别达到了 16%、19%、30%。大量生鲜食品运输中都存在着运输链“断裂”的现象的同时，冷链物流配送比过低已经成为了目前我国现代农业发展的一大明显弊端。

物流行业，就如同一条铁链一般，一端连接着农产品、生鲜食品的供给的田间，一端则连接着广大百姓的舌尖。倘若这条铁链断掉，那么食品安全质量、农户、经销商与消费者等多方面问题都将受到严重影响。

如何可以让这条铁链变得更加坚固，也就成为了目前我国物流市场首要考虑的任务目标。目前，普遍被实行的有两种方案。一种方案就是增加冷库网点的建设，缩短发货地到目的地之间的距离。将一条长链分割成两条或者是更多条的短链。但这种方案实际操作起来十分困难，建设网点需要大量资源支撑，受人力、财力还是交通环境等条件约束严重。

更多的企业把方向指向了第二种方案，也就是增强运输环境的质量。冷链物流相对于常温物流来说其优势自不言而喻。于是很多大型企业便开始强占冷链市场这块处女地。但很多大型企业却在刚开始运营后“掉链子”了。主要原因是由于冷链产业的投资成本过高而利润较低，举个例子：冷链所需要的专业冷藏车，每台的采购价约为 20 万元，相较普通货车高出了

一倍多。且冷藏车在运输途中，全程需要保持6℃以下的低温。同样的距离和时间，油耗会比普通货车高出将近20%。而利润率仅为5%。在这样的情况之下，很多企业的结局都是最后黯然地退出了冷链行业。

而黑狗冷链却在这样的环境下成功地存活了下来，并且还在不断地发展与壮大，总结其成功的原因，有两点：其一是其先进的自主研发的可视化温控和物流管理配送系统。所有商品全程都将接受温控记录，以保证商品完美的送到客户手中。这样不仅可以提升物流服务还可以将货物根据不同的配送要求分配至不同的冷藏车达到共同配送实现全程冷链，从而也降低了成本。其二是降低人工成本，主要体现在冷库仓储方面，以黑狗冷链物流为例：其冷藏冷冻库、常温保鲜库、分拣操作库均拥有是目前国际最先进的操作技术。从而不仅增加了效率还有效地节约了人力成本。

黑狗冷链的战略合作伙伴，如喵鲜生、安心田园、天天果园、易果生鲜等，均有大量不同种类的果蔬食品需要我们进行仓储与配送。果蔬是易腐食品，其保鲜和运输需要通过冷链来进行。虽然部分果蔬的品质并不是采摘下来后最好，但是对绝大多数果蔬来说最新鲜的一定是最好的。黑狗冷链针对不同果蔬，为他们从仓储到运输规划了不同的冷链旅线。目前，公司在北京市有20多家门店，并且每个门店都有冷藏库，每个区域有RDC操作模式。以确保产品送达消费者手中时生命最完整。在为这些平台提供应季果蔬配送服务，并赢得了客户的广泛认可和社会各界的高度赞誉。

（北京黑狗物流股份有限公司供稿）

第十一章 冷链+互联网平台型企业

冷链+互联网平台型企业是指以互联网技术为依托，以冷链物流服务为基础，整合冷链货物资源、冷藏车及冷库资源，提供共配服务，提高货物冷链流通效率，降低冷链物流成本。

第一节 小码大众（北京）技术有限公司

一、基本情况

小码大众（北京）技术有限公司（以下简称“小码大众”）成立于2015年7月。目前，冷链行业存量市场3000亿元，增量市场近万亿元，但是95%的冷链企业都在做大客户，抢占30%的合同物流市场，70%的中小冷链客户得不到好的服务；移动互联网时代，链接中小冷链客户变得可行，在“让专业冷链服务更容易”的使命下，小码大众应运而生，并创立了码上配冷链门到门智能共配平台。

码上配冷链智能共配平台，是专注于冷链+互联网的服务平台，通过利用智能共配方式，为生鲜电商、经销商、批发商、中小餐厅、超市、食品工厂、物流企业等冷链客户提供最完整、最高效的冷链零担共配共享服务，打造全国冷链物流网络；全程冷链、全程可查、高效、准时送达、全网覆盖、一件起提、一件起送，打造全国冷链运营网络。

目前，已经在湖北、华东地区（江苏、浙江、上海）开始运作，零担覆盖华东区域300各地市县、班车覆盖华东地区近5000家超市、4000家餐厅，保持每月100%的复合增长率。

二、主要做法

冷链物流发展空间很大，但目前冷链企业依然面临很多挑战，一个是成本压力，盈利能力也有待提升。为了节约成本，有些中小企业采用“断链”方式来操作——用常温运输代替冷链运输，导致产品质量受损，不仅对消费者的饮食安全构成隐患，还造成了巨额浪费，同时企业的品牌和市场也受到了损害。

如何让物流企业快速升级？如何满足中小冷链发货客户的需求？码上配作为一家冷链 + 互联网平台，通过设计班车化的零担共同配送网络体系，链接线下冷链物流合作方，激活其班车网络资源及车辆剩余空间，打造优质冷链资源的共享平台，向中小冷链客户提供零担共同配送服务、云仓储服务，让中小客户获得优质冷链服务，降低物流成本，并且将产品送达至二三线城市、县区等区域，帮助客户开发增量市场。

（一）技术创新

冷链物流企业的信息化一直是在软件层面，针对于项目制客户研发独立的 OMS（订单管理系统）、WMS（仓储管理系统）、TMS（运输管理系统）信息系统体系，这些系统之间无法相互链接打通，不同软件开发企业的协议标准不同，从而形成了信息孤岛，无法给客户全供应链的管控，同时也没有向中小冷链客户提供的产品服务。

码上配冷链 + 互联网平台采用的是 BaaS + Portal 技术，构建了整个“小码冷链云平台”的能力池，为客户和合作方提供冷链服务的能力。如图 11 - 1 所示。

BaaS（Backend as a Service，后端即服务）为应用开发提供后台的云服务，在当前的移动互联网 + 云计算热潮中，尤其为这两类应用提供了大量的技术支持。包括提供存储、托管环境，也包括提供推送等通行后端技术能力。如图 11 - 2 所示。

利用互联网技术为客户提供 HTML5、App、PC 端等订单平台入口，按照优化过的共配路由以物流信息技术加工订单，并将订单分派给每个区域最优质的冷链物流服务商，同时可以向物流商提供或打通 WMS、OMS、

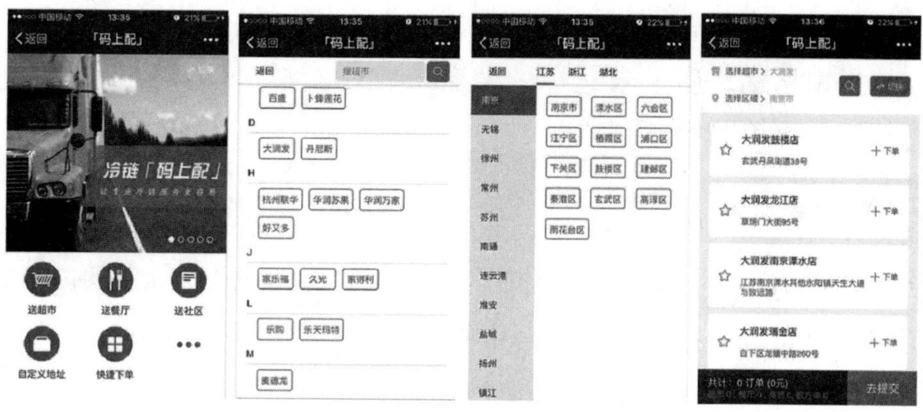

图 11－1　码上配 HTML5 客户端界面

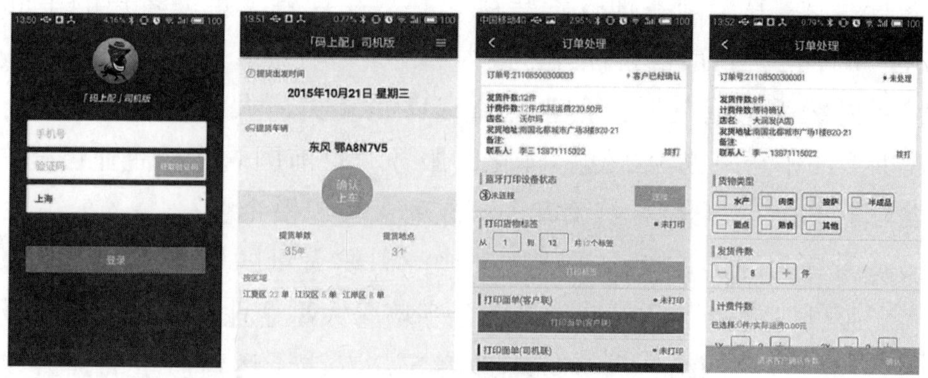

图 11－2　码上配 App 司机端界面

TMS 系统，为客户提供包括配送超市、餐厅和社区等门到门智能共配服务。

（二）服务创新

中小冷链客户目前面临发货有三个困境。

（1）自营物流代价高。打个比喻，因为规模小，自营物流就像“为了喝杯牛奶而养头奶牛”一样，成本非常高。

（2）物流外包。95% 的冷链企业都是合同物流，他们主要服务大客户，对中小客户的服务难免顾及不到。所以，导致这些中小客户物流成本高，且不能获得好的服务。

（3）市场完全没有稳定且承担总责任的社会冷链标准化物流产品。

码上配向中小客户提供全网冷链配送服务，全年标准价格，全年标准服务；通过合适的配送频率，低廉的收费标准。用低于合同物流 40% 价格，向中小客户提供冷链零担共同配送服务。

同时，每一个平台的中小客户，都会有四免一赔的服务保障：下单未提货，提货未送达，质量未达标，渠道未收货，赠送码券免运费；货损或货缺，按标的照单赔偿。

（三）模式创新

码上配作为一家冷链 + 互联网平台，对于客户以及冷链物流企业，都带来价值，且可以链接成为全国网络平台。

对于物流公司而言，当下有四个发展方向。

（1）升级为全国网络第三方冷链物流企业：传统冷链物流企业要做全国网络平台，需要全国各地投资转运中心，并且要满足大客户的不同个性化需求，成本高，目前可行性并不高。

（2）升级为供应链平台企业：SYSCO 是北美最大的食品销售企业，向客户提供食品销售 + 物流配送一体化的服务，目前国内冷链企业已经向 SYSCO 学习了 10 年，但是目前没有一家成为大型规模企业。

（3）升级为冷链地产企业：物流地产需要大量的资金支持，非一般冷链物流企业可以承受，目前是普洛斯、宇培等大型企业可以撬动的市场。

（4）深耕区域网络：服务好本地客户，专注于运营质量的提升，区域网络的搭建，提升自己的信息化实力、物流管控能力，向这种方向发展是大多数冷链物流企业的选择，也是码上配的主要合作对象。

码上配要做冷链物流企业的有效补充，用移动互联网链接中小客户，同时将冷链物流公司的空闲运力激活做共享，让中小客户享受专业冷链服务的保障。

对于冷链物流公司而言，码上配定位为区域冷链物流公司的全网速成利器，帮助合作的冷链物流企业迅速建成区域冷链物流网络。如图 11 - 3 所示。

目前，码上配主要在华东地区推出两个产品：门店班车（门到店）和冷藏零担（门到仓）。

（1）门店班车（门到门）：每周定点发车，配送覆盖江苏、浙江各地级市、县级市近万家商超卖场，一站式价格，1 件起提。

（2）冷藏零担（门到仓）：每周定点发车，配送覆盖江苏、浙江各地级市、县级市，1 件起提，50 件以上免费送货上门。

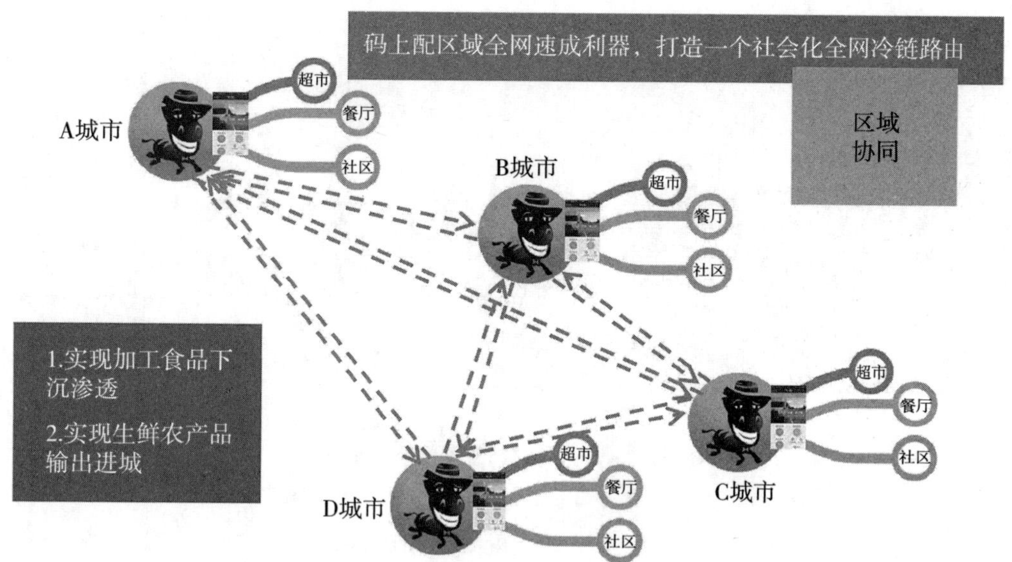

图 11－3　区域冷链物流网络示意

三、经验效果

码上配用冷链＋互联网模式，通过共同配送解决客户痛点，满足客户多批次、小批量的冷链物流需求，让众多客户可以更加专注于自身的产品开发和经营，同时将优质产品推广到更多渠道。

构建互联网平台，链接优质冷链资源，码上配冷链门到门智能共配平台为生鲜电商、经销商、批发商、中小餐厅、超市、食品工厂、物流企业等中小冷链客户及冷链合作方提供了五大价值。如图 11－4 所示。

（1）物流配送：向客户提供低于合同物流 40% 价格的区域冷链全网配送服务，并且有四免一赔的服务保障。

（2）物流扁平环节：经销商不必再为了地级市、县区等区域设置更多层次的经销商，扁平整个交易环节。

（3）物流拓展渗透：依托码上配，发货客户可以将货物送达原来无法送达的地方，如二三线城市，开拓增量市场。

（4）物流资产优化：贸易公司不必买车做物流，省下高昂成本，冷链物流公司不必投入巨资做 IT 系统，码上配提供免费信息系统平台服务。

（5）物流生意重构：品牌商、贸易商专注于产品设计和交易环节，冷链物流公司专注于提升运营质量。

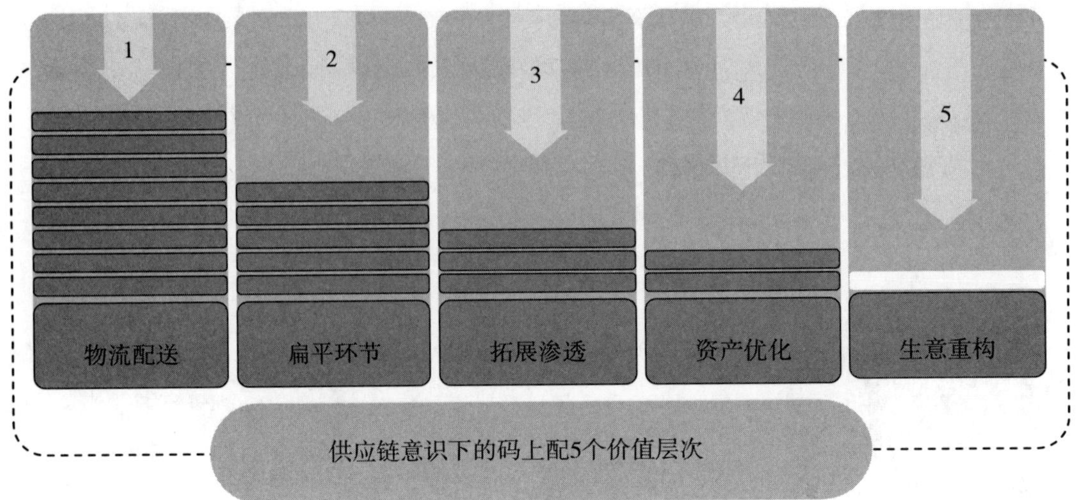

图 11－4　码上配 5 个价值层次

2016 年，码上配冷链＋互联网平台将会在华北、华东、华南全面开展业务，目前的标杆合作企业有京东、每日优鲜、拼好货、美菜等生鲜电商，良中行、众美联等餐饮供应链平台，以及众多中小经销商、贸易商、品牌商客户，未来将会不断提升运营服务质量，为客户开发更多优质的服务产品，为大众创造优质冷链服务。

四、案例分析

（一）B2B＋O2O 众包解忧生鲜电商冷链：每日优鲜

1. 案例背景

目前，生鲜行业整体规模 3 万亿元，生鲜电商渗透率仅仅 1% 左右。未来 10 年，生鲜电商的增长会以每年 100% ～200% 的高速飞奔到 10% 左右的占比，然后再以 50% ～100% 的中速跑到 20% 左右的占比，最后会以20% ～30% 的低速涨到 30% 左右的占比。最终，生鲜电商行业规模将在 10000 亿元左右。

生鲜电商的配送仓储成本有多重？中国电子商务研究中心给出的数据是，生鲜电商的配送加仓储成本一般占运营成本的 20% ～25%。据业内人士透露，一般商品的配送仓储成本约占运营成本的 10%，生鲜电商成本是其两倍甚至更多。“从市场份额来说，水果电商现在是蓝海，而从进入门槛来说，水果电商已经变为厮杀激烈的红海，因为几乎所有的生鲜电商都是重资产模式，大家都在负重前行，而且不烧不行。”天天果园市场总监陈嘉杰曾表达了如上观点。

每日优鲜在不到一年的时间内，凭借团队多年在互联网、农业、零售领域的深厚积累，每日优鲜已经基本完成水果蔬菜、海鲜肉禽、牛奶小食等生鲜全品类布局，并在主要城市建立起“城市分选中心+社区配送中心”的专业冷链物流体系。每日优鲜在2015年11月宣布获得2亿元B轮融资。此之前，每日优鲜曾于2014年12月，获光信资本500万美元种子天使轮融资；2015年5月，每日优鲜再次获得腾讯领投、光信资本跟投的千万美元A轮融资。

2. 每日优鲜冷链物流运作模式及需求

物流配送：一条冷链，两个节点，三段物流。

一条冷链是指从产地到用户手中的全程冷链配送，两个节点是指在配送过程中，将分选中心和微仓作为两个中转站，而其也将配送自然的分成了三段，即产地到分选中心、分选中心到微仓、微仓到客户手中。其中分选中心是指面向一个城市的中心仓，而微仓指分布在各个社区，能在3千米范围内配送到终端用户的小型中转站。

3. 码上配给每日优鲜的冷链解决方案

每日优鲜从产地到城市分选中心的运输，多以冷链干线为主，比较容易解决，但是从分选中心到微仓，用传统的整车配送方式，并不能最优化配送订单，码上配提供的方案是到门店的B2B冷链食品与B2C生鲜订单共同配送：单做B2C冷链配送成本太高，B2B+B2C订单共通配送是新方向，冷链市场70%都是中小客户，而且小客户是非常适合做冷链的零担共配，整合冷链零担资源与B2C订单为一体，可以最优化排车路线，让订单配送不在因为密度不够而浪费运力，同时在运力整体价格上，码上配也为每日优鲜节省了很多。如图11－5所示。

4. 码上配给每日优鲜带来的独特价值

（1）优化路径规划：帮助每日优鲜进行B2B订单和B2C订单的整合，实现配送路径的最优化方案。

（2）共同配送提高效率：由原来的每车订单不饱和，变为每个车辆基本都饱和，大大提升其车辆满载率。

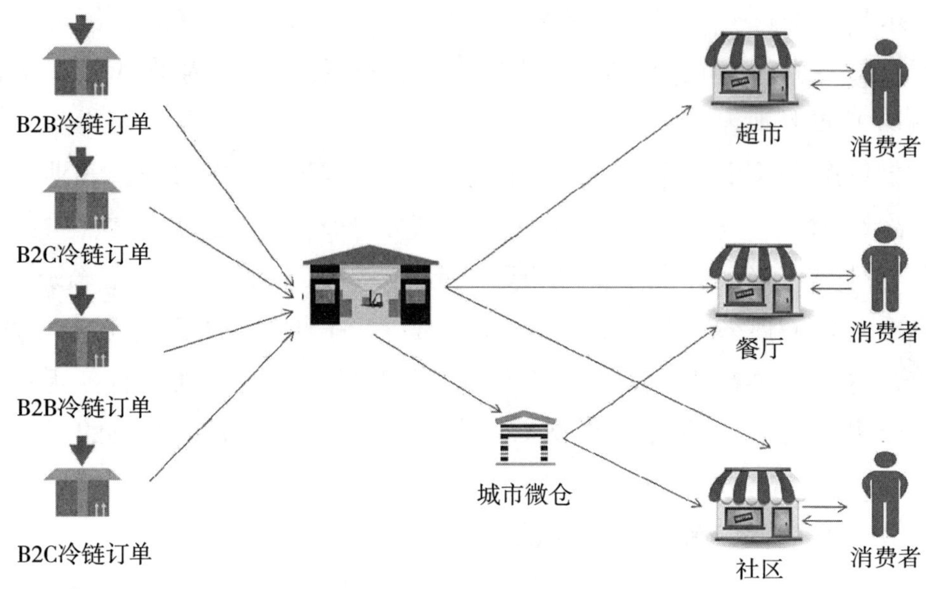

图 11－5　生鲜电商冷链 B2B＋O2O 共同配送模式

（3）成本稳定可控：相对于其他一些物流＋互联网平台，码上配平台定价更为稳定，同时采用共同配送的方式降低成本，不存在没有必要的烧钱补贴，让客户放心合作，不用担心后续价格突变。

（二）从静态储存走向动态物流基地：普信冷库

1. 案例背景

上海地区有上百家冷库，然而90%以上都不是仓配一体化，冷库只是承担存储分拣工作，而冷库客户就需要自建物流，或者外包物流，运营效率并不高，造成冷链成本的居高不下。为什么冷库不能做成仓配一体？一方面是因为冷库本身就需要重资产投入，少则上千万，动则上亿，在这样投入的基础上，再投入一批冷藏车队，而且由冷库方来运营，并不能最优化利用资源；另一方面第三方冷链物流公司和冷库并没有形成一体化协同关系，没有形成一个标准化的配送服务产品，满足冷库客户的共有需求。

上海普信冷库是码上配上海第一家合作“冷链云仓库”。投产于2008年，位于上海普陀区，距离上海铜川路水产批发市场较近，占地面积7500平方米，总建筑面积为12379平方米，在仓库服务上向客户提供包库托管、散存散取等服务。

2. 码上配解决方案

根据对普信冷库的分析，优势在于地理位置优越，靠近市区位置，便于配送至餐饮、酒店、商超等交付终端，同时距离铜川路水产批发市场较近，方便批发市场客户将库存放在这里。但是面临的挑战是众多客户需要高效、标准化的冷链城市配送服务，而市场是都是个性化的合同服务机制，同时个体司机的冷链车成本非常高，冬天还可以用面包车，但是夏季为了保证产品质量，冷链车是必要选择，但是上海同城没有一个低成本、高效的冷链零担提供商，造成客户发货成本高，痛点明显。另外，随着铜川路批发市场的搬迁，一批客户可能会随之流失，基于这样的情况，码上配向普信冷库提供了整体解决方案。如图 11 –6 所示。

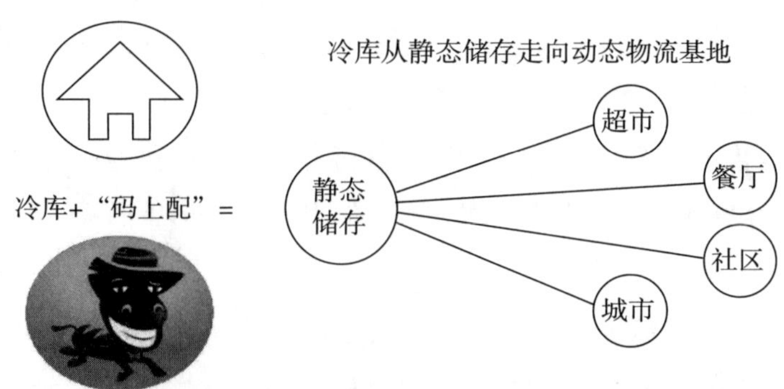

图 11 –6 静态储存走向动态物流基地示意

（1）同城标准化提配一体：客户一键下单，冷链车第二天早上过来统一提货，按需完成当天配送需求，提配一体，并且提货费用在普信冷库的客户中提供 5 折优惠，对冷库客户发货的集中提取，并且整体提配成本低于个体冷链车 40% 以上，最大化集约客户需求并提供高效、低成本的服务。

（2）城际班车共配：客户原来城际间的配送需要自己与多家第三方冷链物流公司沟通，等待其配送时间，通常是等待拼车的方式来将自己的货送掉，而码上配向冷库客户提供的是城际班车体系，在华东众多城市达到日配，客户可以在平台下单，其他的由码上配完成配送过程，让专业冷链服务变得方便、快捷。

3. 码上配为客户带来的价值（如图 11－7 所示）

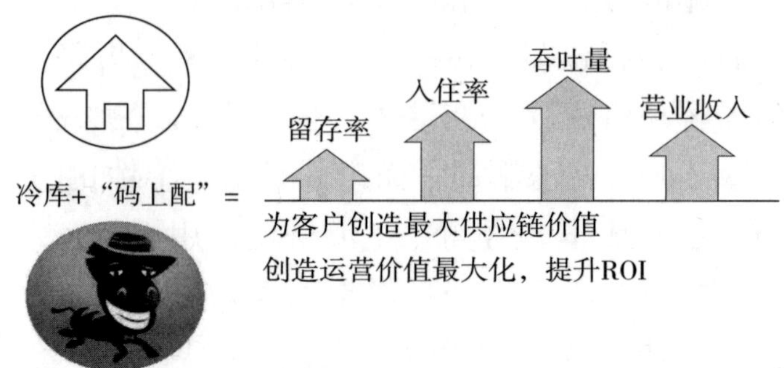

图 11－7　码上配为客户带来的价值

（1）冷库投入产出比的提升：冷库的入住率和留存率都得到了提升，吞吐量加大，营业收入增大，最终为冷库客户创造最大供应链价值，为冷库创造运营价值最大化提升 ROI（投资回报率）。

（2）冷库经营业态的变化：冷库由传统的存储型冷库，向动态物流基地转变，原来冷库的经营业态主要是存储货物，转型为仓配一体后可以进行动态存储等多项增值服务。

（3）冷库互联网化升级：码上配为普信免费提供 OMS、WMS 系统，凡是所有在码上配平台下单，都可以得到信息化服务升级的帮助，整体冷库的互联网化水平都得以提升。

（三）中小型食品供应商解决方案：大牧汗

上海大牧汗食品股份有限公司是一家专业从事内蒙古牛羊肉生产加工与销售一体化企业，在渠道运作和品牌打造方面已积累了十多年的经验，成功运作了“小肥羊”“明治”“伊利”等知名品牌。在 2013 年创立了自有品牌“大牧汗”，成功创下涮羊肉的美誉，公司努力建立从生态养殖到产品加工再到终端销售——“养殖—屠宰—加工—销售”的全产业链模式，现有员工近 200 人，为消费者提供内蒙古牛羊肉。大牧汗牛羊肉销往各大商超，如大润发、家乐福、沃尔玛、世纪联华等 30 个系统，覆盖了华东、华南、华中以及北京等地区。

1. 大牧汗物流需求

大牧汗近两年发展比较快，同时有自有冷链车 4 台，满足部分线路的需求，但是围绕江浙沪地区的门店需求，四台冷链车并不能跟上快速发展的业务需要，对于冷链零担支线业务，需求迫切，而且在南京、杭州等地，需要分仓落地点。

2. 码上配提供的解决方案

码上配为大牧汗提供的是标准化的同城物流+支线配送体系，同时将云仓服务向其提供，满足了大牧汗同城车辆不足，支线成本过高的痛点，另外也为其搭建了支线—城市仓—同城配这样一个网络形态，大牧汗可以满足其两方面的需求。

（1）计划性安排发车：根据码上配的华东班车体系，大牧汗可以与下游门店沟通好接货时间，有效的安排仓库的出货计划，同时让门店也更高效的制订采购计划。

（2）云仓储优化仓储规划：由于之前没有城际班车体系，当发货量增大时，就有增加当地仓储的计划，但是成本并不划算，有了码上配班车体系和云仓储体系，大牧汗可以将华东核心仓放在上海地区，除了一些配送管制城市外，其他地区都可不设置分仓，同时也完成配送服务。

（四）B2B电商平台案例：俺有田

国内B2B主要经历了两个阶段：第一个阶段是信息阶段，主要是解决信息不对称性的问题，通过建立网络B2B平台，让买卖双方发布供求信息，彼此商业信息的沟通交流，在这个过程中产生了新的商业机会；第二个阶段是服务阶段，也就是目前国内各行业B2B正在经历的阶段，由于第一个阶段大数据的积累沉淀，如今B2B不仅仅只是解决信息不对称问题，从销售管理到客户服务，到供给侧生产供应链的改革，这是一套行业企业提升效率、重配资源、降低成本的解决方案，不再是一个商业模式更像一个生态系统，能够更好地去服务于各个行业的各个细分产业的合作伙伴，能够合作共赢，共建B2B生态圈。

俺有田的模式可以简单概括为KA（沃尔玛等大型商超）对接服务+便利采购交易两部分。KA进入容易，销量上升难、退货控制难而供应商自建服务体系成本又太高。俺有田在农食产品到达线下KA商超后，会在每一个门店配备专业驻店服务人员，提供后续精细化的服务，包括及时接货、上架陈列、堆头展示、追单抢单、临促导购等。帮助商超供应商解决销售问题。

1. **俺有田冷链需求**

俺有田客户为商超型客户，物流发货需求为多批次、小批量的冷链零担业务，并且平台上中小客户居多，向客户提供销售帮助的同时，客户也希望可以为其解决物流问题，基于这方面的诉求，冷链物流平台服务就变得迫切。

2. **码上配给俺有田带来的物流解决方案**

国内专业农食品快销服务平台俺有田与专业冷链物流配送信息平台码上配的合作，双方一个专注于 KA 卖场和便利店供应链服务的公司，另一个是专注于中小客户冷链物流配送的信息平台，双方合作后彼此发挥其在商品流和物流方面的独特优势，针对中小商超与快消品行业的供应链与物流两大核心痛点，解决传统中小超由于发订货需求量小、频率高而导致的配送物流成本高、配送不及时的问题。通过订单智能聚合分配，降低中小超订货成本，促成商品流、物流、资金流的周转效率，让普通大众中小商超也能有获得像 7—11 共配一样的服务，这些都是基于产业链服务的合作和共享模式，合作方从信息、技术、商品、品牌、物流、资金和服务等方面，共建产业生态圈，实现平台共享、互惠互利、实现多赢的目的。

（小码大众（北京）技术有限公司供稿）

第二节　唯捷城市配送有限公司

唯捷城市配送有限公司（以下简称“唯捷城配”），2013 年成立于福建厦门。作为一家全国性第三方物流企业，唯捷城配长期致力于为连锁餐饮、零售、电商平台等 B2B 企业客户，提供优质高效的仓配一体化物流服务。随着业务规模的扩大和服务质量的提升，唯捷奠定了同城物流这个细分市场引领者的地位，越来越多的客户乐于与唯捷深度合作，越来越多的城配同行主动纳入唯捷的运营体系。

唯捷城配发展进程，如图 11 –8 所示。

2015 年 7 月，唯捷城配将总部搬到上海，以“全网平台、专业服务”为企业愿景，为客户提供优质高效的服务，帮助更多的城配同人提升服务

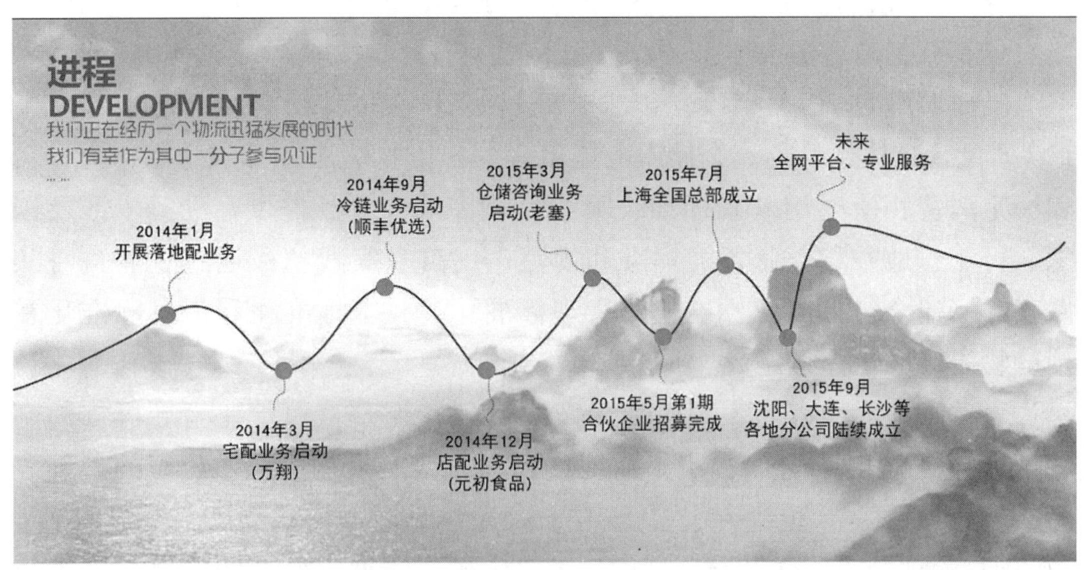

图 11－8　唯捷城配发展进程

水平和盈利能力。

2015 年 12 月，公司完成数千万元 A 轮融资，在资本的助力下，唯捷城配全网平台迅速发展，截至 2016 年 5 月，全网业务开通城市已覆盖国内 25 座城市，包括厦门、沈阳、哈尔滨、大连、唐山、秦皇岛、郑州、合肥、镇江、苏州、上海、长沙、成都、昆明、广州、海南等，服务数百个合约客户，越来越多的连锁餐饮、零售与平台型客户，正在唯捷城配的助力下高速良性发展。

唯捷城配通过成员企业导入经过业务拓展和运营体系，协助他们设计服务产品、构建运营资源、实施信息系统，引导和帮助成员企业的快速提升。长沙、沈阳、大连、成都等地成员企业，在加入唯捷城配 3 个月内，不仅实现了业务从零到一的突破，平均月营收复合增长率高于 20%，企业得以快速壮大并实现了服务运营标准化建设，盈利水平大幅增加，各位成员企业也得到广泛的客户认可，初步彰显了唯捷城配的商业模式和价值。

唯捷城配全网平台实力强大，拥有完善的质量服务体系和专业的服务能力，与国内数百家客户建立业务合作关系。目前合作客户涵盖了连锁餐饮、连锁零售、B2B 电商平台等各大领域，标杆客户包括美团、饿了么、味千拉面、西贝、吉祥馄饨、元初食品、正禾好农、鱼旨寿司、安德鲁森、鑫客家、都可、星豆、厦商集团、老塞咖啡、老知青、陶乡、云宝商盟、美宜佳、芬尼湾、恒大冰泉、徐福记、德芙等。

唯捷城配自2013年成立以来，经过近3年的耕耘实践，逐步建立了ISO质量管理体系、物流仓储服务体系等第三方物流服务标准体系，内容覆盖民生消费物流通用基础标准、服务保障标准、服务提供标准等，涉及国家、行业、地方和企业各类标准和规范。用自身实践积极通过企业自身实践建立、建全包括服务标准化、管理标准化、技术标准化和信息标准化在内的物流标准化体系建设。

得益于突出的市场表现，唯捷城配得到各部委直属行业指导机构的高度认可，自2015年开始，也不断地得到来自政府机构、行业协会的各项表彰。企业先后荣获2015年“中国电子商务物流服务模式创新奖”、2015年“中国物流业城市配送金奖”、2015年“中国电子商务物流服务最佳技术装备行业大奖”、2015年“最后一公里创新创业之星”、2016年中物联冷链委《餐饮冷链物流服务规范》WB/T 1054—2015行业标准首批试点企业、2016年“中国连锁餐饮优秀服务商品牌”等荣誉称号。

一、唯捷城配经营模式

唯捷城配是国内专业的仓配一体化物流服务与运营商，主营冷链与常温仓储、配送业务，主要服务于三类有常温或冷链物流需求的客户：

（1）连锁餐饮：包括中餐、西餐、咖啡等食材的配送。

（2）连锁快消零售：包括专卖店、商超、鞋服、家纺、饮料、酒水、3C产品等的配送。

（3）B2B电商平台。

作为专业的第三方仓配一体化物流解决方案提供商及运营商，唯捷城配从为客户提供经济、适合的仓配物流解决方案开始，直至终端交付完成并提供有效回单及总结报告后结束，中间采取全程可视化的方式完成验货、分装、入库、上架、移库、盘库、分拣、合流、装车、在途、中转、交付、盘存、回单等流程，通过唯捷城配强大的信息平台及时查询和掌握货物流通过程中的相关信息，实现货物的可追溯性。

以“咨询 + 物流服务”模式提供餐饮、零售、生鲜电商、快消品等消费物流市场的落地配送，唯捷城配 11 个月就达到了盈亏平衡，后来的路也越走越顺。但新的挑战也跟随而来，如果唯捷城配想把城配业务做大，则必须铺设全国网络。由此，唯捷城配开发了自己的城配信息系统，城配信息系统是运输管理系统的一种演变，物流管理系统的主要功能是计划、执行和管理货物在供应链中移动，而唯捷城配的城配信息系统中最重要的两个模块是订单管理和调度管理。唯捷城配还开发了车货匹配 APP 作为补充，把城配信息系统升级成一个实时透明的动态管理体系。

解决了信息技术上的硬伤，拓展全国市场是唯捷遇到的第二个难题。结合目前全国城配行业的特点和城配公司的经营状况，唯捷城配认为，可以利用"加盟制"来寻培养各个城市的"唯捷"。具体的操作方法是由唯捷城配总部掌握业务，把全国跨境业务统一分配，把管理方法输出给加盟公司，帮助加盟公司做产品标准化和运营工具化的工作，指明管理关键节点、运营数据和考核指标。

扶持加盟公司不是去整合谁，也不是通过整合同行或下游去赢利，追求的是本质的客户与用户服务。而是通过"合伙＋合作"的商业模式，在全国搭建一个全网性的城配平台，覆盖全国重要的节点城市，在"最后一公里"领域为社会提供优质的服务。

创新，是这个时代的关键词。无论是干线运输，还是城市配送，只有不断创新才能前进不止。

首先，筛选客户。不是所有客户都是唯捷城配的客户，他们有一套筛选机制。客户物流外包需求度高不高？唯捷城配替客户优化整合的空间大不大？客户业务与唯捷城配现有业务协同度高不高？如果能满足这三个指标，对唯捷城配来说这个客户的价值就高。如果不能给客户带来价值，唯捷城配宁愿不接。

其次，发挥供应链能力。我们会从供应链优化的角度，分析客户并为其设计服务方案。包括安全、效率和质量三个模块，提供服务组合或者定制化服务，能够提升客户体验，获得客户认可。采购物流—生产物流—销售物流—逆向物流，整条供应链唯捷都可以帮客户完成。它不只提供运输和仓储两项基础服务，还提供贴标、装箱、上架、录进系统、代收货款等一系列增值服务。

二、唯捷视角解读

（一）B2B 平台

现有的 B2B 电子商务有以下物流模式：

1. 采用邮政特快专递（EMS）服务的物流模式

这种方式可能存在以下的问题。首先，EMS 服务收费偏高，如果这部分费用由企业或商家负担，则其经营利润会大大降低；如果由消费者承担，则对于小件低价商品，消费者肯定难以接受。其次，EMS 很难保证消费者在期望的时间内将商品送到。

2. 网站自建配送的物流模式

这种物流模式可以满足消费者的“即购即得”购物心理需求。但它也可能存在如下的问题。首先，配送点的布局、人员的配备数量、商品的库存量等很难合理地确定。其次，由于要满足用户的即时需求，对配送时效有严格的要求。很显然，高配送费用需要更大的商品配送规模。

3. 借助第三方物流企业的模式

第三方物流就是电子商务主体将一部分或全部物流活动委托给外部的专业物流公司来完成。物流公司本身不拥有商品，而是与企业或商家签定合作协定或结成合作联盟。采用这种物流管理方式，送达消费者的时间比前述两种方式都要快，而且服务是专业化的、多功能的和全方位的。但是如果送货量太小，送货费用一般比 EMS 服务还要高。这种管理模式要求专业物流公司要在基础设施、人员素质、信息系统等方面加强建设。

4. 网站与传统商业结合的模式

传统商业特别是连锁经营商业具有得天独厚的资源优势，丰富合理的商品种类，高附加值的服务，高效的配送体系等，这些正是电子商务主体所欠缺的。电子商务与传统连锁经营的结合能够充分发挥二者的优势，实现资源共享，优势互补。

B2B 平台意义重大，对未来商业有影响深远，城市配送主体很多、客户群体也很大，因此客户有分层，有的注重成本、有的需要专业服务，通过平台加强交流甚至是合作，找到好的、有契合度的客户合作至关重要。

"成本、效率和服务是唯捷发展的三个维度。"在平台发展初期，将服务放在首位，"因为没有好服务就没有好的用户体验"。达到一定量的时候开始注重效率、快速运营，最后才能谈成本和资本优化。

对于B2B平台，CEO（首席执行官）王琦有自己的看法：B2B有两个问题，传统行业的交易习惯、决策行为的相应壁垒，目前被改造的群体中，一部分会因此受益；B2B的互联网化是必需的，目前B2B平台大部分是从互联网起家，追求短平快、追求规模，物流行业做互联网化需要耐心，所谓"长计划、短安排"。事实上，目前中国做同城物流的企业也极少有企业像唯捷城配这样如此关注B2B平台的。

目前，唯捷城配不仅做城市物流，更为客户提供各种增值服务和解决方案，服务从物流延伸到了仓储，针对B2B行业客户的不同产业特点、不同业态特征、不同项目需求，为客户提供各种增值服务和定制化解决方案。

（二）冷链物流

冷链物流不同于普通物流，其硬件水平和货物运作要求较普通货物具有较强的刚性要求，对于信息化的配置和运营人员的管理水平、应急处理能力都有较高的要求。

随着国内市场经济的不断发展，人们收入水平的不断提高，并且，当今社会生活节奏加快，冷藏冷冻类食品得到了迅速的推广，消费者对冷藏冷冻类食品的认知度越来越高。据统计，当前国内冷藏冷冻类食品以每年10%的速度逐年增长，但是，由于国内科学技术较低的影响，国内冷链物流行业发展速度缓慢，发展过程中也遇到很多问题。

（1）冷藏运输设施发展落后冷链物流行业发展中，国内冷藏运输车占到20%，但是发达国家这一数据为70%，国内绝大多数的水果、蔬菜、水产品和肉类都是由普通运输车运送，冷藏技术落后。并且，用普通货车运输冷藏类食品，损耗大，国内每年因为冷藏物流损失超过700亿元。

（2）冷链物流技术相对落后。国内冷藏冷冻类食品产业发展时间较短，冷藏保温技术发展缓慢，对食品的冷藏技术有待发展，并且，国内缺乏研发冷链物流业的管理和操作人员。国内冷藏冷冻类运输车数量较少，无法满足冷藏冷冻类食品发展的需求，没有形成完整的冷链物流产业链。

（3）冷链物流服务差，流通渠道不完善。由于国内实行市场经济体制时间短，冷链物流业处于初级阶段，冷链物流市场发展不完善，区域性强。因此，很难实现冷链物流的规模化控制，无法对整个供应链环节进行温度的控制，冷藏冷冻类食品的运输受到影响，因此，技术差，管理不完善影响了国内第三方冷藏物流的发展。受国内市场经济的影响，冷冻食品渠道相对封闭，没有真正实现整条运输链的保温控制。致使国内大部分牛奶、水果、肉类都是在无冷链状态下销售。

冷链物流长期存在两个问题：运营过程不规范，成本居高不下。运营过程不规范。可以从结果来看，去买冰激凌，经常看到形状不规则的变形产品，这是过程失温的结果；肉丸结了厚厚的霜，也是过程失温的结果；水产品变质了或者不新鲜了，有很大可能还是过程失温的结果。

为什么过程失温？这是成本惹的祸。成本居高不下，其原因在于：冷链物流圈相对封闭，内部规则太多。拿餐饮业的冷链需求来说，分三个层级：国内干线运输、区域支线运输、城配终端配送。目前，国内没有一家有能力可以把三个层级全部拿下。

唯捷配送目前用易流的 GPS，它有温控实时监测，可以很大程度杜绝失温的情况。冷库用温度监控系统针对分布散、要求精度高的冷链设备工作时的内部温度及环境温度进行远程监控。如图 11－9、图 11－10 和图 11－11 所示。

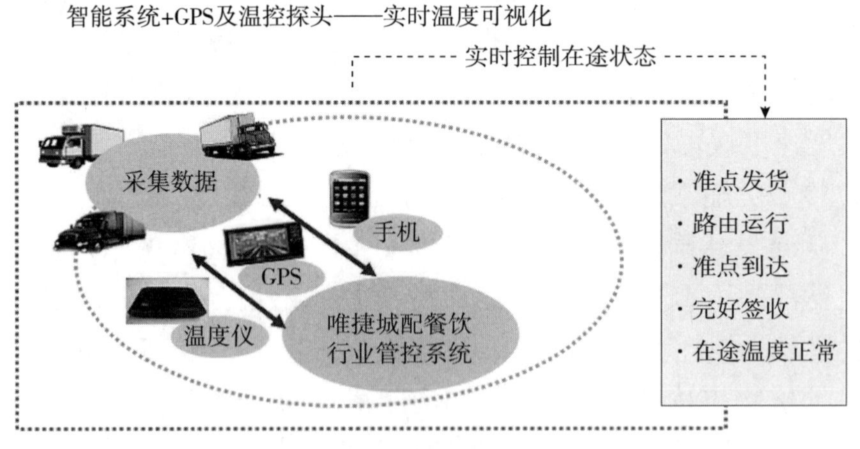

图 11－9　实时温度可视化界面

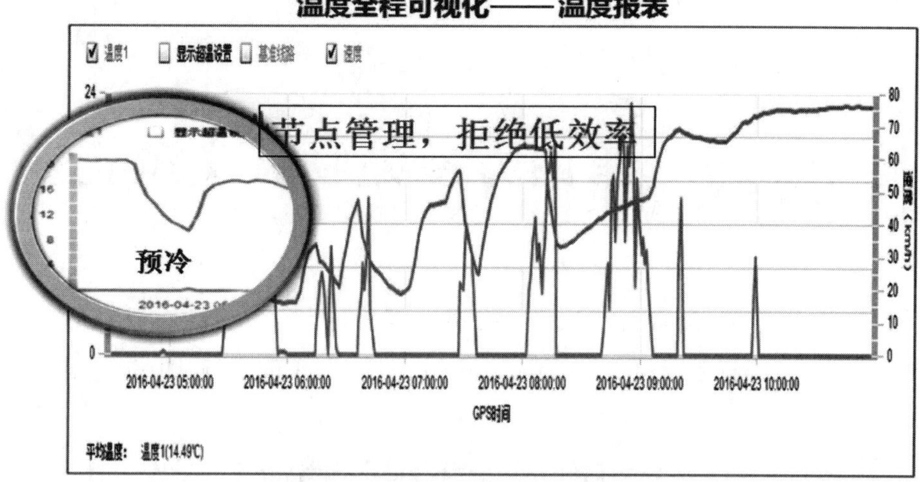

图 11－10 温度报表界面

温度全程可视化——超温报警

超温数据

超温开始时间	探头编号	超温类型	超温开始位置	设置温度(℃)	平均温
2016-04-23 04:58:34	1	超高温	福建省厦门市集美区…	0	13.91
2016-04-23 06:30:13	1	超高温	福建省厦门市思明区…	0	11.97
2016-04-23 07:06:53	1	超高温	福建省厦门市思明区…	0	14.04
2016-04-23 07:41:37	1	超高温	福建省厦门市思明区…	0	16.17
2016-04-23 08:22:09	1	超高温	福建省厦门市湖里区…	0	15.54

及时温控，拒绝断链

显示超温设置 基准线路 速度

装货 卸货

2016-04-23 05:00:00 2016-04-23 06:00:00 2016-04-23 07:00:00 2016-04-23 08:00:00

图 11－11 超温报警界面

此外，冷链最薄弱的一环不是终端城配，反而是区域支线。冷链存在一点门槛和壁垒，主要特点是资本密集型和技术含量高，但是冷链物流蕴含大量的商机，各位城配同人要高度重视。对于城配来说，冷链物流的爆发还远未到来，值得我们养精蓄锐。

（唯捷城市配送有限公司供稿）

第十二章　第四方冷链物流类型企业

第四方冷链物流企业是指专门为第一方、第二方和第三方提供冷链物流规划、咨询、冷链物流信息系统、冷链供应链管理等活动的公司。

第一节　上海冷联天下国际物流有限公司

一、冷联天下简介

上海冷联天下国际物流有限公司（以下简称“冷联天下”）是国内首家第四方端到端冷链物流平台运营商。公司由国内顶级冷链物流企业、冷链技术装备企业、物流信息技术企业以及专业冷链物流投资企业共同投资组建。核心团队由多位冷链物流、国际物流、物流装备技术和信息技术行业专家和企业家组成，是集创新型供应链管理和资源整合服务为一体的第四方冷链物流平台型企业。公司依托物流专家团队、领先信息系统、专业冷链装备、全程冷链管控和供应链金融能力，整合境内、境外冷链物流资源，深度聚焦食品餐饮、药品冷链、中高端农海产品和相关电商物流领域，以“一厘米宽度、一公里深度”的经营理念深耕细作。

冷联天下以一体化解决方案、全国冷链运输网络、运作质量管控和精密算法下优化调度下的智能匹配为基础，打造冷链物流平台，对上服务甲方客户，对下整合优势第三方物流和专线冷链资源，在平台中植入管理系统、优化调度、质量管控和统一结算。冷联独创的TPOP（Tailor Platform & Open Platform，定制化平台和开放平台）运作模式的核心是线下以物流管家身份为重点客户提供一体化量身定制的物流总包解决方案，整合吸纳优秀的第三方物流企业提供落地运营服务，并扩展至线上开放平台透明化运作，吸纳推动广大海量中小甲方企业进入开放平台去获得与重点客户相同的合理成本和高质量的物流服务，最终以订单为驱动在线上开放平台去吸纳海量中小物流公司或车队参与，达成共仓共配、统一标准、确保安全的目标。

冷联天下首先聚焦在餐饮行业，小南国是著名的高端餐饮品牌，在全国拥有 160 多家门店。在线下的 TP（Tailor Platform，定制平台）模式下，冷联天下为其提供物流管家式的一体化总包服务，小南国所有订单信息和物流费用下达给冷联天下物流平台和第三方银行监管账户，再由冷联天下代表小南国行使对第三方物流仓和配的监管及支付。冷联天下充分发挥物流平台和专业第四方物流管理优势，以功能强大的仓储管理系统（WMS）为基础，为仓储运作提供精益物流（Lean Logistics）的专业指导，植入全球通行的餐饮连锁物流运营管控标准；在配送环节，通过开放（Open Platform）平台吸纳优势第三方物流运力实现重去重回提升车辆实载率；采用 VMI 模式吸纳小南国前端供应商货物进驻仓库，进行流程优化减少中间流转环节，发挥共仓共配优势，达成降低物流综合成本 20% 的目标。使得包括小南国、第三方物流商、前端供货商、监管银行和冷联天下在内的多方减少浪费、实现共赢的良好行业和社会效应。

在生鲜电商领域，中产阶层的消费需求爆发式增长，其特点是对食材品质和安全的追求。杭州达缘是国内首家获得跨境试点资质的生鲜电商，将全球最好的生鲜食材以 B2C 的方式推向客户，全程信息可追溯，获得了大量品质用户的认可。杭州达缘与冷联天下建立物流战略合作伙伴关系，由冷联天下为杭州达缘提供仓配一体化的物流管家服务。冷联天下在库内发挥精益仓储优势减少浪费，配送环节博采众长，发挥多家 B2C 快递网络和成本优势，冻品装载在冷联天下多项专利技术的 -18℃冷联箱内，以常温快递方式配送至千家万户，破解了冷冻品 B2C 配送困局，获得了良好的用户体验。

随着人民生活水平不断提升，无论食品、农海产品、医药等行业对于冷链物流的需求每年以高于 15% 的速度递增，业内的信息化水平低下、仓储和配送硬件配置落后、碎片化海量需求挑战传统冷链物流模式、冷链网络覆盖不全不规范、冷链物流标准不统一、TOP10 冷链物流企业市场占有率不足 10% 的分散业态等问题困扰冷链行业发展，成为制约冷链需求行业发展的瓶颈，主要表现在冷链物流成本高居不下、覆盖网络分散不规范以及食药品安全困扰。

二、改善行业困局的思考方面

（一）新型冷链需求业态成为改善切入点

传统的冷链需求方有着相对成熟的供给配置：仓储、运力和过程监管，以及规模带来的良好议价能力，其特点是大进大出，是冷链需求市场的主流代表，要做出改变相对困难。新兴生鲜医药电商对冷链物流不太熟悉，需求规模决定了其议价能力有限，碎片化海量订单有别于传统冷链仓储运输配置，尤其是“最前一公里”和“最后一公里”，冷链物流成本高企不下。该领域的痛点改善或许是一个较好的切入点，形成规模或带动传统冷链需求的变革。

（二）闲散冷链资源配置组合降低冷链物流成本

一方面我们看到冷链仓配资源与发达国家的差距，另一方面我们又看到既有的冷链仓储利用率并不高，冷链运力实载率较低。如何将闲散的冷链资源充分利用，最大限度提升利用率、降低资源浪费，将大幅度降低冷链物流成本，也就是我们常常挂在嘴边的共仓共配。

（三）冷链运作规范和标准亟待统一

近年来，对于冷链运作规范和标准的呼声较高，其实这些规范和标准并不是缺乏而是多得打架。行业并不缺乏规范和标准，只要对现有的规范和标准进行梳理和提升，形成自身的企业标准，实施过程予以管控，多做有益的探索，既能符合国家和行业标准，又满足大部分客户的需求。

（四）信息化水平助力冷链行业发展

以上海富勒为代表的仓储管理系统（WMS）为龙头，易流、G7 等专业信息系统公司的运输管理系统（TMS）和各类平台企业以及冷链大数据分析等在细分系统领域分别做得非常精致，将这些系统加以综合利用，能够有效地提升企业冷链物流的信息化水平。

（五）冷链物流网络亟待构建

客户的冷链物流需求往往面向全国乃至跨境市场，遗憾的是冷链物流发展至今还没有看到哪家企业拥有全国性的网络。纵观各地都会有些中小冷链物流企业在所属区域拥有较好的运营能力，将这些散落在各地的“珍珠”串起来构建冷链网络前景诱人，难点在于利益分配机制设计、统一运营规范和标准的认可与管控、订单和资本的驱动等，需要带头大哥。近些年来，业内可喜地看到了一些企业已经开始组建和做出探索。

冷联天下作为第四方一站式端到端冷链物流整合服务商，依托专业团队、高效信息系统、专业冷链装备、全程冷链安全管控、供应链金融、整合境内外冷链物流资源，以轻资产方式提供端到端的专业冷链物流解决方案并落地运营，解决食药品冷链网络不全、不规范和安全等痛点。

（上海冷联天下国际物流有限公司供稿）

第二节　辉源（上海）供应链管理有限公司

辉源（上海）供应链管理有限公司［以下简称“辉源（上海）”］，创立于2008年，是江苏辉源供应链管理有限公司全资子公司，公司集物流于一体、跨区域、网络化、信息化、智能化、具有整体物流整合方案及供应链管理能力的大型综合性、全国性第四方供应链服务商。目前，快消品冷链业务是辉源（上海）供应链管理有限公司的核心业务。

利用互联网大数据支持及全国冷链网络、普货网络为全球快消品客户提供涵盖原材料、生产、销售、终端的四个端、三个环节的物流配套服务，执行公路运输、仓储、配送、装卸、快递及相关配套服务，大力发展冷链物流业务，最终达成冷链物流最后一米配送。

一、辉源（上海）经营优势

辉源（上海）根据客户的需求，可为客户提供深度冷冻、冷冻、冷藏等多温区的仓储、配送、干线运输业务，建立第四方快速消费品物流、流通、融资平台，满足国内外快消行业企业“仓储服务”“冷链物流配送”以及由此延伸出的“代理采购”“物流金融”等服务，全程的供应链以专业化的服务致力于提高客户品牌价值、减少流通环节、优化服务便捷、保障品质安全，实现全程绿色健康服务。从而提升快消产业企业资源利用效率和竞争优势，真正实现进入新常态下的冷链物流，让战略合作伙伴更加专注于技术的研发和品牌价值的推广、宏观经济形势分析与市场研究的拓展，剩余一切事项，辉源（上海）均将为其高效完成，具体体现在以下几个方面，如表 12 –1 所示。

表 12 –1　　　　辉源（上海）完成项目

序号	项目	作用
1	定制	为客户量身定制高质量、低成本、高效率的全程冷链物流配套服务
2	专业	通过多样化业务形态贯穿客户的“四个端三个环节”以及上下游，同时透彻分析客户现有的仓储、物流等，发挥第四方企业冷链物流资源优势，提升客户运营质量
3	安全	拥有稳定与全覆盖的网络、专属网站及全程实时监控系统、全方位的保险覆盖（先行赔付机制）以及严格的安全培训和巡查执行，打造一个覆盖全国的冷链物流网络
4	价优	利用自有仓储网络和干线对流网络的支持，实现产品与资源的整合，达到冷链物流成本最低化
5	便捷	全面的网络覆盖、网点分布密集，有效降低配送成本
6	快速	以点到点、无中转环节的形式，满足客户对冷链物流的时效需求
7	信息化	专属网络/电话、信息系统（经营类，如 OMS、WMS、TMS、App、物托帮电商平台等；管理服务支持类，如财务系统、客商系统）等
8	一站式采购与分销	实现全球商务、全球物流、全球结算、全球信息四流合一
9	供应链优化	通过对供应链冷链物流的优化，帮助企业减少中间环节，提升运营效率
10	效率提升	实现企业 JIT 生产，达到让合作伙伴专注于核心技术研发，品牌价值提升以及市场研究拓展的目的

辉源（上海）在北京、天津、济南、上海、厦门、深圳、广州等地拥有中心仓，全国可调配社会车辆资源近40000辆，拥有常温、冷冻、恒温、冷藏等可调配仓库1877个，在全国38个城市、72个网点之间形成对流，配套运输也逐渐向二线城市及乡镇渗透。同时，在多年的深耕和沉淀中，辉源（上海）在法国、澳大利亚、墨尔本、泰国、俄罗斯、中国台湾、中国香港等地建立国际网点，未来将向其他国家延伸增设更多国际网点。2015年，企业实现营业额3亿元，综合实力进一步提高。

二、辉源（上海）成功案例

辉源（上海）以安全责任为使命持续改善服务，助力战略合作伙伴以安全、健康、绿色、便携为核心的包装食品的品牌建设与产品不断创新推广，更致力于绿色食品在冷链物流业务发展安全上的专业及专注精神。目前，辉源（上海）供应链管理有限公司与美国通用磨坊食品有限公司、新希望集团、益海嘉里等众多国内外知名客户形成了良好的合作伙伴关系。公司通过组织集中招标、竞标、投标等方式不断优化供应商资源，持续降低客户运营成本，提高整体运营效率。

（一）经典案例一：辉源（上海）与美国通用磨坊食品有限公司（以下简称通用磨坊）

通用磨坊是一家世界财富500强企业，世界第六大食品公司，专注于谷物类、乳品类食品的不断创新，始终以食品安全为核心，致力于打造绿色、健康、便携的高品质产品，并不断提高自身品牌价值与影响力，旗下拥有100多个品牌，产品行销全球百余国家和地区，年销售额超过140亿美元。著名品牌包括：贝蒂妙厨、哈根达斯、绿巨人、Cheerios、Yoplait等，品牌影响力在全球认知度极高。

2005—2006年，辉源南京休闲仓储建设，公路、铁路运输开启了辉源（上海）与通用磨坊双方的共赢之路。至今已合作了11年，辉源（上海）为通用磨坊提供全面、专业化的冷链物流服务，使通用磨坊专注于产品研发、市场营销、品牌宣传，JIT原则与供应链的结合，双方合作不断加深，建立了更加深厚、牢固的合作情谊，形成共赢合作典范。详情如表12-2所示。

表12－2　　辉源（上海）的作用

序号	作用
1	辉源实现全程冷链运输、货物险的全面覆盖，为通用磨坊节省保险费
2	实现了零库存管理，降低了管理成本，以及运营风险
3	辉源帮助通用实现货权，资金风险的转移，如苏宁、五星等连锁渠道
4	全国物流服务通过多温层仓库建设、共同配送及整合逐年降低冷链物流成本
5	冷链物流的延伸服务如：原材料包材、猪肉采购等为通用转移了风险、与原先相比稳定了货源，降低综合成本，优化库存，保证产品质量
6	经销转直销物流网点建设以及配套信息化建设，改变了原有终端销售数据不能及时掌控，导致生产、采购计划的需高状况，降低了存货
7	即将开展的分销执行可以通过资金杠杆结合终端物流配送降低综合成本提升销售量
8	通过冷链物流解决方案的分析、制定并完成了工厂到大仓短驳带板运输，改变了原有散装模式，到货后直接入库，避免发生串货现象，同时也避免了二次卸货带来的破损风险
9	通过冷链资源整合，实现湾仔码头与和路雪进行淡旺季互补，通过共配方案，直接降低了通用磨坊的冷链物流费用，目前已与和路雪达成了北京、厦门、济南的共配，其他地点正在陆续洽谈中
10	辉源提供专业的信息化，大数据服务，提供终端销售数据分析，产供销一体化等分析报表，供客户对冷链物流的运营情况进行决策分析
11	严格的冷链物流KPI考核，使日常运营制度化、标准化、流程化。如：①仓储质量KPI考核：入库及时率、入库回单返回及时率、发货及时率、发货正确率、报表及时率、报表正确率、抽盘准确率、库房温度把控、仓库5S管控；②运输质量KPI考核：车况合格率、温度合格率、车辆准时到达率、送货准时率、回单及时率、盘点要求、货物破损率、货物丢失率

通过全程冷链物流服务，达到了为通用磨坊节约时间、提高效率、优化库存、优化产能、去复合型管理成本、拓展渠道、提升销量的目的，从而提升通用磨坊整体核心竞争力。

（二）经典案例二：辉源（上海）与新希望集团

新希望集团是中国农业产业化国家级重点龙头企业，中国最大的饲料生产企业，中国最大的农牧企业之一，拥有中国最大的农牧产业集群，是中国农牧业企业的领军者，连续12年位列中国企业500强，数年蝉联四川企业百强榜第一位，其向社会提供不可或缺的农业产业链上下游产品，以“为耕者谋利、为食者造福”为经营理念，致力于打造世界级的农牧企业。

2016年3月18日，辉源（上海）与战略合作伙伴通用磨坊携手新希望集团，在四川成都签订原料供应的战略合作协议。此次合作是辉源（上海）冷链物流业务的进一步延伸，扩大了业务范围。

此次在实现三方通力合作、共赢的基础上，提高了食品原料在流通环节中的品质标准、安全与时效，助推了产品品质管理在扭转环节的无缝对接，推进了辉源（上海）全程供应链服务在西南地区的继续深入，使辉源品牌在大陆的影响力得到进一步提高。

三、发展中的辉源（上海）

世界经济形势复杂多变，围绕市场、资源、产业等方面的竞争将越发激烈，辉源（上海）将凭借更高的效率、更优的服务质量、更强的成本控制力来满足客户的需求。

业务多元化战略。辉源（上海）以快消行业大客户为中心开展各项日常运作，通过透彻分析客户现有经营模式和需求，以冷链物流为基础，为客户提供仓储管理、物流干线运输、物流配送、分销服务、采购代理服务、物流金融服务以及在此基础上产生的其他边际服务等，满足客户全程冷链需求，具体体现在以下几个方面。如表12－3、图12－1、表12－4所示。

表12－3　　辉源（上海）开展的项目与作用

序号	项目	作用
1	仓储服务	利用客户仓储业务需求整合仓储资源，进行优化管理，为客户提供优质的仓储服务
2	配送、公路运输、短驳服务	通过对各个平台配送、公路运输、短驳资源的整合，在全国范围内有效满足客户企业配送需求

续 表

序号	项目	作用
3	衍生服务	通过对客户企业装卸业务、包装理货等需求调研分析，为客户提供冷链物流衍生服务
4	贸易服务	通过与客户企业的进一步加深合作，利用采购、OEM、国际贸易等方式满足客户企业采购需求，为客户减少运营流通环节
5	国际货代	通过业务资源整合，全方位满足客户国际物流需求
6	金融服务	通过与金融机构合作，为客户企业提供资金垫付等服务，使客户得以尽快回笼资金，投入生产运营
7	分销服务	通过对销售渠道的整合，为客户企业提供分销执行的服务，扩大客户企业产品的销售范围和市场占有率

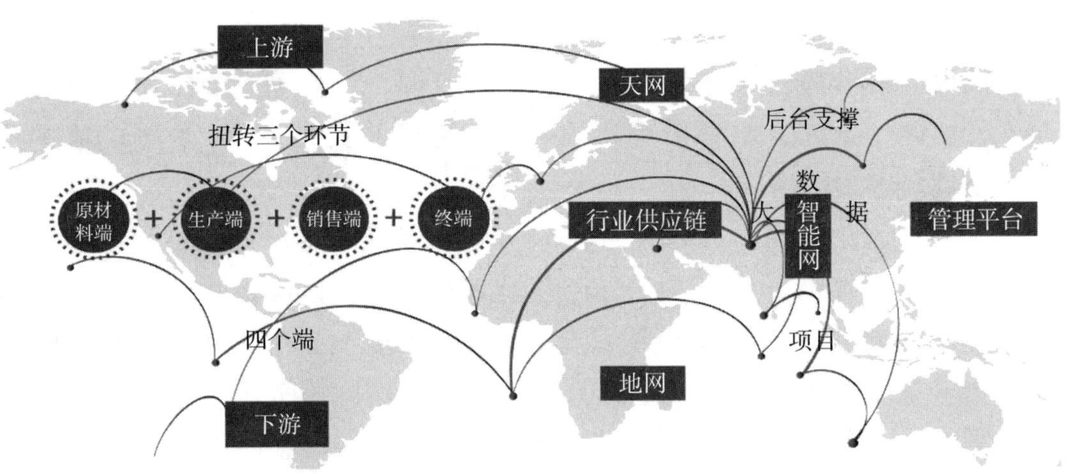

图 12－1　辉源（上海）全程冷链流程示意

表 12－4　辉源（上海）开展的项目与表现

序号	项目	表现
1	互联网＋物联网技术的结合	传感器，定位追踪，实现物与物自动通信（M2M）；及时统计数据，信息共享、整合和融合
2	移动互联网与供应链的结合（物托帮平台）	信息传递、收集；信息分析、处理及整合；共享信息反馈，掌控供应链环节；供应链管理系统：库存、采购、分销管理等

续　表

序号	项目	表现
3	大数据、云计算与供应链的结合	变革货车匹配；运输线路的分析与优化；预测销售与库存；设备修理预测；供应链协同管理；变革思维方式
4	智能技术装备与供应链的结合	安装 RFID（无线射频识别）系统的周转箱、货架系统，内置视频设备等；自动输送分拣技术设备；自动化立体库集成技术；智能穿梭车；冷链的温度感知技术；操作中音频感知技术
5	互联网 + 办公	客商系统；财务管理系统；人力管理系统；资产管理系统

（辉源（上海）供应链管理有限公司供稿）

第十三章　生鲜冷链供应链型企业

第一节　上海亦芙德供应链管理有限公司

一、行业背景

生鲜行业是一个非常宽泛的行业，涉及的产品品类比较多，包括蔬菜、水果、肉类、禽蛋类、海鲜、河鲜类等；还有一些是需要特别处理的产品，如花卉，豆腐等。在日常运营管理中，不同品类的生鲜产品，需要的质量管控体系、标准、工序、温区等，都各有不同。近几年，随着互联网应用已逐渐渗透各个领域，针对家庭用户、餐饮用户、批发市场的生鲜电商行业蓬勃发展，生鲜电商企业层出不穷。尽管其中已经有些企业倒了下去，但由于看好这个行业，越来越多企业涉足生鲜电商行业，各大资本巨头也纷纷加大投资。

然而，生鲜行业里规模比较大的企业却比较少，盈利的生鲜企业更是微乎其微。究其原因，主要痛点为：生鲜产品标准化程度低，地区差异大，难以复制；生鲜产品保质期短，需要多温区储藏运输与质量管控。目前，生鲜农产品主要是在城市配套的批发市场交易，通过当面看货后完成，大大影响了生鲜产品的交易效率，同时也增加了交易成本。尽管生鲜电商可以很好地解决这些问题，但无论是餐饮类客户、社区周边的菜场类客户，还是家庭类用户，对于非即视化的生鲜电商产品都抱着极大的不信任态度。因此，解决所有这些矛盾的根本，是需要一个专业生鲜类服务公司，对源头的生鲜产品进行分级、整理，严格按标准化进行质量挑选与甄别，不但要保证生鲜产品外观质量稳定，也能解决风味质量控制问题。上海亦芙德供应链管理有限公司正是针对这一核心痛点与需求，为客户提供从生鲜产品源头采购至配送到点的一站式服务，其中包括了影响生鲜产品质量核心服务内容：生鲜产品质检、分级、整理、定规。

二、公司简介

上海亦芙德供应链管理有限公司（Efood）（以下简称“亦芙德”）是一家专业为连锁餐饮企业、生鲜电商企业，以及生鲜食品零售及加工企业提供生鲜供应链一站式服务的企业。公司是由上海交通大学创业基金投资并重点扶持的创业项目，公司创始人及核心业务团队具有农业专业的教育背景及多年的大型农业企业生鲜供应链管理的实践积累，独树一帜地建立了一套非标生鲜产品的产品标准化及生产加工流程标准化体系，专业为客户提供一站式服务，包含 10 大核心服务内容：代采、质检、精选、分级、整理、分装、储存、分拣、打包、发货。通过为客户提供专业化、标准化的服务，确保客户食品供应的高效、稳定与安全，从而为客户业务的快速发展与复制提供专业的供应链服务保障。公司的目标是成为一流的专业生鲜供应链服务商。

亦芙德生鲜供应链目前共有生鲜品仓库共 8000 多平方米，拥有满足日处理 3 万单一站式服务的能力，能为上海、北京、广州、成都等大区域内客户提供专业生鲜供应链服务支持。亦芙德生鲜供应链也可以为客户提供定制化专享生鲜供应链服务，确保客户服务品质。如图 13 – 1 所示。

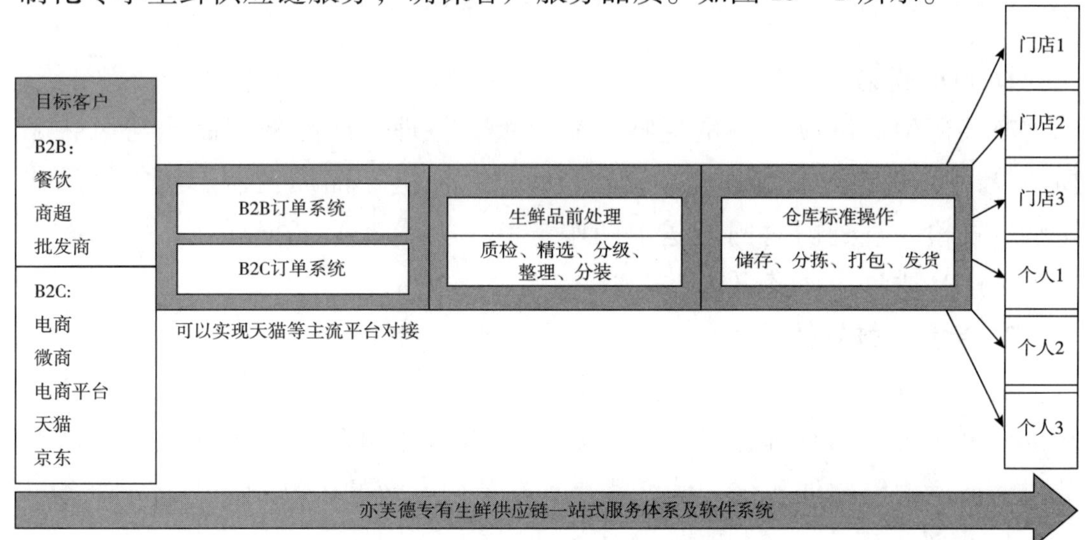

图 13 – 1　亦芙德生鲜供应链一站式服务流程

（一）亦芙德供应链一站式服务主要内容

1. 非标品生鲜标准化服务

将非标生鲜产品通过公司标准化作业体系转变成标准的生鲜产品（含非标品质检、整理、分级、包装、商品化）。

2. 多温区一体的生鲜食材仓配一体化服务（B2B2C 和 B2B2B）

为客户提供以质检、分级等质理控管为核心的优质鲜储配配一体化的供应链服务，帮助客户提升供应链管理水平及管理规范，同时降低采购管理成本和物流费用。

3. 生鲜产品质检及代采购服务

通过对生鲜品质检、农残检测、原料标准化的监控及仓库标准化作业，实现对生鲜农产品质量一致性控制，确保农产品质量与安全；通过代采购，分担生鲜品损耗，从源头为客户把控生鲜品品质。

4. 生鲜供应链金融

考虑到生鲜产品季节性收获特性，而客户的需求又需要全年相对稳定的供应，客户可以委托亦芙德向基地采购满足质量等级要求的产品，确保客户能够以最优惠的价格采购质量一致性的生鲜产品，另外也能提高客户资金使用效率。

（二）亦芙德生鲜供应链一站式服务特点及优势

1. 省心省力

亦芙德生鲜供应链注重生鲜产品分级、整理，产品外观品质与风味品质质检，牢牢把控源头质量，注重“最先一公里”品质控制。从生鲜品代采购、质检一直到门对门配送上门服务，一方面降低了损耗，另一方面也确保了产品质量，让客户省心安心。

2. 专有生鲜软件系统

由于生鲜产品品类多，为提高客户的沟通效率，亦芙德构建了一套专门的生鲜供应链管理体系并开发了相应的专有生鲜软件系统，客户只需要通过该专用生鲜软件系统，就可以得到亦芙德专业的生鲜管理一站式服务。

3. 保证质量

生鲜产品最大的问题是标准化问题。而亦芙德的优势在于在生鲜品的前处理环节（质检、分级整理，加工）拥有核心能力，并具备独特的保鲜技术；通过专业质量检测、品质把控、减少损耗，最大限度降低存货风险；多温区分仓鲜储、越库作业，确保品质的同时保证最高时效性；恒温冷链配送，保证“最先一公司”与“最后一公里”服务品质。

三、案例介绍

（一）案例一：某知名品牌水果供应链一站式服务外包模式

1. 项目背景

客户公司是具有多年历史的大型水果商家，以批发、零售水果为主。由于业务发展需要，与世界知名的休闲娱乐品牌合作，被授权在中国大陆地区销售特许品牌的水果产品。

2. 项目服务内容

经过多轮次项果目路演与讨论，最终选定亦芙德生鲜供应链公司为其提供从代采购（国内水果），质检、分级、整理、分包到配送到店、到家的一站式服务。

3. 亦芙德水果供应链解决方案

（1）针对进口水果：由于其标准化程度较高，亦芙德公司对该类产品的精选与风味品质管控进行重点把关；同时由于进口水果价值比较高，引入具有保鲜专利的专利膜技术，大大延长了进口水果的保质期，降低了仓储、配送过程中的损耗率与投诉率。

（2）针对国产水果：由于标准化程度不高，且受成熟度及品种影响，风味品质差异大，亦芙德派遣专门的团队成员，到指定的基地，与客户一起，确定质量要求与品种要求；并按客户要求，在当地进行水果规格、成熟度、外观品质进行初步质检，分选，并采取专门的保鲜技术，运往上海、北京、广州的生鲜处理中心，进行进一步的分级、分装，发货处理。

4. 项目效果

目前，客户质量投诉率不到千分之八。

5. 结论

亦芙德供应链紧紧扣住生鲜管理的源头——“最先一公里”，通过生鲜农产品基地合作或者当地政府合作，形成基地主要农产品的质检、分级、整理、分装能力，确保了生鲜产品质量的同时，大大降低了生鲜产品多次运输搬运的损耗，大大提高了生鲜农产品交易的效率。

（二）案例二：为上海××团餐客户提供一站式生鲜供应链服务

1. 项目背景

该项目由亦芙德公司每天代客户采购 SKU 达 800 种以上，包括蔬菜、水果、禽蛋、鲜肉、鲜鱼、冻品等多个品种，涉及温区有冷冻、冷藏、常温 3 个温区，既有库存产品也有越库产品。亦芙德公司根据每天库存情况，为客户建立安全库存，相应的损耗全部由亦芙德公司承担。

2. 项目服务内容及解决方案

客户每天在指定的时间将订单发给亦芙德公司，客户可以选择邮件发送订单，也可以选择在亦芙德专有生鲜信息系统上直接操作。亦芙德公司系统后台，收到订单后，根据产品特点、安全库存及一定时间需求量，再发给相应的供应商下发新的订单，由供应商在约定的时间送至亦芙德生鲜配送专用仓。

亦芙德根据到货产品的不同品类，按事件制订的质检方案，对产品的到货温度、卫生、包装、农残、外观品质、外观等级进行质检，并根据质检情况做出拒收、折收或者全收但折算等各种收货报告。

收货完毕或同时，对于产品有瑕疵的产品，进行专门分级、分选，再进行分装，分装完毕，将产品放入成品区等。

根据客户订单，进行拣货装车发货，配送指定的门店。

3. 项目效果

亦芙德提供服务后，企业采购及管理成本大幅度下降，总体成本约下降 12%，而多支付的供应链费用仅不到采购总金额的 3%，同时生鲜整体客诉率由原来的 0.8%，降至不到 0.1%，大大提高了客户的满意度。

4. 结论

亦芙德团队通过不断摸索，采用提供全品类集中供应链管理服务后，确保了质量减少了配送次数，提高了效率，从而有效节约了物流成本。这一案例的成功经验，也被用于亦芙德其他客户。

以上案例分享，是亦芙德生鲜供应链与基地紧密相连的“最先一公里”与消费端紧密相连的“最后一公里”及城市生鲜集中配送进行的有益探索。亦芙德生鲜供应链希望能与客户、政府及同行进行全方位的合作，推动生鲜产业的升级发展，为客户创造最大价值。

（上海亦芙德供应链管理有限公司供稿）

第二节　上海久耶供应链管理有限公司

纵观国内市场，传统冷链物流公司还停留在合同物流阶段，服务单一；业务模式主要为 B2B 业务，不提供仓内增值服务及末端配送；信息化能力较弱，人肉作业，仓库功能很单一，以存储为主，附加值低。当下不成体系的物流配送必然不能满足当下生鲜电商的快速发展。

九曳供应链成立于 2014 年 7 月，隶属于上海久耶供应链管理公司，由九曳先生联合电商物流行业和冷链行业多位专业人士共同创建，并快速实现了业内多个“第一”。

九曳供应链是一家专注为农业、生鲜电商客户提供综合解决方案的生鲜供应链公司，为客户提供全国生鲜仓储运营服务、提供基于全国分仓的生鲜宅配服务、提供生鲜零担运输服务、提供保鲜及包装的冷链物流一体化解决方案，同时提供销售渠道对接、原产地代采。通过先进的物流技术和高效的运营为生鲜电商客户提供柔性生鲜供应链服务。

九曳供应链模式是通过集约化存储、集约化运输，以空间换时间，来降低成本和损耗，提升配送效率；而快递模式是化整为零、单件发货、以时间换空间，多环节的集散分拨模式不利于生鲜产品的配送，所以行业急需出现一家全国的生鲜宅配网络。九曳供应链通过这种平台式的整合方式，优化了供应链中的多个环节，所以社会化物流成本会更低、更灵活。

九曳供应链的 IT 人员数量占到整个团队的 30%，自主研发 WMS、TMS、OMS 等业务系统对物流运营进行支撑，快速、实时、准确的信息使生鲜电商企业能够在最短的时间内对复杂多变的市场做出快速的反应。并为客户提供对有利于企业生产、销售、备货等数据支持的增值服务，提升生鲜电商企业市场竞争力。

九曳供应链目前全国已开通 11 个生鲜集散中心、生鲜宅配服务已覆盖全国268大小城市，保障农业、生鲜产品从原产地直达终端消费者，2015年已服务客户上百家，涵盖了海鲜水产、牛羊肉类、果蔬、鲜奶、鲜花等众多品类。

一、九曳供应链一体化供应链解决方案

冷链速运。考虑生鲜产品需低温储藏、易变质的特殊性，九曳供应链整合社会化冷链物流资源，在生鲜产品仓储、分拣、运输、配送等各环节的采用冷链物流，并利用RFID、GPS定位、温度传感等技术，在温湿度的监控和货品定位问题上，实现温度可视化和物流信息可追溯，保证生鲜产品的品质。

冷链仓储。应用分布式生鲜仓储和自有开发的WMS、TMS、DMS等多系统协同的方式，建立全国11个生鲜仓储中心，为全国的生鲜电商客户提供多温区的存储、多品类的分拣、多SKU的拣选包装等综合性生鲜物流服务，彻底解决农业生鲜电商的仓储物流痛点。

冷链宅配。依托覆盖全国的生鲜仓储网络，提供跨区域生鲜宅配，已覆盖全国268个大小城市。在“最后一公里”的配送上，九曳供应链不断尝试可循环冷藏包等创新方式，确保全程冷链产品到达消费者手中时的鲜度。

（一）九曳供应链案例一：烟台樱桃项目

1. 项目背景

山东烟台是中国最好的樱桃产地，烟台樱桃素有“北方春果第一枝”的美誉。其地处北纬37°，属温带季风性气候，土层较厚，降水充沛，适合樱桃生长，盛产红灯、美早、黑珍珠等品种；同时，烟台樱桃在外观、口感、营养价值等方面堪称顶级，富含多种人体所需的维生素及有益元素。

樱桃不同于其他果品，储藏、运输是影响消费体验的关键环节，樱桃在常温下保质期只有3天，极易腐败，成熟的樱桃销售期只有15天左右。

2. 项目历程

大樱桃怕压怕挤不易储存，对物流要求高。为此，九曳供应链为烟台樱桃电商专门定制了专项行动计划——烟台至全国的冷链物流一体化服务。

九曳供应链在全国设有11个生鲜集散中心，拥有专业的冷藏技术和强大的冷藏设备。以控温为例，九曳冷链配送支持包括常温（10℃～25℃）、冷藏（0～8℃）、冷冻（－18℃～－12℃）以及恒温4个温层，能够保证樱桃始终处于0℃～1℃，相对湿度90%～95%的最佳储存环境。九曳采用航空＋冷链运输模式，让樱桃在运输过程中一直处于休眠状态，时刻保证樱桃新鲜度，24～48小时直达消费者。此外，为了配合专项行动，九曳冷链迅速启动了京津冀、江浙沪、两广、川渝等多条冷链速运干线配合作战。如图13－2所示。

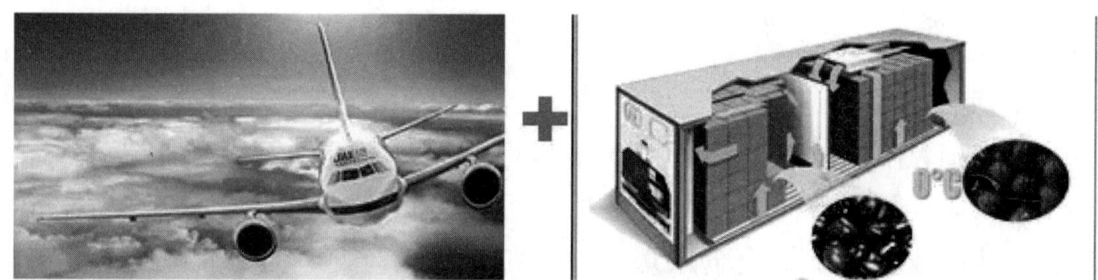

图13－2　专业的冷藏技术和设备

2015年5月25日至6月13日，九曳冷链为福山区在内的6个樱桃基地高效配送，5天时间，完成接到的全部15万元左右订单，将樱桃从烟台发送到全国近百个城市。

3. **九曳供应链樱桃冷运三大优势**

（1）专业优势。以往樱桃只能通过普通快递运输，没有冷链、损耗严重，而九曳冷链的出现让樱桃这种对冷链需求很强的品类终于可以新鲜地配送到消费者手中。并调集京津冀、江浙沪、两广、川渝等多条冷链速运干线，整合济南、青岛、烟台出港的多条航空路线，配载最快的航班，保证樱桃及时保鲜地到达消费者手中。

（2）成本的绝对优势。作为供应链集成商的九曳冷链，为生鲜农企经营者等需求方提供综合的供应链解决方案，并作为方案运营商，通过物流运作的流程再造，使整个物流系统的流程更合理、效率更高，因此成本也更优化。而国内樱桃普遍比进口樱桃销售价格偏低，农户很难承受高昂的物流成本，九曳冷链作为专业的经济型冷链宅配，在保鲜的同时成本优势明显。以北京至广州的樱桃配送为例，九曳冷链帮农户降低物流成本超过45%。

（3）操作模式创新。传统冷链物流企业从操作方式上基本是B2B模式，即仓储型、冷链干线运输型、城市配送等；从客户类型上看多为餐饮、超市、便利店、工业品等合同客户，并没有冷链宅配能力。

基于模式创新，九曳供应链的服务内容也打破了传统冷链物流企业的服务范围，为农业、生鲜电商提供电商仓储运营服务，提供全国的生鲜宅配服务，提供全国的冷链零担运输服务，并免费提供专业的农业生鲜物流方面的咨询服务。

（二）九曳供应链案例二：阳澄湖大闸蟹

1. 项目背景

阳澄湖大闸蟹又名金爪蟹。产于苏州阳澄湖。蟹身不沾泥，俗称清水大闸蟹，体大膘肥，青壳白肚，金爪黄毛。肉质膏腻，十肢矫健，置于玻璃板上能迅速爬行。每逢金风送爽、菊花盛开之时，正是金爪蟹上市的旺季。农历9月的雌蟹、10月的雄蟹，性腺发育最佳。煮熟凝结，雌者呈金黄色，雄者如白玉状，滋味鲜美，是享誉中国的名牌产品。

大闸蟹的运输属于活体运输，对运输的要求极高，任何一个环节的疏忽，都可能造成大闸蟹的死亡，这对九曳供应链来说也是一个相当大的挑战。

2. 项目历程

首先，在低温清洁的环境中装运，保证鲜活。冷藏车在装货前已经过彻底的清洗、消毒，保证洁净、无毒、无异味。运输过程中，防温度剧变、挤压、剧然震动，且不与其他物品混运，严防运输污染。

其次，由于大闸蟹是靠鳃来呼吸水中氧气的，所以运输大闸蟹中保持其身体湿润。起运前用清洁河水泼洒装运工具，使网袋内河蟹处于潮湿环境。装运时轻放，泡沫箱四周戳出几个洞，使大闸蟹有充足的氧气呼吸以维持其生命活力。

依托九曳供应链全国11个生鲜集散中心，当消费者在网上确认后，订单直接下发到距离消费者最近的仓库，由九曳供应链宅配工作人员在24小时内完成配送。如图13－3所示。

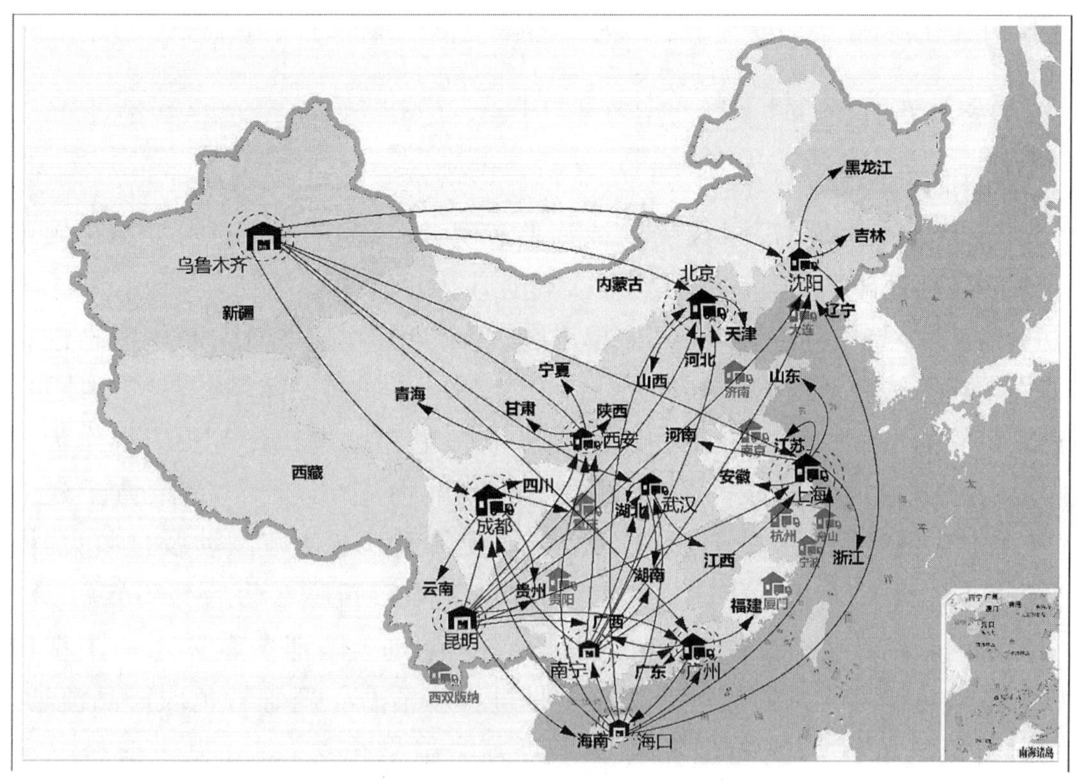

图 13-3　九曳供应链全国云仓分布

3. 九曳供应链大闸蟹专运三大保障

（1）运力充足，保质保量。订单 90% 来自北京、江浙沪和广州。因为大闸蟹对温度和时间都有要求，通常走航空件，但为了缓解 9 月、10 月发货期间机场的滞件压力，部分大闸蟹会通过专业的冷链车运送。总之，保证整个过程中大闸蟹的存储温度在 0℃ ~5℃，并在 24 ~48 小时内实现新鲜直达。

（2）专项客服，订单实时跟踪。“大闸蟹冷运专车”项目长达两个月。为此，九曳供应链设立了专项客户服务组，由专业客服为各大生鲜电商平台服务，订单实时跟踪，实时记录，实时反馈，实现订单可视化。除此之外还有专门的理赔组，一旦用户发现收到的大闸蟹有品质问题，商家可在 1 小时内与客服达成理赔协议，为电商平台销售的大闸蟹上了最后一道安心保险。

（3）优先配送，专享服务。鉴于大闸蟹需要活体运输的特殊性，九曳供应链规定在中转过程、落地冷链配送中对大闸蟹进行“优先配送”，把大闸蟹放在生鲜配送中的第一位，为大闸蟹电商们提供了专享服务。

（三）九曳供应链案例三：新疆红提

1. 项目背景

长期以来，新疆瓜果深受内地消费者喜欢；但由于瓜果属于季节性水果，而且运送距离较远，往往无法及时让广大消费者享用到。

在互联网+农业的推广下，越来越多的新疆生鲜农产品通过网络进行销售。新疆红提上线阿里1688平台“源生鲜”，如何保障网购红提的质量，建立完整的生鲜农产品冷链物流体系就显得更为紧迫。九曳供应链作为国内第一家专业服务于农产品生鲜电商的冷链物流企业，一直致力于建立“从生产到消费”的全产业链式的冷链物流体系，业务范围涉及包装设计、品牌推广、渠道对接、生产、加工、分拨、仓储、配送、售后等环节。

帮助新疆特色产品“走出去”，不仅是在向全国消费者展示一个多民族、多文化、多元素的魅力新疆，更是进一步活跃了新疆特色农产品流通，同时也是让农民增收的现实需要。助力“疆果东送”，九曳供应链义不容辞。

2. 项目历程

2015年9月，阿里1688平台“源生鲜”携手九曳冷链共同为新疆卖家保驾护航，“源生鲜”提供源头检测溯源保证品质，九曳供应链通过物流的方式进行溯源。从分级、预冷、包装、储藏保鲜再到运输，环环相扣，全程保鲜，从而改变传统的“冷冻冷藏”，逐步向“低温物流”转型。包装上，天然果蔬保鲜剂、保鲜膜技术、真空技术结合使用，从而最大限度延长红提的保鲜期。

从新疆田间地头直接通过冷链运输至北京、上海、广州、成都、武汉的九曳供应链生鲜集散中心进行分拣、包装、宅配，覆盖大多数一线城市，九曳供应链实现了新疆红提产地直达全国终端消费者。

在红提之前，九曳供应链已经多次助力新疆生鲜农产品出疆，无核白、西域甜露都在此列。其中，为维吉达尼无核白提供的物流解决方案，挤塑板箱+九曳“航先达”，最终使折损率低于3%，这在国内生鲜领域是一个非常惊人的数字。

作为一家冷链物流综合服务运营商，九曳供应链不只为新疆产地农户提供物流服务，还为其提供耗材采购、包装设计、品牌推广、产销对接等增值服务。

3. 九曳供应链“疆果东送”三大法宝

（1）生鲜冷链仓储。已开通全国11个冷链云仓配送中心，核心城市24小时到达；多温区仓库，满足红提对储运温湿度的要求；专业的信息化管理工具，轻松应对B2B、B2C业务。

（2）生鲜冷运零担。400多条干线运输，覆盖主要城市，让新疆红提远走他乡；全程冷链运输，让红提的美味在唇齿间流连；专业的RF、GPS定位的温度传感技术，掌控红提每一刻温度。

（3）生鲜冷运宅配。全国冷链运输网络覆盖，让新疆红提直达到家；专业的生鲜冷链包装箱，“最后一公里”，不脱冷；一日两次配，还可以预约配送。

二、生鲜电商的趋势与九曳供应链的价值

目前，中国生鲜市场规模接近1万亿元，而电商的渗透率还不到3%，生鲜电商市场容量每年以50%的速度增长，预计2018年将破千亿元，生鲜电商仍然是一片亟待开发的蓝海。未来几年内，会有越来越多的公司以及资本将进入生鲜电商市场，抢占市场开拓期的红利。由于生鲜电商对于仓储冷链配送，商品品控要求极为严格，市场已经形成了较高的行业壁垒，资金短缺、实力薄弱的初创公司将面临极大压力，而九曳供应链率先进入生鲜电商冷链物流的市场已经站稳脚跟并已经拥有了先发优势。

建立完善冷链物流配送体系是生鲜电商发展的一个重要方向。尽管生鲜市场容量巨大，但是冷链物流配送这一块短板仍然限制着生鲜电商的发展。生鲜电商的损耗率在5%～8%，物流成本在20%。目前，国内还没有完整的生鲜物流配送体系，而冷链高昂的建设成本成为生鲜电商最头疼的问题。据了解，一个4000平方米左右冷仓的建设成本就在2000万元以上，如此高昂的成本投入让很多电商企业望而却步。正因为如此，冷链配送也被称为电商物流的珠穆朗玛峰。虽然建设成本高昂，但冷链物流配送是生鲜电商平台的核心竞争力，谁做得越快，做得越好，谁就将迅速获得市场份额。

九曳供应链将致力于为生鲜电商提供标准化和品质化的物流服务体系。从商品采购层面上看，需要从源头就对商品进行严格筛选，加强商品的品质控制，保证商品的新鲜度和实效性，九曳供应链在上游产地建立产地仓储体系，服务源头农业生鲜经营者，实现农产品产地段的标准化（产品标准化如果子大小拣选、品相的拣选；物流包装标准化如包装规格、包装方案；保鲜标准化如统一的保鲜包装方案、运输中的保鲜措施）。在物流运输层面上，一方面要提升整体仓储的能力，保证各类生鲜商品的有效保存；另一方面也要提升生鲜配送的技术，尤其是冷链配送技术，九曳供应链基于全国的分布式仓储网络，实现区域的生鲜宅配，“最后一公里”利用循环冷链包装方案降低商品在运输环节出现的损耗，并实现了绿色环保物流。

（上海久耶供应链管理有限公司供稿）

第三篇　资料汇编

第十四章 冷链物流研究与分析

第一节 国内外冷链研究和借鉴情况

一、冷链行业驱动因素

目前，我国冷链物流行业仍处于初级发展阶段，发展水平与西方发达国家的水平相去甚远，甚至滞后于一些发展中国家。同时，我们可以看到差距是全方位的，主要体现在：

（1）流通端：我国蔬果冷链流通率不足美国的1/4。

（2）消费端：我国易腐食品消费量是美国的1/3。

（3）基础建设端：我国人均冷库拥有量是美国的1/6。

（4）运输设备端：我国冷藏保温车保有量是美国的1/11。

中美冷链之间的差距意味着我国冷链发展有巨大的空间，但差距作为一种结果，并非行业发展的根本驱动因素。研究分析中国冷链行业发展真正的驱动力主要来自：①一个自上而下的国家战略性驱动因素；②四大自下而上总量型驱动因素；③一个结构性驱动因素。这些因素将是未来几年行业快速发展的基础，并对产业链上各个细分领域差异化的前景起到决定性作用。如图 14－1 所示。

二、中国冷链市场发展已进入窗口期

根据对冷链市场的认识，并结合国外行业发展经验，观察窗口期是否打开的主要指标有两个：人均 GDP 或人均收入水平；城镇化水平。

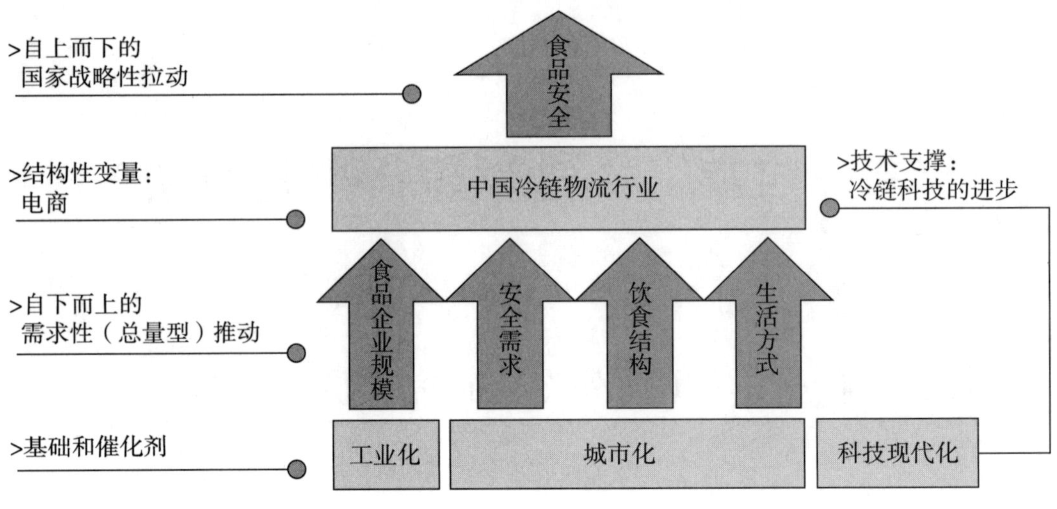

图 14－1　冷链行业驱动因素

资料来源：海航冷链投行部研究。

（一）我国人均收入水平已可支持冷链快速发展

人均收入水平对食品消费升级，以及对食品安全重视程度都有着重要的意义，所以当越来越多的中产阶级出现的时候，速冻冷藏食品的需求规模随之快速增长。美国和日本相继在 1966 年和 1974 年，也就是冷链快速成长阶段结束以后，年人均 GDP 才达到 4000 美元，而中国人均 GDP 于 2010 年就已经达到了 4000 美元。所以，从人均可支配收入的角度来看，我国冷链产业也早已经具备了爆发的先决条件。但是在过去的十年左右的时间里，我们似乎并未看到明显的发展提速或者差距减小。据分析，我国冷链行业在前几年迟迟没有发力的症结，主要在城镇化水平的落后而造成的消费型驱动力不足。

（二）日美经验显示城市化水平在 55%～75% 的阶段为冷链发展窗口期

在之前的分析中提到城镇化程度是冷链发展最重要的基础，考虑到其内在逻辑，城镇化进程和冷链行业发展速度有着较高的相关性。参照较为典型的美国和日本经验，其冷链行业在 1940 年左右（美国）和 20 世纪 50 年代中期（日本）城市化率分别超过 55% 之后的 20 多年间迎来了一个快速发展时期，直至城镇化水平分别达到 70%～75%、冷链行业基本进入成熟期，增速逐渐放缓。

（三）目前我国冷链行业已经具备快速增长的条件

根据国家统计局数据，我国城市化率在 2014 年达到 54.77%，2015 年达到 55.6%，随着城镇化水平踏过快速发展的起跑线，冷链行业料将迎来一个加速发展的阶段。

三、冷链市场规模预测

根据中国冷链物流发展报告测算，我国食品潜在冷链物流总额在 2013 年、2014 年和 2015 年分别达到 32505 亿元、37436.2 亿元、43233.5 亿元，同比年增幅 15% 左右。2016 年预计进入需求领域，需要冷链物流的产品价值总额增长的长期趋势将和社会（食品）零售消费增长趋势基本一致，且由于生活水平的提高，冷链食品（如肉类、水产、乳制品等）对粮食的替代作用，冷链物流的产品价值总额实际增速应更快。保守估计 2015 年后，食品潜在冷链物流总额将保持 12% 的长期增速。如图 14－2 所示。

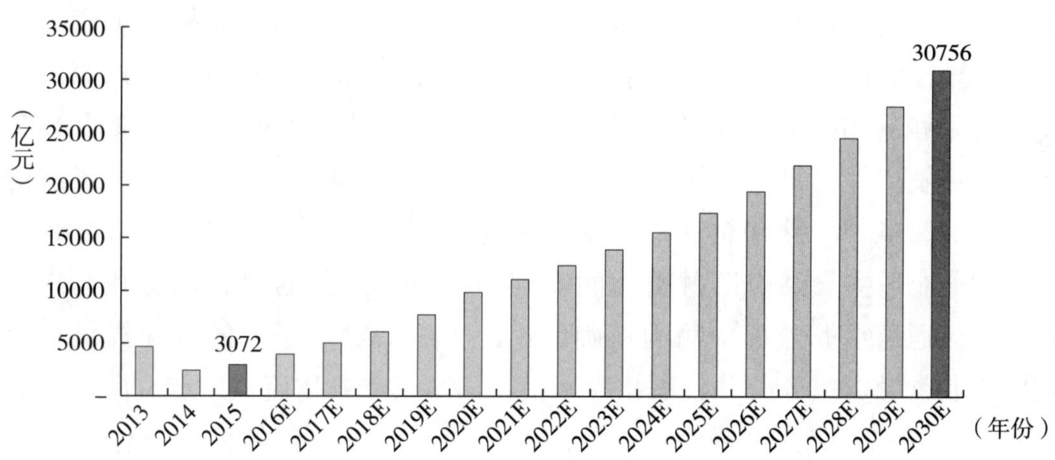

图 14－2　2016—2030 年冷链物流市场规模预测

注：假设①2016—2030 潜在食品冷链物流总额年增长率为 12%；②物流费用占比由目前的 18% 下降至 2030 年的 13%；③到 2030 年，冷链应用率（根据价值计）达 95%（2015 年为 27% 左右）。

资料来源：海航冷链投行部预测。

四、冷链行业格局与机遇

目前，冷链物流行业依旧保持小、散、乱的特点。龙头企业缺失、市场集中度分散、竞争无序。根据中物联冷链委不完全统计，2014 年全国冷链物流百强企业收入总额为 148.3 亿元，同比增长 36.1%，收入总额不足冷链市场 10%，而美国前 5 强冷库企业占总市场份额约 63%。

冷链作为一个环环相扣的行业，流通环节节点多是其特点，各个环节的高效协同是发展的方向。目前，市场小、散、乱的格局严重影响物流效率和成本，进而导致服务质量下降，而对冷链来说服务质量的下降将直接影响在流通环节商品的质量和终端消费者的满意度，任何一个环节的“断链”将使整个链条上下的努力功亏一篑。面对这样的现状，产业并购将是冷链行业未来的趋势，且资本运作和产业整合空间极为广阔。

五、国外经验借鉴

（一）UPS 与物流企业的供应链金融业务实践

拥有 100 多年历史的 United Parcel Service（UPS）是世界上最大的快递承运商与包裹递送公司，同时也是专业的运输、物流、资本与电子商务服务的领导性的提供者。UPS 服务全球 200 多个国家和地区，拥有全球第九大航空公司和遍布全球的运输车队，93000 多辆运输车；每日货运量达 1550 万件包裹及文件。UPS 业务收入分三个板块：国内包裹、国际包裹、供应链和货运。2014 年，供应链和货运业务收入达到 57.6 亿元，同比增长 4.8%。

物流企业主导供应链融资后能够利用自身所掌握的信息优势和客户关系优势，通过掌握抵押货物的精确信息，为面临赊账压力的客户提供了短期应收账款融资服务，并收取相应回报。UPS 第三方物流供应链金融的核心优势在于较强的信息整合优势，它能通过内部各子公司的协同合作将“三流”合一，较大幅度地降低信贷风险管控成本。

基于强大的物流实力，UPS 实际上重筑了在核心企业和其上游中小供应商之间的信息节点，成为开展供应链金融的最佳切入点。正是这种强有力的“三流”整合能力和风险控制能力，使得 UPS 得以按高于商业银行 10 个百分点的比例为客户提供抵押融资，供应链金融业务快速成长。值得说明的是，UPS 开展供应链金融服务的目的主要不在于赚取融资服务的利差收益，更多的是借助金融服务拓展客户群，争取更多客户使用全方位物流服务，赚取更高的物流服务收益。

（二）借鉴Sysco行业经验，完善冷链供应链管理服务

Sysco成立于1969年，是一家为饭店、医院、学校和宾馆供应食品的跨国公司，总部位于美国得克萨斯州的休斯敦，2014年在福布斯世界五百强企业榜单上排名第61位。在美国，Sysco为42万家餐厅、学校、医院等客户提供包括肉类、蔬菜、水果、厨房用品等食材。Sysco于1970年上市，目前市值超200亿美元，年营业收入465亿美元，市场占有率25%。

从2008年开始，Sysco开始升级它的供应链体系，目标是打造一个全新的价值导向的价值链体系。现在，Sysco的产品种类范围很广，这不光为顾客提供一站式的服务，还有助于销售收入的稳定和多元化。从原材料供应商开始到终端的消费者，Sysco的200个分销场地和超过10000个销售和营销代表为供应链的每一个环节提供支持，每年运送的食品箱有13亿之多。Sysco在过去的十年不断投资完善供应链体系以降低成本，因其现有的基础设施和投资规模，Sysco稳居市场领导地位。

（三）建设冷网大数据平台，打造中国版的C. H. Robinson

美国罗宾逊全球物流有限公司（C. H. Robinson）于1905年在北美成立，总部位于美国明尼苏达州阿波利斯，名列美国《财富》杂志五百强企业，是全球最大的第三方物流公司之一，拥有超过11500位专业员工，在北美、欧洲、亚洲、南美及中东等世界各地为超过46000位客户提供专业服务。每年大规模投入的信息系统开发与建设，确保该公司拥有世界领先的技术平台，支持整合并优化庞大的运输资源，为承运商和货主提供透明、实时的信息及智能解决方案。

C. H. Robinson作为无车承运人，与66000家运输公司存在合同关系，包括汽车、铁路、空运和海运领域的运营商。C. H. Robinson在美国通常被认为是最大的卡车运输公司，但公司本身没有卡车。它在美国有5万家签约的卡车运输公司，主要以中小型卡车运输企业为主。这5万家运输公司背后的运力是100万辆卡车。C. H. Robinson凭借这5万家运输商组建起来的全美运输网高效地为客户安排装运工作，是货主和卡车老板之间的“运输协调员”。

（海航冷链控股股份有限公司供稿）

第二节　国外仓干配成功企业研究和借鉴

美国的物流行业是从“二战”后开始发展起来的，经过数十年的成长，20 世纪 90 年代以来，美国物流界发生了一次实质性的变化，甚至可以称为物流界的革命——即时制造、即时配送、即时可能少地保持原材料和商品的库存，而将越来越多的原材料和商品储存于“流通过程”，将来这个比例会提高到 50%。物流中央化的美国物流模式强调“整体化的物流管理系统”，是一种以整体利益为重，冲破按仓储、干线运输、终端配送各自分管的体制。

一、美国配送中心的类型（新型配送中心、信息标准化、共同组配）

（一）批发型

该类型配送中心主要靠计算机管理，业务部通过计算机获得会员店的订货信息，及时向生产厂家和储运部发出要货指示单；厂家和储运部门要根据要货指示的轻重缓急安排配送的先后顺序，将分配好的货物放在待配送口等待发运。配送中心 24 小时运转，配送半径一般为 50 千米。

（二）零售型

美国沃尔玛的配送中心是典型的零售型配送中心，该配送中心是沃尔玛独资建立的，专为本公司的连锁店按时提供商品，确保个点的稳定经营。该中心的建筑面积为 12 万平方米，总投资 7000 万美元，有职工 1200 多人，配送设备包括：200 辆车头，400 节车厢，13 条配送传送带，配送场内设有 170 个接货口。

（三）仓储型

美国福来明公司是一家专门承担客户委托配送业务的第三方物流公司，它是一家发挥了社会化、专业化和组织化优势的物流企业。其合理的布局和内部高效的管理是其成功的关键要素：首先，配送中心内根据商品的生产日期和保质期进行存放分类，采取先进先出的原则；其次，为了保证不同商品的安全性，配送中心设置了不同的储存区；最后，为保证运输的高效性，针对不同商品的体积、重量、质地等特点，采取不同的配货方式。配送中心与各连锁店建有共享的信息平台，实现了无障碍信息沟通，通过配送中心的信息系统，各商店可实现自动订货。配送中心内货架间设有 27 条通道，19 个进货口，便于货物进出。

二、美国连锁式经营模式

美国的连锁经营企业为了加强物流配送管理采取了以下措施。

（1）将原有的仓库改造成配送中心，进行规范化管理。

（2）将高科技应用于物流配送中心，对配送中心作业实行标准化操作，提高作用效率；沃尔玛投入 4 亿美元的巨资发射了一颗商用卫星，实现了全球联网，并应用了“交叉作业”和“电子数据交换”（EDI）等技术。

（3）各连锁企业共同投资兴建配送中心，一方面实现了物流配送系统的共享，有利于其降低配送成本，另一方面也提高了物流配送的合理化程度，有利于提高配送效率。

（4）美国推动物流配送的多层次、多元化发展，刺激仓储、运输、配送等物流配送各环节以多样化方式组合成多种形式的物流配送体系。同时还推动直配方式的发展，例如缩短供货时间，降低各环节库存，减少流动资金占压等。

（希杰荣庆物流供应链有限公司供稿）

第十五章　2015 年冷链物流政策与标准情况

第一节　冷链物流相关政策辑要

1.《超市生鲜食品包装和标签标注管理规范》

发布时间：2015 年 11 月 25 日

发文机构：国家食品药品监督管理总局

政策要点：对生鲜食品进行包装应当符合生鲜食品在运输、储存、陈列和销售等过程中保障食品安全的需要，防止生鲜食品遭受机械损伤、腐败变质和二次污染。

2.《国务院办公厅关于加快发展生活性服务业促进消费结构升级的指导意见》

发布时间：2015 年 11 月 22 日

发布机构：国务院办公厅

政策要点：优化城市流通网络，畅通农村商贸渠道，加强现代批发零售服务体系建设。合理规划城乡流通基础设施布局，鼓励发展商贸综合服务中心、农产品批发市场、集贸市场以及重要商品储备设施、大型物流（仓储）配送中心、农村邮政物流设施、快件集散中心、农产品冷链物流设施。

3. 国务院总理李克强主持召开国务院常务会议，部署发展现代流通业建设法治化营商环境

发布时间：2015 年 8 月 19 日

会议要点：做强现代流通业这个国民经济大产业，可以更好对接生产和消费，促进结构优化和发展方式转变。创新流通领域市场监管，推行企业产品质量承诺制度，以农产品、食品、药品等对消费者生命健康有较大影响的商品为重点，建立来源可追、去向可查、责任可究的全程追溯体系。

完善流通设施建设管理，对公益性农产品批发市场等创新投资、运营机制，优先保障农贸市场、社区菜市场、再生资源回收等微利经营设施用地需求，鼓励社会力量参与投资。

4.《冷链即食食品生产审查实施细则（2015 版）》

发布时间：2015 年 7 月 15 日

实施日期：2016 年 1 月 1 日

发布机构：北京市食品药品监督管理局

细则要点：本细则适用于企业申请使用粮食、畜禽肉、水产品、果蔬等为主要原料，采用冷链工艺生产，经预先定量包装或者预先定量制作在密封的包装材料或容器中，提供给消费者的可直接食用的冷链即食食品（包括主食菜肴类、饭团寿司三明治汉堡类、其他类），对企业生产条件的审查及其相关检验要求。

5.《关于打击走私冷冻肉品维护食品安全的通告（2015 年第 29 号）》

发布时间：2015 年 7 月 12 日

发布机构：食品药品监管总局海关总署公安部

相关要点：食品药品监管总局要求所有冷冻仓库、肉食品经营企业、加工企业、餐饮企业严格依照有关法律规定，不得承储、购买、销售来源不明的冷冻肉品。食品药品监管总局要求北京、天津、辽宁、上海、安徽、福建、山东、河南、湖北、湖南、广东、广西、云南等省（区、市）食品药品监管部门对行政区域内所有冷库进行排查，重点检查 2014 年以来承储冷冻肉品的来源、数量和销售去向。

6. 关于加大改革创新力度加快农业现代化建设的若干意见

发布时间：2015 年 2 月 3 日

发布机构：中共中央国务院

相关要点：创新农产品流通方式。加快全国农产品市场体系转型升级，着力加强设施建设和配套服务，健全交易制度。完善全国农产品流通骨干网络，加大重要农产品仓储物流设施建设力度。加快千亿斤粮食新建仓容建设进度，尽快形成中央和地方职责分工明确的粮食收储机制，提高粮食收储保障能力。继续实施农户科学储粮工程。加强农产品产地市场建设，加快构建跨区域冷链物流体系，继续开展公益性农产品批发市场建设试点。推进合作社与超市、学校、企业、社区对接。清理整顿农产品运销乱收费问题。发展农产品期货交易，开发农产品期货交易新品种。支持电商、物流、商贸、金融等企业参与涉农电子商务平台建设。开展电子商务进农村综合示范。

7. 国务院办公厅关于印发国家标准化体系建设

发布时间：2015 年 12 月 17 日

发布机构：国务院办公厅

相关要点：围绕安全种植、健康养殖、绿色流通、合理加工，构建科学、先进、适用的农产品安全标准体系和标准实施推广体系。重点加强现代农业基础设施建设，种质资源保护与利用，“米袋子”“菜篮子”产品安全种植，畜禽、水产健康养殖，中药材种植，新型农业投入品安全控制，粮食流通，鲜活农产品及中药材流通溯源，粮油产品品质提升和节约减损，动植物疫病预防控制等领域标准制定，制修定相关标准 3000 项以上，进一步完善覆盖农业产前、产中、产后全过程，从农田到餐桌全链条的农产品安全保障标准体系，有效保障农产品安全。围绕农业综合标准化示范、良好农业操作规范试点、公益性农产品批发市场建设、跨区域农产品流通基础设施提升等，大力开展以建立现代农业生产体系为目标的标准化示范推广工作，建设涵盖农产品生产、加工、流通各环节的各类标准化示范项目 1000 个以上，组织农业标准化技术机构、行业协会、科研机构、产业联盟，构建农业标准化区域服务与推广平台 50 个，建立现代农业标准化示范和推广体系。

8. 《湖南省农产品冷链物流三年实施计划（2015—2017 年）》的通知

发布时间：2015 年 7 月 16 日

发布机构：湖南省人民政府办公厅

相关要点：经过三年努力，全省冷链物流发展实力明显提升，初步形成布局合理、规模适度、功能完善、技术先进、设施配套、上下游无缝衔接、运行管理规范的冷链物流发展格局。到 2017 年，肉类、水产品与果蔬的冷链流通率分别提高到 26%、30%、13% 以上，冷藏运输率分别提高到 40%、45%、20% 左右，流通环节产品损腐率分别降至 15%、16%、25% 以下。建设一批冷链物流基础设施，全省新增现代化冷库库容 200 万吨，其中产地预冷 50 万吨，新增冷藏运输车辆 1000 台。培育 5 家具有一定国际影响力和竞争力的大型冷链物流企业集团，30 家在国内具有较强竞争力和影响力的大型冷链物流骨干企业。

第二节　冷链物流相关标准发布

餐饮冷链物流服务规范
(WB/T 1054—2015)

前　言

本标准依据 GB/T 1.1—2009 给出的规则起草。

本标准由中国物流与采购联合会提出。

本标准由全国物流标准化技术委员会（SAC/TC269）归口。

本标准起草单位：中国物流与采购联合会冷链物流专业委员会、夏晖物流（北京）有限公司、江苏精创电气股份有限公司、锐特信息技术有限公司、镇江康飞机器制造有限公司、厦门市标准化研究院、武汉良中行供应链管理有限公司、上海郑明现代物流有限公司、四川海底捞餐饮股份有限公司、国家农产品现代物流工程技术研究中心、河南鲜易供应链股份有限公司、山东商业职业技术学院、山东泉盈投资控股有限公司。

本标准主要起草人：秦玉鸣、董凤瑞、孟强、林乐杰、陈丽园、林立南、张金梅、陈忠、谢巍、庄伟元、周向宏、黄郑明、陈虹、孔德磊、李杨梅、王国利、刘朝阳、李胜、张长峰、范志强、刘敏。

1　范围

本标准规定了餐饮冷链物流服务的基本要求、包装、储存、分拣、装卸搬运、运输配送、交接、服务质量的主要评价指标。

本标准适用于餐饮食材在流通过程中的冷链物流服务及管理。

2　规范性引用文件

下列文件对于本文件的应用是必不可少的。凡注日期的引用文件，仅所注日期的版本适用于本文件。凡不注日期的引用文件，其最新版本（包括所有的修改单）适用于本文件。

GB/T191　包装储运图示标志

GB/T5600　铁道货车通用技术条件

GB6388　运输包装收发货标志

GB/T7392　系列1：集装箱的技术要求和试验方法 保温集装箱

GB/T15233　包装 单元货物尺寸

GB/T16470　托盘单元货载

GB/T16471　运输包装件尺寸与质量界限

GB/T18354—2006　物流术语

GB/T22918—2008　易腐食品控温运输技术要求

GB/T24616—2009　冷藏食品物流包装、标志、运输和储存

GB/T24617—2009　冷冻食品物流包装、标志、运输和储存

GB/T28843　食品冷链物流追溯管理要求

QC/T449　保温车、冷藏车技术条件及试验方法

3　术语和定义

下列术语和定义适用于本文件。

3.1　冷链 cold chain

为保持新鲜食品及冷冻食品等的品质，使其在从生产到消费的过程中，始终处于低温状态的配有专门设备设施的物流网络。

[GB/T 18354—2006，定义 4.42]

3.2　冷藏食品 refrigerated foods

在物流过程中，中心温度维持在8℃以下，冻结点以上，并最大限度保持原有品质和新鲜度的食品。

[GB/T 24616—2009，定义 3.1]

3.3　冷冻食品 frozen foods

以可食用农、畜、禽、水产品等为主原料，经加工处理、速冻、包装等工序，在 -18℃以下储运与销售的食品。

[GB/T 24617 -2009，定义 3.1]

4　基本要求

4.1　管理与人员

4.1.1　应具有从事餐饮冷链物流服务的组织机构。

4.1.2　应有必要的餐饮冷链物流服务管理制度和作业规范。

4.1.3　应有餐饮冷链物流服务质量和绩效评价体系。

4.1.4　从事餐饮冷链物流服务的人员应持职业培训合格证上岗服务，

每年至少进行一次健康体检，持有卫生部门颁发的健康合格证。

4.1.5　应建立餐饮冷链物流服务的应急处理预案，如制冷机设备故障、遇到交通事故、需要紧急补货等的预案。

4.2　设施设备

4.2.1　应具有必要的包装、储存、分拣、装卸搬运、运输配送、交接、温度控制等设施设备。

4.2.2　应具有必要的存储空间、供用电系统和装卸能力。

4.2.3　食材运输配送应采用冷藏车、保温车、冷藏集装箱、冷藏船、铁路保温车或附带保温箱的运输设备，冷藏车、保温车性能应符合 QC/T 449 的规定，冷藏集装箱性能应符合 GB/T7392 的规定，铁路冷藏车的性能应符合 GB/T5600 的规定。

4.2.4　冷藏车、保温车应配置自动测量温度和湿度的仪器且能保存温湿度记录。

4.3　信息服务

4.3.1　餐饮冷链物流服务各环节应建设冷链物流管理信息系统，并保持相关信息的连续性、完整性、公开性，以及可追溯性。

4.3.2　餐饮冷链物流信息的追溯应符合 GB/T 28843 的要求。

5　包装

5.1　应合理选择餐饮食材的包装物和包装技术，确保食材的品质。

5.2　包装物应完整、清洁、无污染、无异味、无有毒有害物质，应符合食品安全相关标准要求。

5.3　包装物应对食材具有保护性，避免食材在装卸、运输和储存过程中受到损伤。对不耐压的食材，应在包装容器内加支撑物或衬垫物，以减少食材的震荡和碰撞；对易渗漏食材，应使用防渗漏包装材料。

5.4　食材的包装尺寸应符合 GB/T15233 和 GB/T16471 的规定，使用托盘包装时应符合 GB/T16470 的规定。

5.5　食材包装的标志应符合 GB/T191 和 GB6388 的规定。

6　储存

6.1　食材冷藏应符合 GB/T 24616—2009 第 7 章的规定，食材冷冻应符合 GB/T 24617—2009 第 7 章的规定。

6.2 各类食材包装物要求参见附录A，温湿度要求以及活海鲜类的保鲜时间要求参见附录B。

7 **分拣**

7.1 食材分拣应严格控制作业环境温度和分拣时间，保证卫生条件，应在食材专属分拣区域内操作。

7.2 食材分拣的环境温湿度应接近食材的储存温湿度，参见附录B。

8 **装卸搬运**

8.1 温度要求

8.1.1 食材装卸应严格控制作业环境温度和作业时间，保证卫生条件，采用密闭装卸口进行装卸作业。

8.1.2 装载作业前，应对运输设备进行预冷，达到预冷要求后进行装载，如下表所示。

食材预冷温度表

代表性食材举例	预冷温度
速冻及冷冻食材（速冻分割畜禽肉，速冻水产品，冷冰蛋，速冻米面食品，速冻蔬菜等）	≤-5℃
代表性食材举例	预冷温度
冷藏食材（新鲜蔬菜水果、冷鲜肉类、水产类、蛋类、豆制品，冷藏奶制品）	0℃~4℃

8.1.3 餐饮食材的装卸应按合同所要求的温度装卸完毕。如果合同中未做规定，在室外常温环境下（25℃左右）宜在30分钟以内装卸完毕，整个装卸过程，食材中心温度升高幅度不宜超过5℃；如果装卸时间超过30分钟，应对食材加装保温箱防护。

8.1.4 装卸作业中断时，应保证运输设备箱体或冷藏、冷冻仓库的门即时关闭，制冷系统保持正常运转。

8.1.5 在装卸过程中，应按规定控制和记录运输设备箱体内部温度。每次运输作业结束后，应将食材温度记录写入运输单保留；餐饮食材在流通过程中的温度、环境温度的测量方法应符合GB/T28843—2012中附录A：食品冷链物流环节产品温度的测量。

8.1.6 在装卸搬运过程中，为了保证食材的食品安全，不允许食材直接接触地面。

8.2 作业要求

8.2.1 食材的堆放应有利于提高制冷系统的运营效率，食材之间预留空隙，能够实施热交换。

8.2.2 在低温冷藏冷冻间使用的设施设备，应满足低温工作环境的要求。

8.2.3 应定期检查、校正和保养装卸搬运的设备，发现异常应立即停止使用，并及时进行维修。

8.2.4 应将冷冻与非冷冻食品、不同加工状态的食品以及容易串味的食品分别装卸在指定区域，避免混装。

9 运输配送

9.1 温度要求

待装车配送的食材，在装车前需要在对应的储存温度下储存，储存温度参见附录B。

9.2 作业要求

应符合GB/T22918—2008中的6.2—6.7。

10 交接

10.1 交接场所

交接场所应符合食品安全的卫生要求。

10.2 交接时间

收货方应确保交接场所的温湿度满足相关标准要求并按合同要求的时间交接完毕。如果合同中没做规定，食材宜在30分钟以内交接完毕，整个交接过程，食材中心温度升高幅度不宜超过5℃。应使用流转箱、笼车等工具缩短交接的时间。

10.3 检查项目

10.3.1 数量交接：运输配送车辆抵达收货方时，应在收货方指定地点卸货，双方当场清点确认，由收货方签回单。如发生食材破损、货差等情况，在回单上批注清楚，以便分清责任。推荐使用电子回单。

10.3.2 检查温度：承运人与收货人在交接时应确认：冷藏食品中心温度不高于7℃；冷冻食品中心温度不高于-12℃，做好记录，作为交接凭证。卸货前，如果检查到食品温度超过规定时，或运输过程中的温度记录显示超温时段超出规定范围时，应拒收或及时通知发货人。

10.3.3　质量交接：承运人与收货人按照合同约定的质量标准进行交接。质量标准对承运人和收货人应透明。

11　服务质量的主要评价指标

11.1　运输温度合格率

考核期内运输温度符合要求的次数占总运输次数的比率，按式（1）计算：

$$\text{运输温度合格率}=\frac{\text{运输温度符合要求的次数}}{\text{运输的次数}}\times 100\% \quad (1)$$

11.2　验收准确率

考核期内验收准确批次数占验收总批次的比率，按式（2）计算：

$$\text{验收准确率}=\frac{\text{验收准确批次数}}{\text{验收总批次数}}\times 100\% \quad (2)$$

11.3　食材运输质损率

考核期内，通过冷链运输，食材发生坏损、变质的品次与总运输品次的比率，品次是指一个品种发生一次记为一品次，按照式（3）计算：

$$\text{食材运输质损率}=\frac{\text{食材运输坏损、变质的品次}}{\text{总运输品次}}\times 100\% \quad (3)$$

11.4　货物准时送达率

考核期内将货物准时送达目的地的订单数量占订单总数量的比率，按式（4）计算：

$$\text{货物准时送达率}=\frac{\text{准时送达订单数}}{\text{订单总数}}\times 100\% \quad (4)$$

11.5　客户投诉率

考核期内客户投诉的次数占总服务次数的比率，按式（5）计算：

$$\text{客户投诉率}=\frac{\text{客户投诉的次数}}{\text{总服务次数}}\times 100\% \quad (5)$$

11.6　运输订单完成率

考核期内运输订单完成数占订单总数的比率，按式（6）计算：

$$\text{运输订单完成率}=\frac{\text{运输订单完成数}}{\text{订单总数}}\times 100\% \quad (6)$$

附录A　餐饮主要食材运输包装物
（资料性附录）

餐饮主要食材运输包装物表

包装号	包装工具	图例	包材要求	包装要求	适用食材品种
1	塑料保鲜盒/筐		以聚烯烃塑料为原料，采用注射成型法生产的无内格的食品箱，相关要求符合GB/T5737—1995中第3、4、7章的要求；筐具表面光滑平整，完整无裂损，不允许有明显凹陷（加强筋部位允许有轻微收缩），边缘及端手部位无毛刺。浇口处不影响箱子平整；规格建议与托盘尺寸相匹配，需根据盛装食材的特性、体积、层数和重量而定	打包时先将原料装在方便袋密封后，再放保鲜盒/筐加盖；确保打包袋无遗漏、无破损；保鲜盒/筐内需要加冰，以保证原料的新鲜度；所有食材打包时不应超过盛器的八分满位置；在包装食材时，应分清类别，防止相互污染；使用前应经过清洗消毒处理，清洁、无杂物、无油迹	此包装方法适用于鲜肉类、蔬菜类、汤汁、冻品类等
2	分数盘		材质选择不锈钢，边缘打磨光滑无毛刺，要有盖，完整无裂损，不允许有明显凹陷；规格不做强制要求，应根据盛装食材的特性、体积、层数和重量而定；深度不要过深	打包时将食材平放于分数盘上；在包装食材时，应分清类别，防止相互污染；使用前应经过清洗消毒处理，清洁、无杂物、无油迹	适用于短程运输的食材，尤其是怕挤压的品种；可避免粘连，保持食材形状；例如西点、面点类

续　表

包装号	包装工具	图例	包材要求	包装要求	适用食材品种
3	纸箱		采用瓦楞纸箱，黏合牢固；纸箱制作各项要求符合 GB－T6543—2008 中第 3、4、5、8 章的要求。 具体规格尺寸需根据盛装货物的特性、体积、层数和重量而定，建议与托盘尺寸相匹配	打包时尽量装满，食材冷冻塑形，采用相同规格的纸箱； 封箱时可用胶粘带粘牢，也可采用黏合剂黏合； 对于冻品类食材，可以使用此包装方法；例如带包装购买的冻品海鲜	适用于冻品原料
4	编织袋	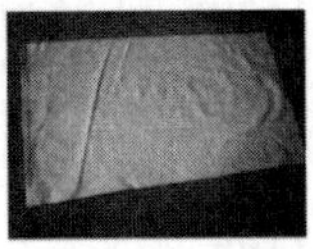	所用编丝外观应光滑、平整、无明显起毛。袋子无破洞、稀挡和缝制不良问题，并应干燥、无霉变、无异味、无毒，清洁无污染，能通风透气。 制造袋子的塑料应经国家卫生部门或其认可的检验机构的检验认可后方准使用	打包时将根茎类蔬菜放入其中，使用胶带封口； 使用前应经过清洗消毒处理，清洁、无杂物、无油迹	适用于根茎类蔬菜的包装
5	汤桶		不锈钢桶：桶体圆整光滑，无明显失圆、凹瘪、歪斜，无毛刺和机械损伤。钢桶桶身、桶顶和桶底均由整张薄钢板制成，不允许拼接，桶身焊缝采用电阻焊焊接。钢桶内外表面需涂镀保护层。桶性能	使用前应经过清洗消毒处理，清洁、无杂物、无油迹； 将汤汁注入汤桶前，需确保汤汁凉透；每次承装不要超过八成满；必要时可用保鲜膜封口	适用于汤汁类食材的配送

续　表

包装号	包装工具	图例	包材要求	包装要求	适用食材品种
5	汤桶		符合 GB 325.1—2008、GB 13252 相关通用技术要求。 塑料桶结构性能需符合 GB13508 的要求，卫生指标符合 GB9687 的要求		
6	保温箱		塑料保鲜箱，带盖子，可扣起来，保温隔热，坚固结实。 具体规格尺寸需根据盛装货物的特性、体积和重量而定，建议与托盘尺寸相匹配	食材打包前，可使用自封袋、塑料袋进行承装；同时视食材性质添加碎冰	适用于打包油脂类、乳制品等
7	暂养筐		用于在运输过程中，对活海、湖、河鲜进行包装和保护。分为圆形暂养筐（塑料材质，漏眼）和扁形暂养筐（钢筋支架、网片密封）。具体规格尺寸需根据盛装货物的特性、体积和重量而定	将活海鲜装入暂养筐，然后放入水环境中进行运输	适用于除鱼类外的活海、湖、河鲜打包，也可用于扁形鱼的运输

续 表

包装号	包装工具	图例	包材要求	包装要求	适用食材品种
8	暂养罐		活海、湖、河鲜类主要运输盛器，内装海/淡水，底部冲氧，带盖可以扣起来，用于暂养运输，上面还可以堆放货物。对于直接装罐的活鱼类要求鱼罐内壁圆形，防止运输过程中鱼碰撞受伤	放入食材前，要先在罐中注入水，并开始充氧；并检查确认水质、水温、氧气度等条件满足所运输食材生存要求后，再将食材放入	适用于包括活鱼在内的活海、湖、河鲜的运输暂养
9	塑料袋/保鲜膜		用于打包固体食材，颜色选择白色；材质符合国家相关食品卫生要求	使用塑料袋和自封袋对食材进行初步包装，起到隔绝食材的作用，再将食材放入固体打包器具中，同时可放入包装其他食材的塑料袋，另外也可以加入保温的冰	适用于打包肉类、蔬菜类、水果类、冻品类的打包
10	自封袋/密封袋	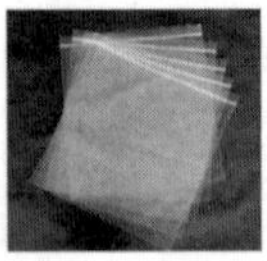	用于打包汤汁类的食材，颜色选择白色，材质符合国家食品卫生要求	使用自封袋或真空包装袋对食材进行初步包装，封口时确保完全，起到隔绝食材的作用，然后放入固体打包器具中，同时可放入包装其他食材的打包袋，另外也可以加入适量的冰，以达到控温效果	适用于固体、汤汁、调料、蛋奶类食材打包

注：可用于食品包装的且符合国标要求的材料都适用于餐饮业食品的包装。

附录 B　餐饮主要食材运输储存包装规范明细
（资料性附录）

表 B. 1　　鲜蔬类运输储存包装规范明细

序号	品类	食材举例	参考温度带（℃）	参考湿度带	包装号（见附录 A）
1	叶菜类	苋菜、茴香、甜菜、菊苣、青菜、油菜、抱子甘蓝、结球甘蓝（圆白菜、包菜）、芹菜、白菜、蓟菜、芥蓝、羽衣甘蓝、莴苣、欧芹、菠菜、牛皮菜、结球莴苣、莴笋、茼蒿、蕹菜	0～4	70%～85%	1、3、4、6
2	花菜类	花椰菜、青菜花等		95%～98%	1、3、6
3	葱蒜类	大蒜、韭葱、洋葱、鸦葱、青葱、细香葱、大葱、蒜薹		45%～60%	1、3、6
4	多年生菜类	香椿、芦笋、牛蒡、竹笋、秋葵、刺嫩芽、鲜百合		90%～95%	1、3、6
5	根茎类	胡萝卜、芹菜、辣根、洋姜、大头菜、芜菁甘蓝、木薯、萝卜、芦笋、芋头、土豆（马铃薯）、土豆（油炸加工用）、甘薯（红薯）、凉薯、姜	5～15	85%～90%	1、3、4、6
6	瓜菜类	黄瓜、佛手瓜、西葫芦、冬瓜、苦瓜、丝瓜、笋瓜、南瓜	7～13	70%～95%	1、3、4、6
7	茄果类	番茄、辣椒、甜椒、茄子	8～12	90%～95%	1、3、6
8	菜用豆类	豌豆、荷兰豆、蚕豆、甜荚豌豆、菜豆、豇豆、芸豆、扁豆（四季豆）、四棱豆	4～7	80%～95%	1、3、6
9	水生菜类	藕、荸荠、茭白、水芹、莼菜	0～8	98%～100%	1、6

续 表

序号	品类	食材举例	参考温度带（℃）	参考湿度带	包装号（见附录 A）
10	食用菌类	香菇、滑菇、平菇、草菇、金针菇、牛肝菌、鸡油菌、口蘑	0～4	70%～85%	1、3、6
		松茸	-18 以下	70%～85%	1、3、6
11	其他类	黄豆芽、绿豆芽、姜芽、甜玉米	0-4	95%～98%	1、6

表 B.2　鲜果类运输储存包装规范明细

序号	品类	食材举例	参考温度带（℃）	参考湿度带	包装号（见附录 A）
1	香蕉类	香蕉、大蕉	13～14	90%～95%	1、3
2	荔枝类	荔枝、龙眼	1～5	70%～85%	1、3、6
3	柑果类	甜橙、红江橙、血橙、锦橙、宽皮柑橘类、柚类、柠檬	3～9	85%～95%	1、3、6
4	聚复果类	菠萝、番石榴、木菠萝（菠萝蜜）、芒果	10～13	85%～90%	1、3、6
5	仁果类	苹果、梨、山楂	0～4	90%～95%	1、3、6
6	核果类	杏、樱桃、李、梅、枣、桃	0～4	90%～95%	1、3、6
7	浆果类	葡萄、柿子、无花果、猕猴桃、石榴	1～4	90%～95%	1、3、6
8	西甜瓜类	西瓜、哈密瓜、白兰瓜、甜瓜	4～10	90%～95%	1、3、6 可无包装
9	坚果类	板栗	0～4	70%～85%	1、3、6

表 B.3　海鲜水产品活品运输储存包装规范明细

序号	品类	食材举例	参考温度带（℃）	参考海水盐度	时间要求	包装号（见附录 A）
1	活鱼	片口鱼、大舌头鱼、鲳鱼、花鱼、牙片鱼、黄鱼、黑鱼、刀鱼、老板鱼、花边爪、青鱼、安康鱼、小杂鱼、大菱鲆、鳜鱼、嘎牙鱼	10～15	1.020～1.023	24 小时内	7、8

续　表

序号	品类	食材举例	参考温度带（℃）	参考海水盐度	时间要求	包装号（见附录 A）
2	活虾	爬虾、车虾	13～16	1.020～1.023	24 小时内	7
3	活蟹	飞蟹、梭子蟹	8～12	1.020～1.023	24 小时内	7
4	活贝	花蛤、夏日贝、牛眼蛤	8～10	1.020～1.022	72 小时内	4、6、9
5	其他	活海参	3～5	1.020～1.023	24 小时内	6、9

表 B.4　　海产品鲜品运输储存包装规范明细

序号	品类	食材举例	参考温度带（℃）	参考湿度带	包装号（见附录 A）
1	鲜鱼	大牙片鱼、大花鱼	-2～2	90%～95%	3、6
2	鲜虾	爬虾、车虾	-2～2	90%～95%	3、6
3	其他	鱼杂、巴蛸、海胆、三文鱼	-2～2	90%～95%	3、6

表 B.5　　海产品冻品运输储存包装规范明细

序号	品类	食材举例	参考温度带（℃）	参考湿度带	包装号（见附录 A）
1	冻鱼类	针鱼、加吉鱼片	-18 以下	90%～95%	3、6
		金枪鱼	-45～50	90%～95%	6
2	其他	冻品贝类、冻虾、蟹	-18 以下	90%～95%	3、6

表 B.6　　肉禽蛋类运输储存包装规范明细

序号	品类	食材举例	参考温度带（℃）	参考湿度带	包装号（见附录 A）
1	鲜蛋	鸡蛋、鸭蛋、鹌鹑蛋	4～7	80%～85%	3
2	冻蛋品	冰蛋（浆）	-18 以下	70%～85%	6
3	腌制蛋	松花蛋、咸鸭蛋	2～5	70%～85%	1、3

续 表

序号	品类	食材举例	参考温度带（℃）	参考湿度带	包装号（见附录 A）
4	冻肉类	猪肉、牛肉、羊肉、兔肉、禽肉	-18 以下	60% ~70%	1、3
5	鲜肉类	羊排、带皮五花肉、鸡腿块、老鸭块、全羊、生猪蹄	0 ~3	90% ~95%	1、6
6	熟肉	火腿、腌肉、熏肉、腊肉、熏蒸火腿、火腿肠、香肠（腊肠）等熟肉制品	0 ~4	60% ~70%	1、3、6

表 B.7　干制品运输储存包装规范明细

序号	品类	食材举例	参考温度带（℃）	参考湿度带	包装号（见附录 A）
1	干菌	干香菇	0 ~5	环境湿度	3、6、9
		木耳	10 ~25	20% ~30%	3、6、9
2	干果	核桃仁、腰果仁、花生仁、杏仁	0 ~8	≤65%	3、6、9
3	鱼干	小花鱼干、小片口干、鲅鱼干、墨鱼干、红鞋鱼干	0 ~5	65% ~75%	3、6、9
4	虾干	虾皮、海米	0 ~5	65% ~75%	3、6、9
5	贝类	贝丁、淡菜	0 ~5	65% ~75%	3、6、9
6	藻类	裙带、海带、海藻	0 ~5	65% ~75%	3、6、9

表 B.8　速冻食品运输储存包装规范明细

序号	品类	食材举例	参考温度带（℃）	参考湿度带	包装号（见附录 A）
1	速冻水果	速冻荔枝、速冻草莓	-18 以下	65% ~75%	3、6、9
2	速冻蔬菜	速冻叶菜类（菠菜、青梗菜、白菜、甘蓝、辣椒叶） 速冻根茎类、速冻瓜菜类、速冻豆类、速冻花椰菜、速冻芦笋、速冻食用菌	-18 以下	65% ~75%	3、6、9

续　表

序号	品类	食材举例	参考温度带（℃）	参考湿度带	包装号（见附录 A）
3	速冻调理方便食品	速冻面米食品（馄饨、包子、水饺、汤圆、面点）、速冻蒸煮食品、速冻熏烤食品	-18 以下	65% ~75%	3、6、9
4	速冻调理方便食品	速冻玉米、速冻肉肠、速冻丸子	-18 以下	65% ~75%	3、6、9

表 B. 9　　油脂类运输储存包装规范明细

序号	品类	食材举例	参考温度带（℃）	参考湿度带	包装号（见附录 A）
1	动物油	猪脂、牛脂、羊脂、酥油	常温 10 ~25	55% ~65%	3、9
2	植物油	花生油、大豆油、橄榄油、棕榈油	常温 10 ~25	55% ~65%	3、9

表 B. 10　　乳制品运输储存包装规范明细

序号	品类	食材举例	参考温度带（℃）	参考湿度带	包装号（见附录 A）
1	冷冻乳品	冰淇淋、雪糕、冰棍、雪泥、甜味冰、冷冻饮品	-18 以下	87% ~90%	3、6
2	奶油	冻奶油、冻人造奶油/冻乳酪、人造奶油	-15 以下	87% ~90%	3、6
3	炼乳	炼乳、甜炼乳	25 以下	87% ~90%	3、6
4	鲜乳	鲜奶（巴氏杀菌奶除外）、调味奶	2 ~6	87% ~90%	3、6

表 B. 11　　糖果类运输储存包装规范明细

序号	品类	食材举例	参考温度带（℃）	参考湿度带	包装号（见附录 A）
1	糖果	巧克力	5 ~18	45% ~55%	3、6
2	糖果	糖果、果脯	10 ~25	65% ~75%	3、6

表 B.12　　饮料运输储存包装规范明细

序号	品类	食材举例	参考温度带（℃）	参考湿度带	包装号（见附录 A）
1	饮料	碳酸饮料、果汁和蔬菜汁类、蛋白饮料、包装饮用水、茶类	5～10	—	—

表 B.13　　酒类运输储存包装规范明细

序号	品类	食材举例	参考温度带（℃）	参考湿度带	包装号（见附录 A）
1	啤酒	淡色啤酒、浓色啤酒、黑色啤酒、特种啤酒	5～25	80%以下	—
2	白酒	—	10～25	70%～80%	—
3	红酒	干红、干白	10～22	70%左右	
4	其他	黄酒、果酒（露酒、猕猴桃酒、山楂酒等）	5～35（视酒类要求确定）	—	—

参考文献

[1] 美国农业部发布的《易腐食品在汽车运输过程中的保护》（USDA Protecting Perishable Foods During Transport by Truck）.

[2] GB/T 28577—2012 冷链物流分类与基本要求.

[3] GB/T 27306—2008 食品安全管理体系 餐饮业要求.

[4] GB/T21735—2008 肉与肉制品物流规范.

[5] GB/T 20799—2006 鲜、冻肉运输条件.

[6] SB/T 10428—2007 初级生鲜食品配送良好操作规范.

[7] SB/T 10379—2012 速冻调制食品.

[8] SB/T 10857—2012 餐饮配送服务规范.

[9] DB13/T 1177—2010 食品冷链物流技术与管理规范.

第十六章　国外冷链物流研究分析

第一节　2015 年美国冷库容量汇总情况

截至 2015 年 10 月 1 日，全美冷库总容量达到 41.7 亿立方英尺，与两年前的统计数据相比增长了 3%，这是全美冷库容量的第 49 次统计（两年一次）。

全美国冷库容量排名前五的州分别是：加利福尼亚，570 百万立方英尺，增长 2%；佛罗里达，286 百万立方英尺，增长 3%；得克萨斯，253 百万立方英尺，增长 15%；佐治亚，250 百万立方英尺，增长 3%；宾夕法尼亚，242 百万立方英尺，与上年比略有下降。

可用冷库总容量 34.2 亿立方英尺，占冷库总空间的 82%；可用冷冻空间占可使用冷库空间的 77%，其余 23% 的空间用于冷藏。公用可制冷仓库容量 2015 年为 34.2 亿立方英尺，占总容量的 75%，较 2013 年增长了 3%。私用及半私用冷库容量总计为 10.3 亿立方英尺，占总容量的 25%，较 2013 年增长了 5%。冷库数量统计数量为 1430 个，相比 2013 年减少了 67 个。公用冷库数量为 763 个，减少了 39 个。私用及半私用冷库数量减少了 28 个，总数为 667 个。

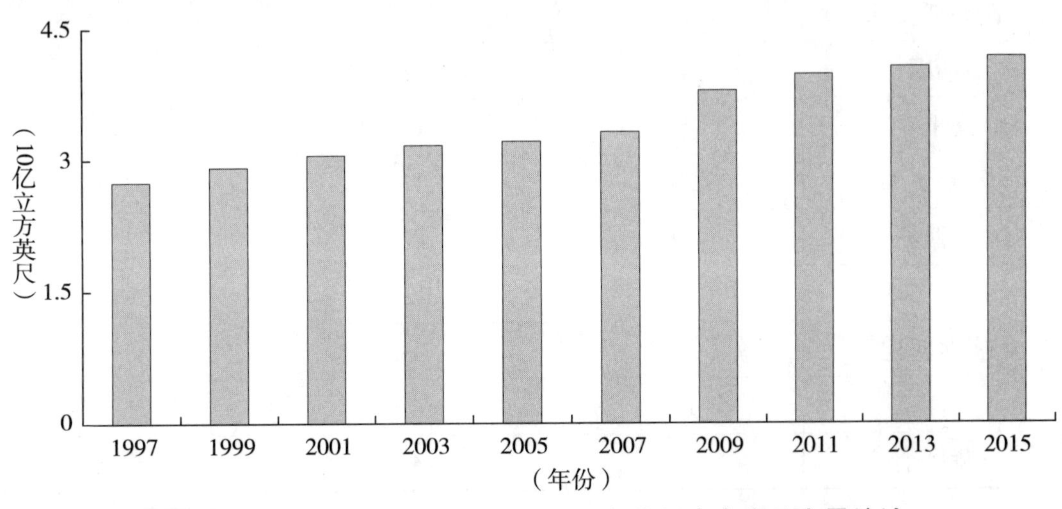

图 16－1　1997—2015 年 10 月 1 日全美制冷仓库总容量统计

表 16 –1　截至 2015 年 10 月 1 日各州及全美冷库按照数量及类型统计

州	公用（数量）	私人及半私人（数量）	总计（数量）
阿拉巴马	11	9	20
阿拉斯加	2	21	23
亚利桑那	6	2	8
阿肯色	19	2	21
加利福尼亚	112	138	250
科罗拉多	3	2	5
康涅狄克	2	1	3
特拉华	5	5	10
佛罗里达	37	27	64
佐治亚	36	34	70
夏威夷	1	1	2
爱达荷	7	12	19
伊利诺伊	25	12	37
印第安纳	16	4	20
爱荷华	24	10	34
堪萨斯	9	1	10
肯塔基	6	—	6
路易斯安那	8	6	14
缅因	1	12	13
马里兰	5	6	11
马萨诸塞	20	27	47
密西根	19	18	37
明尼苏达	17	22	39
密西西比	7	1	8
密苏里	15	6	21
蒙塔纳	1	4	5

续　表

州	公用（数量）	私人及半私人（数量）	总计（数量）
内部塔斯卡	12	8	20
内华达	2	2	4
新罕布什尔	2	1	3
新泽西	34	10	44
新墨西哥	1	4	5
纽约	27	39	66
北卡罗来纳	14	3	17
北达科他	2	1	3
俄亥俄	20	4	24
俄克拉荷马	7	2	9
俄勒冈	14	29	43
宾夕法尼亚	38	22	60
罗德岛	—	2	2
南卡罗来纳	9	3	12
南达科他	2	3	5
田纳西	11	3	14
得克萨斯	43	33	76
犹他	9	11	20
费尔蒙特	1	2	3
弗吉利亚	15	9	24
华盛顿	41	24	65
西弗吉利亚	—	2	2
威斯康星	45	67	112
怀俄明	—	—	—
总计（美国）	763	667	1430

注：—代为零。

表 16－2　截至 2015 年 10 月 1 日全美制冷仓库按照数量和规模组统计

立方英尺	公用（数量）	私人及半私人（数量）	总计（数量）
0～499999	74	300	374
500000～999999	60	106	166
1000000～2499999	178	122	300
2500000～4999999	220	100	320
5000000 以上	231	39	270

表 16－3　1997—2015 年全美制冷仓库按照总容量及仓库类型统计

年份	公用（千立方英尺）	私人及半私人（千立方英尺）	总计（千立方英尺）
1997	2043908	683372	2727280
1999	2146643	756505	2903152
2001	2251943	788853	3040796
2003	2357080	802454	3159535
2005	2435773	771725	3207497
2007	2498198	821998	3320194
2009	2900511	894463	3794974
2011	3028243	931117	3959354
2013	3076956	978426	4055385
2015	3138463	1030460	4. 168921

表 16－4　截至 2015 年 10 月 1 日全美冷库按空间规模和类型统计

类型	数量	总空间			可用空间		
		冷藏（千立方英尺）	冷冻（千立方英尺）	总计（千立方英尺）	冷藏（千立方英尺）	冷冻（千立方英尺）	总计（千立方英尺）
公用	763	495489	2642976	3138463	412100	2204847	2616948
私人及半私人	667	477593	552869	1030460	367198	439801	806996
总计	1430	973079	3195842	4168921	779301	2644645	3423944

表 16－5　截至 2015 年 10 月 1 日各州及全美总冷库空间及可使用空间统计

州	总制冷仓库空间（千立方英尺）			可用空间（千立方英尺）		
	公用	私人及半私人	总计	公用	私人及半私人	总计
阿拉巴马	34941	1579	36539	29554	1410	30954
阿拉斯加	（D）	（D）	3645	（D）	（D）	3095
亚利桑那	（D）	（D）	18742	（D）	（D）	15164
阿肯色	（D）	（D）	92854	（D）	（D）	80114
加利福尼亚	374548	195389	569936	310424	157406	467830
科罗拉多	（D）	（D）	28251	（D）	（D）	23284
康涅狄克	（D）	（D）	6018	（D）	（D）	5099
特拉华	17963	12286	30249	（D）	（D）	23164
佛罗里达	131869	153729	285598	107481	122642	230123
佐治亚	197124	53081	250205	163746	42103	205849
爱达荷	39640	22088	60728	29051	20180	49231
伊利诺伊	167153	33141	200294	（D）	（D）	161806
印第安纳	111434	2561	113995	93706	2005	95711
爱荷华	69942	21307	91249	59894	14305	74199
堪萨斯	（D）	（D）	47560	（D）	（D）	34364
肯塔基	24404	—	24404	20923	—	20923
路易斯安那	10934	4750	15684	（D）	（D）	11454
缅因	（D）	（D）	9729	（D）	（D）	7182
马里兰	26048	13480	39528	21696	11758	33454
马萨诸塞	81747	13281	95028	71027	10158	81185
密西根	54769	47129	101898	45231	37611	82842
明尼苏达	54556	39007	93563	45472	28017	73489
密西西比	（D）	（D）	15630	（D）	（D）	12123
密苏里	102368	9729	112098	88878	8302	97180

续 表

州	总制冷仓库空间（千立方英尺）			可用空间（千立方英尺）		
	公用	私人及半私人	总计	公用	私人及半私人	总计
蒙塔纳	（D）	（D）	1231	（D）	（D）	986
内部塔斯卡	43685	10562	54247	35372	6087	41459
内华达	（D）	（D）	（D）	（D）	（D）	8835
新罕布什尔	（D）	（D）	10552	（D）	（D）	8432
新泽西	159324	8198	167552	139828	6381	146209
新墨西哥	（D）	（D）	5336	（D）	（D）	3711
纽约	55267	47422	102689	50114	35829	85943
北卡罗来纳	51120	12912	64032	（D）	（D）	46190
北达科他	（D）	（D）	10325	（D）	（D）	7800
俄亥俄	（D）	（D）	79581	（D）	（D）	66318
俄克拉荷马	（D）	（D）	14498	（D）	（D）	12103
俄勒冈	76760	57609	134369	61542	49075	110618
宾夕法尼亚	209608	32337	241945	183306	26367	209674
罗德岛	—	（D）	（D）	—	（D）	（D）
南卡罗来纳	（D）	（D）	27738	（D）	（D）	21628
南达科他	（D）	（D）	11673	（D）	（D）	7125
田纳西	（D）	（D）	67732	（D）	（D）	60156
得克萨斯	207080	45629	252709	167531	38085	205616
犹他	27681	18850	46530	22385	15690	38075
费尔蒙特	（D）	（D）	3683	（D）	（D）	2214
弗吉利亚	64207	14200	78406	57335	9729	67064
华盛顿	170665	40544	211209	136965	33055	170020
西弗吉利亚	—	（D）	（D）	—	（D）	（D）
威斯康星	174111	47576	221687	147910	33462	181372
怀俄明	—	—	—	—	—	—
总计（美国）	3138463	1030460	4168921	2616948	806996	3423944

注：一代为零，（D）代表因为个人经营原因不予透露。

表 16－6　截至 2015 年 10 月 1 日各州及全美冷藏总空间及可使用空间统计

州	总冷藏出仓空间（千立方英尺）			可用冷藏空间（千立方英尺）		
	公用	私人及半私人	总计	公用	私人及半私人	总计
阿拉巴马	（D）	（D）	2591	（D）	（D）	2307
阿拉斯加	（D）	（D）	945	（D）	（D）	777
亚利桑那	（D）	（D）	3735	（D）	（D）	2895
阿肯色	（D）	（D）	（D）	（D）	（D）	（D）
加利福尼亚	75328	146690	222017	61068	116650	177718
科罗拉多	（D）	（D）	（D）	（D）	（D）	（D）
康涅狄克	（D）	（D）	（D）	（D）	（D）	（D）
特拉华	（D）	（D）	（D）	（D）	（D）	（D）
佛罗里达	20893	87213	108106	15067	66944	82011
佐治亚	34138	27329	61467	28049	21615	49664
夏威夷	（D）	（D）	（D）	（D）	（D）	（D）
爱达荷	（D）	（D）	（D）	（D）	（D）	（D）
伊利诺伊	14822	13122	27944	（D）	（D）	23833
印第安纳	（D）	（D）	（D）	（D）	（D）	（D）
爱荷华	12705	9389	22094	10071	6447	16519
堪萨斯	（D）	（D）	7588	（D）	（D）	4913
肯塔基	1710	—	1710	1534	—	1534
路易斯安那	（D）	（D）	943	（D）	（D）	812
缅因	（D）	（D）	（D）	（D）	（D）	（D）
马里兰	（D）	（D）	4758	（D）	（D）	4198
马萨诸塞	（D）	（D）	12432	（D）	（D）	10147
密西根	7929	4425	12355	6016	3884	9900
明尼苏达	8114	15784	23898	7103	9304	16407
密西西比	（D）	（D）	（D）	（D）	（D）	（D）
密苏里	（D）	（D）	24185	（D）	（D）	20467

续 表

州	总冷藏出仓空间（千立方英尺）			可用冷藏空间（千立方英尺）		
	公用	私人及半私人	总计	公用	私人及半私人	总计
蒙塔纳	(D)	(D)	507	(D)	(D)	408
内部塔斯卡	3479	1740	5219	2134	675	2808
内华达	(D)	(D)	(D)	(D)	(D)	(D)
新罕布什尔	(D)	(D)	(D)	(D)	(D)	(D)
新泽西	(D)	(D)	58794	(D)	(D)	51734
新墨西哥	(D)	(D)	(D)	(D)	(D)	(D)
纽约	11183	23734	34917	50114	18560	28290
北卡罗来纳	(D)	(D)	4303	(D)	(D)	3236
北达科他	(D)	(D)	(D)	(D)	(D)	(D)
俄亥俄	(D)	(D)	6067	(D)	(D)	5054
俄克拉荷马	(D)	(D)	(D)	(D)	(D)	(D)
俄勒冈	3076	11637	14713	2101	10151	12253
宾夕法尼亚	30155	13693	43848	24100	11049	35149
罗德岛	—	(D)	(D)	—	(D)	(D)
南卡罗来纳	(D)	(D)	(D)	(D)	(D)	(D)
南达科他	(D)	(D)	(D)	(D)	(D)	(D)
田纳西	(D)	(D)	(D)	(D)	(D)	(D)
得克萨斯	37080	25259	62338	31292	21863	53156
犹他	(D)	(D)	12038	(D)	(D)	10675
费尔蒙特	(D)	(D)	(D)	(D)	(D)	(D)
弗吉利亚	11417	6335	17752	9500	4492	13993
华盛顿	(D)	(D)	23474	(D)	(D)	18905
西弗吉利亚	—	(D)	(D)	—	(D)	(D)
威斯康星	54508	37174	91682	46140	25366	71506
怀俄明	—	—	—	—	—	—
总计(美国)	495489	477593	973079	412100	367198	779301

注：—代表零，(D) 代表因为个人经营原因数字不予透露。

表 16－7　截至 2015 年 10 月 1 日各州及全美总冷冻空间及可使用空间统计

州	总冷冻出仓空间（千立方英尺）			可用冷冻空间（千立方英尺）		
	公用	私人及半私人	总计	公用	私人及半私人	总计
阿拉巴马	（D）	（D）	33948	（D）	（D）	28647
阿拉斯加	（D）	（D）	2700	（D）	（D）	2318
亚利桑那	（D）	（D）	15007	（D）	（D）	12268
阿肯色	（D）	（D）	（D）	（D）	（D）	（D）
加利福尼亚	299220	48699	347919	249355	40756	290112
科罗拉多	（D）	（D）	（D）	（D）	（D）	（D）
康涅狄克	（D）	（D）	（D）	（D）	（D）	（D）
特拉华	（D）	（D）	（D）	（D）	（D）	（D）
佛罗里达	110976	66516	177493	15067	66944	148112
佐治亚	162986	25752	188738	28049	21615	156185
夏威夷	（D）	（D）	（D）	（D）	（D）	（D）
爱达荷	（D）	（D）	（D）	（D）	（D）	（D）
伊利诺伊	152332	20019	172350	（D）	（D）	137973
印第安纳	（D）	（D）	（D）	（D）	（D）	（D）
爱荷华	57237	11918	69155	49823	7858	57681
堪萨斯	（D）	（D）	39972	（D）	（D）	29541
肯塔基	22649	—	22649	19389	—	19389
路易斯安那	（D）	（D）	14741	（D）	（D）	10642
缅因	（D）	（D）	（D）	（D）	（D）	（D）
马里兰	（D）	（D）	34770	（D）	（D）	29256
马萨诸塞	（D）	（D）	82595	（D）	（D）	71039
密西根	46840	42703	89543	39215	33728	72943
明尼苏达	46442	23223	69665	38369	18713	57082
密西西比	（D）	（D）	（D）	（D）	（D）	（D）
密苏里	（D）	（D）	87913	（D）	（D）	76713

续 表

州	总冷冻出仓空间（千立方英尺）			可用冷冻空间（千立方英尺）		
	公用	私人及半私人	总计	公用	私人及半私人	总计
蒙塔纳	(D)	(D)	724	(D)	(D)	578
内部塔斯卡	40206	8822	49028	33238	5412	38650
内华达	(D)	(D)	(D)	(D)	(D)	(D)
新罕布什尔	(D)	(D)	(D)	(D)	(D)	(D)
新泽西	(D)	(D)	18028	(D)	(D)	94475
新墨西哥	(D)	(D)	(D)	(D)	(D)	(D)
纽约	44084	23688	67772	40384	17269	57652
北卡罗来纳	(D)	(D)	59729	(D)	(D)	42954
北达科他	(D)	(D)	(D)	(D)	(D)	(D)
俄亥俄	(D)	(D)	73514	(D)	(D)	61265
俄克拉荷马	(D)	(D)	(D)	(D)	(D)	(D)
俄勒冈	73684	45792	119656	59441	38924	98365
宾夕法尼亚	179453	18644	198097	159207	15318	174525
罗德岛	—	(D)	(D)	—	(D)	(D)
南卡罗来纳	(D)	(D)	(D)	(D)	(D)	(D)
南达科他	(D)	(D)	(D)	(D)	(D)	(D)
田纳西	(D)	(D)	(D)	(D)	(D)	(D)
得克萨斯	170001	20370	190371	136239	16222	152460
犹他	(D)	(D)	34492	(D)	(D)	27400
费尔蒙特	(D)	(D)	(D)	(D)	(D)	(D)
弗吉利亚	52790	7865	60655	47834	5237	53071
华盛顿	(D)	(D)	187735	(D)	(D)	151115
西弗吉利亚	—	(D)	(D)	—	(D)	(D)
威斯康星	119603	10402	130005	101770	8096	109866
怀俄明	—	—	—	—	—	—
总计(美国)	2642976	553869	3195842	2204847	439801	2644645

注：一代表零，(D) 代表因为个人经营原因数字不予透露。

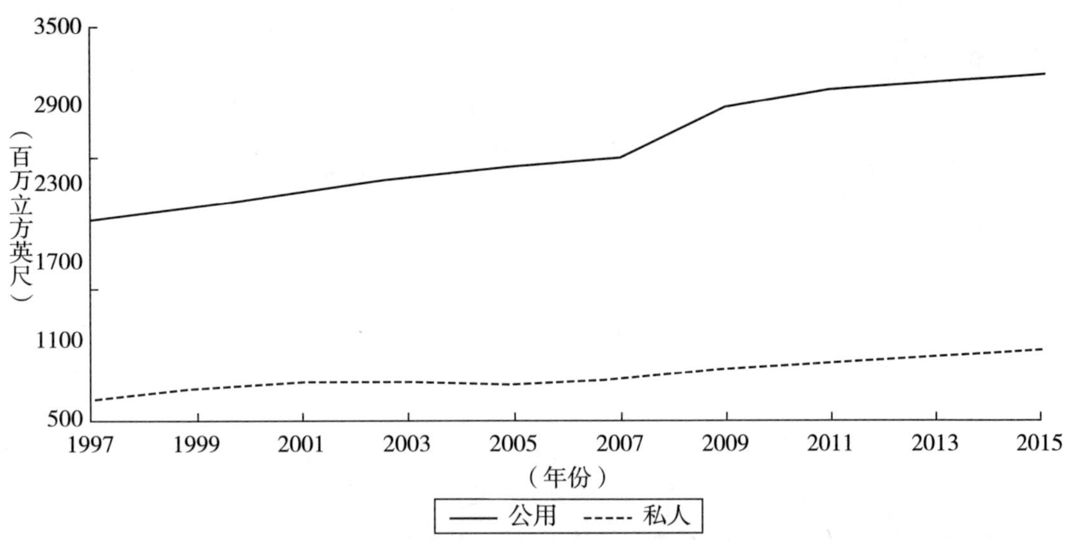

图 16－2　历年截至 10 月 1 日全美冷库总空间按照类型划分情况

截至 2015 年 10 月 1 日制冷仓库总空间排名前十的州，分别是加利福尼亚、佛罗里达、得克萨斯、佐治亚、宾夕法尼亚、威斯康星、华盛顿、伊利诺伊、新泽西、俄勒冈。

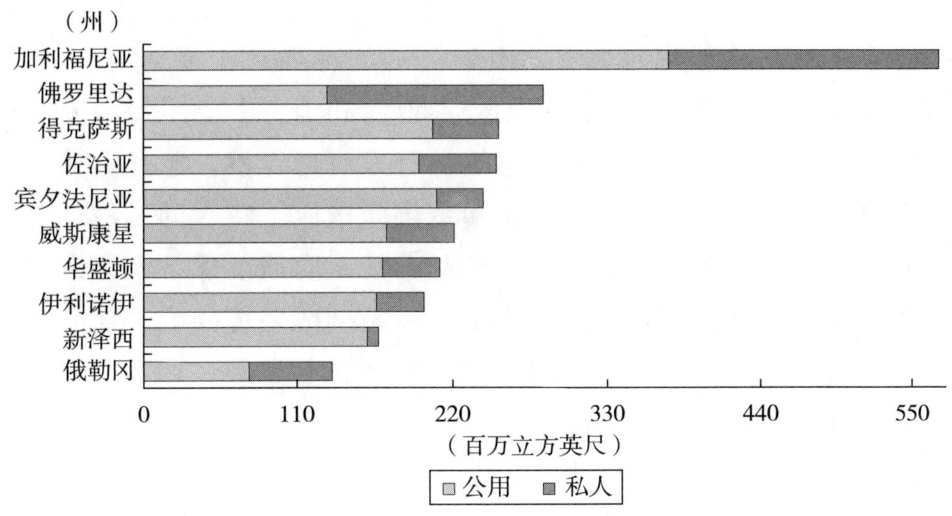

图 16－3　截至 2015 年 10 月 1 日美国制冷仓库总空间排名前十的州

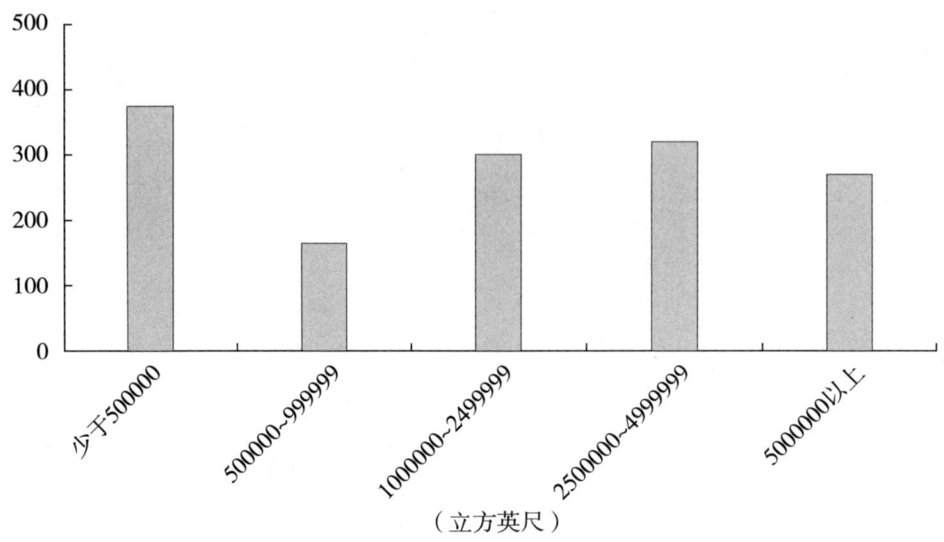

图 16－4　截至 2015 年 10 月 1 日全美冷库数量按照规模大小统计设施总数

资料来源：美国农业部 USDA，经过 USDA 许可。

第二节　用于改进鲜肉供应链冷藏管理的可持续包装方案

在持续发展的全球化趋势下，生鲜产品的种类正在逐年增加。同时，食物链日趋复杂，运输距离越来越远，零售商和消费者的质量和安全要求也随之变得更为严格。此外，人们也越发看重可持续性，尤其是在减少食物浪费方面。这对物流公司、批发商和零售商构成了特殊的挑战。尤其对于保质期较短，出售期也因此较短的产品，其变质速度非常快，常在售出或消费者消费之前就被丢弃。这也将引发一系列的环境问题、食品安全问题和经济问题。在欧洲，在所有消耗性产品（比如服装、通信、交通运输等）造成的环境影响中，食品与饮料占比 20% ~30%。在食品领域，肉类和肉制品紧随乳制品之后，造成了第二大环境影响。鲜肉属于保质期相对较短的食物种类，因此也是浪费率最高的产品。在德国，以家禽肉供应链为例，根据生产与消费比，新鲜家禽肉的浪费比率高达 15.5%。该比率约等于每年浪费 4800 万千克肉（2015 年，新鲜家禽肉的零售量为 326442000 千克/年，根据此数据计算得出前述比率）。食物浪费率（6%）最高的阶段是消费阶段，其次是零售阶段（5%）。需要繁殖并养肥 52629070 只家禽，才能产出上述数量的被浪费食物。不仅产品本身被浪费，同时也浪费了用于繁殖、养肥家禽的大量一次能源和其他资源，如水和饲料等，以及用于肉类加工的包装材料，并且生成了大量多余的温室气体。因此，对可持续性食品生产而言，减少肉类供应链各个阶段的食物浪费至关重要。

造成肉制品浪费的原因多种多样，比如处理错误，造成产品在过期日之前就被浪费掉，或由于缺乏有效的监管技术，无法保证产品的真实质量和安全性。这导致各类产品在最佳使用日期或过期日之前，在零售阶段就被丢弃，即使产品仍处于良好的状态也是如此，因为零售商了解食品安全和食品质量的临界参数。此外，某些食品被丢弃的原因是未在较短的出售期内售出，这说明产品的保质期长短对食品浪费数量有着重大影响。

浪费率主要取决于以下几个因素，比如产品特性和成分，生产和加工阶段的卫生条件，物流结构，尤其是供应链中的温度和包装情况。创造性的包装策略可大大降低食品损耗数量，确保食品生产的可持续性。各类研究表明，可通过实施智能化的活性包装策略降低食品损耗。

一、冷冻产品的包装策略

智能化的包装策略可传递产品的真实质量状态、保质期和产品历史的相关信息。智能包装属于食品接触材料，可监测食品周围的环境情况或包装食品的情况。可通过改进监测流程，改善产品的长期处理状态，延长产品保质期。此技术着眼于控制温度或乙烯情况，探测致病菌或细菌生成的代谢成分。

开发的第一类智能化包装被称为时间—温度指示器（TTI）。时间—温度指示器（TTI）通常为某类装置或标签，主要通过色彩变化来指示最近的环境范围内的全时温度变化情况。某些特殊反应将直接或间接引发标签的色彩变化，而此类反应很大程度上取决于时间和温度情况。典型的反应包括酶促反应、化学反应、机械反应、电化反应、光色反应或微生物反应。标签也可用于指示产品的新鲜度，即标签的色彩状态可传递有关产品的保质期信息（Taoukis，2008）。若标签的色彩变化和食品的变质过程相关，或标签的动态特性类似时，就能用于传递产品的保质期信息。

过去几年中，各个公司开发出了多个系统并在市场上出售，比如

nVuTM（Freshpoint BASF，CH，DE）、Monitor Mark（3M，DE）、Check Point（Vitsab，S）、eO®（Cryolog，F）和 Fresh Check（TempTime，USA）。除反应原理和动态特性不同之外，标签在激活之前的处理方式、激活过程、价格、特定温度下的保质期长短等方面也各不相同。因此针对不同的食物链应用，以及相关可用性、适应性和成本，TTI 系统的各个部分均具有独特的特性和优缺点。

虽然时间—温度指示器的概念已逐渐淡漠，但最新情况显示新研制的指示剂数量，以及市场上出售的指示剂数量正在大幅增加。除技术发展的原因外，将 TTI 应用于食品行业的探讨正在增多，并上升至层面。讨论焦点是 TTI 的应用，以及其在减少冷藏供应链的食品浪费方面所起的作用。

各类研究均证明，使用智能化标签，即控制冷藏链的合规性，并控制整个供应链中产品的质量和安全状态，或其他重要环境因素将有助于提高食品生产的可持续性（Kreyenschmidt et al. 2013，Verghese et al. 2013，Rossaint 和 Kreyenschmidt 2014，SusFoFlex 2015，Dohlen 和 Kreyenschmidt，2016）。此外，智能化标签的附加信息有助于供应链参与者确定产品在“最佳使用”日期之后是否仍能使用，并因此减少冷藏链的食品浪费，尤其是零售和消费阶段的浪费。但目前为止，仍未将此类标签应用于肉类供应链中。

另一项可以延长鲜肉产品保质期的包装策略是活性包装。活性包装依据包装内的器件或抗菌活性成分，而此类成分将与产品本身，或包装物与食品系统之间的内部气态气体相互作用（Coma 2008，Simon et al. 2008）。

目前为止，市场上使用的是肉类减活包装方案。目前，O_2 清除剂/吸收剂和吸湿剂在肉类的活性食品包装中具有最为重要的商业重要性。O_2 清除剂/吸收剂和包装内的残余氧气结合，防止食品成分发生氧化。氧气清除系统可防止肉肠变色。而其他体系则以抗坏血酸氧化或酶促体系为依据。吸湿剂可控制包装内的水分，移除包装鲜肉和家禽肉中的血液或组织液，因此能有效减少微生物生长。前述系统主要由两层之间的高吸水性聚合物构成。

尤其在近几年，有多篇关于抗菌包装材料的科技论文发表，均证明可通过延长保质期减少冷藏食品链中的食品浪费（Kreyenschmidt et al. 2013，Verghese et al. 2013，SusFoFlex 2015，Dohlen 和 Kreyenschmidt 2016）。此类包装方法通过直接抑制微生物生长或杀灭微生物，来降低损耗率。由于抗菌包装材料可将保质期延长数天，新鲜肉类中的初始细菌数下降了一个 $\log_{10}$ 单位。

大多数抗菌包装材料使用的是表面释放策略，即需要将抗菌剂植入食物产品和食物环境内。抗菌活性剂可与食品浸渍垫、托盘或薄膜结合使用。近年来，对各类植入性抗菌剂进行了研究，并研制出了适用于包装材料应用的产品。典型的抗菌剂包括有机酸、杀菌剂、植物提取物、纳米银以及金属复合物，可单独或结合使用（Appendini 和 Hotchkiss 2002，Quintavalla 和 Vicini 2002）。抗菌金属物质由于其温度和机械稳定性原因，因此也是食品包装中最常见的植入性抗菌添加剂。但考虑到抗菌金属物质的释放过程，它的各类介质的活性将在低温情况下降低，因此其常用于肉类供应链中。此外，若纳米银一类的植入性抗菌剂有可能进入到环境中。

另一项技术是通过阳离子聚合物（如壳聚糖）抗菌的接触式抗菌系统。与植入性抗菌剂相反，接触式抗菌系统由于其化学结构的原因，属于内部接触式抗菌剂。SAM® 聚合物是一类新型的接触式抗菌剂。这些聚合物的抗菌活性以三维螺旋结构为基础，具有高浓度的质子化功能性氨基。功能性氨基的质子化将导致带阴电荷的细菌表面与带正电荷的聚合物发生静电相互作用。细胞质膜去极化最终将导致细胞死亡。相对较新的聚合物 Poly（TBAMS）能够在常见的聚合物生成机（如挤出机）上与不同标准的聚合物复合，由此进一步形成包装方案，如薄膜和垫料。对于肉类和病原生物体中的各类典型变质菌，不同种类的包装均显示出较高的抗菌活性（Bordkorb et al. 2015，Dohlen et al. 2015）。

若能将抗菌包装材料用于延长产品的保质期，这无疑将为各行业带来商业利益，但目前几乎尚未发现能大大延长鲜肉保质期的适用材料。

二、可持续食品生产

许多论文均详细说明了智能化包装和活性包装策略有助于提高食品生产的可持续性。相反，在消费阶段使用的包装材料变得越来越重要。消费者对包装有助于提高食品生产可持续性的作用持怀疑态度。他们尤其反对浪费大量的包装材料，比如德国零售商店一年需使用约 621686000 份新鲜家禽肉包装，同时消费者也非常反对使用自然资源，以及处理此类材料排放的二氧化碳。为降低食品生产所用的自然资源数量，并减少在材料处理过程中排放的大量温室气体，近年来生物塑料策略的应用受到了越来越多的关注。就生物塑料而言，生物聚合物指全部或部分产自自然或有机成分的聚合物，或相关混合物（如淀粉混合物或PLA），能进行生物降解。在过去几年中已研发出了多种材料。但在材料的阻气性（O_2，CO_2，N_2），高温胶黏性或机械稳定性方面仍存在重大问题，与不能进行生物降解的合成包装材料相比，此类材料还需保证肉类的质量、安全性和较长的保质期。

有关包装材料对提高食品生产可持续性之作用，包装领域的现有相关探讨有时是相悖的。根据不同研究的结果以及从不同视角来看，其差异显著。另一个问题是，由于产品、供应链特定要素、经济因素以及文化要素之间存在差异，创新性包装策略领域的不同研究结果往往具有不可转移性。此外，通过标准化的方式评估包装材料应用（包括在生产中使用自然资源，以及材料回收方面）和食品浪费数量以及经济因素之间的良好平衡状况仍是一个挑战性问题。到目前为止，主要问题是缺少标准化评估表，通过此表可评估新型包装材料在提高食品生产可持续性方面所起到的真实作用。就此类标准而言，考虑到以下三类持续性非常重要：环境可持续性（生命周期评估和减少食品浪费等）、社会可持续性（文化因素、食品行业和消费者的接受度等）和经济可持续性（成本和法规等）。

此外，为使新型包装策略在减少食品浪费方面达到预期的积极效果，需加强食品链各个部分和包装行业之间的沟通，并确认在不同食品链中造成食品浪费的原因。也就是说需要和包装、化学、运输、食品、回收再利用行业紧密协作，制定并实施新型包装策略，其中消费者也是重要的一部分。因此，必须考虑产品和食品链的特定要求。再对各方面加以考虑之后，不同的活性、智能化和生物塑料包装方案将大大提高食品生产的可持续性。

但需牢记的是对于特定的冷藏产品种类，单一的包装方案无法在所有方面均达到最高水平的综合可持续性。需综合考虑上述因素，针对每类情况制订具体方案。

（Sophia Dohlen 与 Judith Kreyenschmidt 供稿）

（李翔，教授，成都大学药学与生物工程学院）

第十七章　冷链物流相关领域排行

表 17－1　　2015 年中国快速消费品连锁百强榜单

序号	企业名称	2015 年销售（万元）	销售增长率（%）	2015 年门店总数	门店增长率（%）
1	华润万家有限公司	10940000	5.2	3397	－17.7
2	高鑫零售有限公司	10790644	4.8	409	9.9
3	沃尔玛（中国）投资有限公司	7354653	1.6	432	5.1
4	联华超市股份有限公司	6047365	－2.1	3912	－9.5
5	永辉超市股份有限公司	4930942	14.8	394	16.9
6	家乐福（中国）管理咨询服务有限公司	4010221	－12.3	234	－1.3
7	步步高集团	3101749	14.7	577	9.9
8	农工商超市（集团）有限公司	2851127	－3.0	2493	－2.8
9	北京物美商业集团股份有限公司	2625527	19.5	552	－2.3
10	中石化易捷销售有限公司	2480000	44.8	25000	4.2
11	山东家家悦投资控股有限公司	2297684	9.7	623	2.5
12	文峰大世界连锁发展股份有限公司	2152911	－0.8	875	－0.5
13	中百仓储超市有限公司	2075392	4.9	248	－3.1
14	锦江麦德龙现购自运有限公司	1910000	1.1	82	1.2

续 表

序号	企业名称	2015 年销售（万元）	销售增长率（%）	2015 年门店总数	门店增长率（%）
15	屈臣氏集团（中国保健及美容产品）	1811000	1.1	82	1.2
16	乐天超市有限公司	1700000	-5.6	120	-2.4
17	北京华联综合超市股份有限公司	1600000	2.6	180	11.8
18	新一佳超市有限公司	1505270	8.8	102	7.3
19	新华都购物广场股份有限公司	1431717	1.8	127	4.1
20	北京京客隆商业集团股份有限公司	1419746	1.4	261	-8.4
21	山东银座（超市）	1381737	-1.5	147	11.4
22	武汉武商量贩连锁有限公司	1369930	-3.8	84	-4.5
23	卜蜂莲花	1369000	-0.7	82	6.5
24	世纪华联超市连锁（江苏）有限公司	1342010	7.0	3465	7.4
25	人人乐连锁商业集团股份有限公司	1180069	-7.8	114	-2.6
26	永旺（中国）投资有限公司	1065222	9.1	54	8.0
27	中国石油销售公司非油品业务	1053000	32.9	17000	6.3
28	成都红旗连锁股份有限公司	1017494	15.5	2274	44.2
29	山东新星集团有限公司	883590	-3.0	575	-1.9
30	东莞市糖酒集团美宜佳便利店有限公司	832506	8.3	7400	15.8
31	石家庄北国人百集团有限责任公司（超市业态）	782278	6.5	39	14.7
32	重庆百货大楼股份有限公司（超市事业部）	760733	-4.6	149	-2.6

续　表

序号	企业名称	2015 年销售（万元）	销售增长率（%）	2015 年门店总数	门店增长率（%）
33	山西美特好连锁超市股份有限公司	717741	9.4	129	-0.8
34	山东潍坊百货集团股份有限公司（快消部分）	715542	0.2	622	7.8
35	海南供销大集控股有限公司	696617	4.4	277	5.7
36	山东全福元商业集团有限责任公司	671100	3.0	239	-10.5
37	伊藤洋华堂（中国）	650000	-10.6	11	-8.3
38	阜阳华联集团股份有限公司	607728	10.5	786	-1.1
39	青岛利客来集团股份有限公司	590403	12.3	446	3.5
40	北京华冠商业经营股份有限公司	556357	9.5	289	5.9
41	广东嘉荣超市有限公司	537842	2.1	88	6.0
42	中百超市有限公司	537186	0.7	796	9.6
43	济南华联超市有限公司	520364	8.7	24	4.3
44	上海福满家便利有限公司（全家便利）	494000	17.1	1501	17.2
45	浙江人本超市有限公司	491197	0.9	1771	4.6
46	湖南佳惠百货有限公司	491050	-3.8	240	-2.8
47	三江购物俱乐部股份有限公司	474312	-2.6	164	6.5
48	北京超市发连锁股份有限公司	436326	-0.2	155	0.0
49	江苏新合作常客隆连锁超市有限公司	405100	6.5	1023	-0.6
50	十堰市新合作超市有限公司	402303	3.0	332	16.5

续 表

序号	企业名称	2015 年销售（万元）	销售增长率（%）	2015 年门店总数	门店增长率（%）
51	百佳（中国）	388226	-1.0	64	-8.6
52	山西省太原唐久超市有限公司	382000	7.5	1390	3.7
53	河北国大连锁商业有限公司	347900	13.6	1006	4.2
54	心连心集团有限公司	344683	9.5	52	8.3
55	河北惠友商业连锁有限公司	319796	5.5	64	3.2
56	烟台振华量贩超市有限公司	308850	4.5	88	1.1
57	浙江华联商厦有限公司	307200	-6.2	85	9.0
58	加贝物流股份有限公司	305000	-7.6	342	-2.3
59	安徽百大合家福连锁超市股份有限公司	292169	-0.4	131	4.0
60	山东贵诚集团购物中心有限公司	280000	-0.2	254	9.0
61	长春欧亚超市连锁经营有限公司	272059	6.9	68	9.7
62	广东壹加壹商业连锁有限公司	261493	2.7	46	4.5
63	大连金玛超市连锁有限公司	259549	11.3	1717	2.2
64	青岛维客集团股份有限公司（超市部分）	232009	8.0	7	0.0
65	广东天福连锁商业集团有限公司	222704	11.0	2830	13.2
66	廊坊市明珠商业企业集团有限公司	220000	4.8	13	0.0
67	四川舞东风超市连锁股份有限公司	207842	23.1	907	16.6
68	云南健之佳健康连锁店股份有限公司	203593	4.4	1229	8.1

续　表

序号	企业名称	2015 年销售（万元）	销售增长率（%）	2015 年门店总数	门店增长率（%）
69	浙江凯虹集团有限公司	200924	3.0	18	5.9
70	河北承德宽广超市集团有限公司	199870	3.1	33	50.0
71	大同市华林有限责任公司	194000	4.9	11	0.0
72	大庆市庆客隆连锁商贸有限公司	189644	3.6	42	2.4
73	贵州合力商业投资集团	181430	26.4	62	14.8
74	包头市永盛成百货有限责任公司	180000	0.1	74	19.4
75	新疆好家乡超市股份有限公司	171067	8.6	18	12.5
76	天津劝宝超市有限责任公司	168825	7.5	518	3.2
77	安徽安德利百货股份有限公司	164806	6.1	43	16.2
78	江苏欢乐买商贸股份有限公司	153268	-17.5	126	-2.3
79	安徽省台克隆连锁超市有限责任公司	151494	-8.4	40	-20.0
80	江西省绿滋肴贸易有限公司	150272	7.8	97	9.0
81	山东圣豪商业有限公司	150000	25.0	17	21.4
82	冠超市	150000	50.0	31	63.2
83	安徽省徽商红府连锁超市有限责任公司	149566	-0.3	52	44.4
84	秦皇岛兴龙广缘商业连锁有限公司	147100	7.0	39	0
85	家乐园商贸有限公司（超市部分）	137919	3.5	16	0

续 表

序号	企业名称	2015 年销售（万元）	销售增长率（%）	2015 年门店总数	门店增长率（%）
86	柒一拾壹（北京）有限公司	135000	17.4	192	12.9
87	罗森（中国）投资有限公司	130000	30.0	652	29.6
88	济宁市兖州区新合作百意商贸有限公司	130000	9.3	78	4.0
89	上海良友金伴便利连锁有限公司	129600	9.2	458	-7.8
90	胜利油田胜大超市	125554	0.1	123	-5.4
91	北京首航国力商贸有限公司	113350	12.9	44	-6.4
92	四川德惠商业股份有限公司	111172	-5.9	51	-3.8
93	邯郸市阳光百货集团总公司（阳光超市）	110133	-1.8	21	-8.7
94	山西金虎便利连锁股份有限公司	100642	8.0	908	6.9
95	唐山瑞莎实业集团有限公司	94647	-2.5	45	0
96	上海捷强烟草糖酒（集团）连锁有限公司	92400	-1.3	268	-1.1
97	湖南佳宜企业管理有限公司	87435	13.9	1090	27.8
98	秦皇岛家慧商贸集团有限公司	86000	-8.5	32	-3.0
99	道里菜市场集团	79800	-27.1	151	0
100	深圳市中业爱民便利店管理有限公司	72000	24.6	600	12.1

资料来源：中国连锁经营协会。

2015 年度全国农产品批发市场百强排名：（按交易量）

北京新发地农产品批发市场

河南万邦国际农产品物流股份有限公司
南京农副产品物流配送中心有限公司
商丘农产品中心批发市场
陕西欣绿实业股份有限公司
周口市黄淮物流港农产品批发市场有限公司
南昌深圳农产品中心批发市场
长沙马王堆农产品股份有限公司
深圳市海吉星国际农产品物流管理有限公司
郑州信基调味品城有限公司
武汉白沙洲农副产品大市场有限公司
寿光农产品物流园有限公司
江苏凌家塘农副产品批发市场
哈尔滨哈达农副产品股份有限公司
两湖绿谷物流股份有限公司
广州江南果菜批发市场经营管理有限公司
重庆观音桥市场有限公司
成都濛阳农副产品综合批发交易市场有限公司
四川省绵阳市高水农副产品批发有限公司
四川资博农副产品股份有限公司
河北高邑蔬菜批发市场
饶阳县春阳瓜菜果品交易市场
太原市河西农产品有限公司
河北冀东果菜批发市场
河北秦皇岛市海阳农副产品批发市场
徐州源洋商贸发展有限公司
北京大洋路农副产品市场有限公司
运城运达果品贸易有限公司
合肥周谷堆农产品批发市场股份有限公司
洛阳通河农副产品有限公司
四川省南充川北农产品交易有限公司
河北石家庄桥西蔬菜批发市场

新疆九鼎农产品经营管理有限公司
邯郸市农业科技贸易城有限责任公司
东莞市江南市场经营管理有限公司
珠海市铭海投资发展有限公司农副产品批发物流中心
上海市江桥批发市场
青岛市城阳蔬菜水产品批发市场有限公司
青岛南村蔬菜有限公司
济宁蔬菜批发市场有限责任公司
江苏淮海蔬菜批发交易市场有限公司
天津市金钟农产品批发市场
广东省汕头市农副产品批发中心市场
张北坝上蔬菜产业有限公司
苏州市南环桥市场发展股份有限公司
保定市工农路蔬菜果品批发市场
广东徐闻农产品交易市场
东莞市虎门富民农副产品批发市场有限公司
北京顺鑫石门农产品批发市场有限责任公司
辽宁北宁市窟窿台蔬菜批发市场
河北邯郸市（馆陶）金凤禽蛋农贸批发市场
山东匡山农产品综合交易市场管理有限公司
东莞市信立实业有限公司
亳州市农产品有限责任公司
佛山中南农产品交易中心
北京盛华宏林粮油批发市场有限公司
惠州农产品物流配送中心有限公司
惠州海吉星农产品国际物流有限公司
山西省长治市紫坊农产品综合交易市场有限公司
嘉兴水果市场
成都农产品中心批发市场
淮安市宏进清江农副产品批发市场有限公司
济南维尔康肉类水产品批发市场

青岛莱西市东庄头蔬菜批发市场服务有限公司
内蒙古食全食美股份有限公司
北京八里桥农产品中心批发市场
定州市鲜活农产品市场（西院）
上海江杨农产品批发市场
上海七宝商城农副产品综合交易市场
连云港农副产品批发市场有限公司
金华农产品批发市场股份有限公司
宜春市赣西农副产品批发市场集团有限公司
天津市何庄子农产品批发市场
上海农产品中心批发市场
佛山市南海创贸投资有限公司
厦门闵夏农副产品批发市场有限公司
东莞市果菜副食交易市场有限公司
嘉兴市蔬菜食品有限公司
天津市红旗农贸综合批发市场
无锡朝阳农产品大市场
重庆菜园坝农副产品市场
达州市塔沱农副产品综合批发市场
深圳市福田农产品批发市场有限公司
南通农副产品物流有限公司
抚顺市欣顺盛苹果批发交易市场有限公司
北京农产品中央批发市场有限责任公司
河北唐山市金匙荷花坑市场经营管理有限公司
天津韩家墅海吉星农产品物流有限公司
东莞市常平粮油市场经营管理有限公司
甘肃酒泉春光农产品市场有限责任公司
北京市西南郊肉类水产品市场中心
江宁润恒农产品物流交易中心
宁波市蔬菜副食品批发交易市场
大连金发地市场管理有限公司

九江市琵琶湖农产品物流有限公司
绍兴市蔬菜果品批发交易有限公司
乐平蔬菜农产品批发市场
宿州百大农产品物流有限责任公司
四川省阆中市圣果农产品综合贸易有限公司
成都市沙西农副产品批发市场管理有限公司

（来源：全国城市农贸中心联合会）

2015 年度全国蔬菜批发市场 50 强

河南万邦国际农产品物流股份有限公司
寿光农产品物流园有限公司
绵阳市高水农副产品批发有限公司
河北石家庄桥西蔬菜批发市场
江苏淮海蔬菜批发交易市场有限公司
东莞市虎门富民农副产品批发市场有限公司
山东匡山农产品综合交易市场管理有限公司蔬菜交易分公司
青岛莱西市东庄头蔬菜批发市场服务有限公司
淮安市宏进清江农副产品批发市场有限公司
王旗营蔬菜批发市场
长春蔬菜中心批发市场集团有限公司
运城市蔬菜批发市场
河北永年县南大堡蔬菜批发市场
河南新野县蔬菜批发市场
山东鲁南蔬菜产销有限公司
辽宁北宁市窟窿台蔬菜批发市场
烟台汇景蔬菜批发市场管理有限公司
亳州市农产品有限责任公司
莱阳市东方果蔬批发市场
胶州市沙梁蔬菜经营中心
汝南县三门闸蔬菜批发市场

嘉兴市蔬菜食品有限公司
赣州南北蔬菜水产土特产市场开发有限公司
云南省滇西蔬菜批发市场
宁波市蔬菜副食品批发交易市场
乐平蔬菜农产品批发市场
新乡市牧绿菜业有限公司
福州民天实业有限公司海峡蔬菜批发市场
东莞市润丰果菜有限公司
泰安市良庄北宋蔬菜批发市场
杭州蔬菜物流有限公司
天津市静海县范庄子蔬菜批发中心
沈阳盛发菜果批发有限公司
重庆祥和蔬菜批发市场
安庆市龙狮桥蔬菜批发市场有限公司
河南省豫东蔬菜农产品批发市场
云南通海县金山蔬菜批发市场
辽宁万隆农产品大市场有限责任公司
青岛南村蔬菜有限公司（青岛南村蔬菜批发市场）
四川省南充川北农产品交易有限公司
济南曲堤蔬菜销售有限公司
邢台顺兴农产品有限公司（邢台邢州现代农产品市场服务有限公司）
饶阳县春阳瓜菜果品交易市场
河北冀东果菜批发市场
翁源县宝源市场开发有限公司
蚌埠海吉星农产品物流有限公司
河北张家口市蔬菜水产公司
衡水东明蔬菜果品批发市场
包头市友谊蔬菜批发市场有限责任公司
宁河贸易开发区蔬菜批发市场

（来源：全国城市农贸中心联合会）

2015 年度全国果品批发市场 20 强

广州江南果菜批发市场经营管理有限公司
运城运达果品贸易有限公司
嘉兴水果市场
金华农产品批发市场股份有限公司
沧州崔尔庄枣业有限公司
天津市何庄子农产品批发市场
东莞市果菜副食交易市场有限公司
抚顺市欣顺盛苹果批发交易市场有限公司
吉林辽源市物流园区仙城水果批发市场
江门市江会水果批发市场有限公司
重庆菜园坝水果市场
湖北襄阳华中水果城
江苏亚联农副产品有限公司
长春果品中心批发市场
山东鲁东果品批发市场有限公司
宁波市蔬菜有限公司果品分公司
保定天惠果品批发市场有限公司
北京市果品有限公司
长治市金鑫瓜果批发市场
北京瑞兴隆农产品储运有限责任公司

（来源：全国城市农贸中心联合会）

2015 年度全国水产品批发市场 30 强

湛江市霞山水产品批发市场有限公司
福州名成水产品市场有限公司
舟山水产品中心批发市场有限责任公司
南昌赣昌水产品综合大市场有限责任公司

大连盛兴水产品交易市场有限公司
河南亚宏实业有限公司
广州五湖四海水产交易中心有限公司
新民市西湖综合市场经营管理有限公司
上海东方国际水产中心市场经营管理有限公司
广州黄沙水产交易市场有限公司
沈阳北大营海鲜市场管理有限公司
长春东北亚物流有限公司农贸水产市场分公司
北京大红门京深海鲜批发市场有限公司
福建东山水产品批发市场
江苏固城湖水产市场股份有限公司
广东顺德大洲水产批发有限公司
洪湖市农友农贸市场
湖南澧县八百里洞庭水产市场
上海铜川水产市场经营管理有限公司
威海市水产品批发市场
常德水产大市场
深圳市布吉海鲜市场有限公司
北京四道口水产交易市场有限公司
阳江市瑞祥海产品市场管理有限公司
厦门鹭露水产品有限公司
广州水产集团鱼市场经营管理有限公司
深圳市罗湖水产（综合）批发市场
南宁康铨海鲜市场开发有限公司
山东安东卫水产物流有限公司
汕头大洋水产市场

（来源：全国城市农贸中心联合会）

2015 年度全国肉禽蛋批发市场 20 强

河北邯郸市（馆陶）金凤禽蛋农贸批发市场

济南维尔康肉类水产品批发市场
北京市西南郊肉类水产品市场中心
无锡菜篮子工程有限公司
广东省广弘食品集团有限公司
江宁润恒农产品物流交易中心
杭州联合肉类冷藏有限公司
甘肃省食品股份有限公司
宁波市肉禽蛋批发市场有限公司
大连熟食品交易中心有限公司
杭州五和肉类交易市场有限公司
上海陇南肉类批发市场经营管理有限公司
甘肃会宁县河畔肉羊交易市场
上海南浦大桥食品批发交易市场经营管理有限公司
新疆东宝冷冻食品有限公司
辽阳市食品有限公司副食品批发市场
朝阳县新发永业肉类批发市场有限公司
武威市畜产品交易市场
广州市宝翔家禽批发市场经营管理有限公司
广州白云槎头蛋品综合批发市场经营管理有限公司

（来源：全国城市农贸中心联合会）

表 17－2　　2015 年全球乳制品企业 20 强

排名	企业名称	总部所在地	营业额（美元）	营业额（欧元）
1	雀巢（Nestle）	瑞士	278	209
2	兰特黎斯（Lactalis）	法国	195	147
3	达能（Danone）	法国	195	146
4	恒天然（Fonterra）	新西兰	185	139
5	美国奶农（Dairy Farmers of America）	美国	179	135
6	菲仕兰（Friesland Campina）	荷兰	148	111

续 表

排名	企业名称	总部所在地	营业额（美元）	营业额（欧元）
7	爱氏晨曦（Arla Foods）	丹麦/瑞典	136	103
8	萨普托（Saputo）	加拿大	98	74
9	迪安食品（Dean Foods）	美国	90	68
10	伊利	中国	86	65
11	蒙牛	中国	81	61
12	联合利华（Unilever）	荷兰/英国	77	58
13	索地雅（Sodiaal）	法国	72	54
14	DMK	德国	71	53
15	Savencia	法国	61	46
16	卡夫食品（Kraft Foods）	美国	60	45
17	明治（Meiji）	日本	56	42
18	Schreiber Foods	美国	56	42
19	蓝多湖（Land O'Lakes）	美国	51	38
20	Muller	德国	51	38

资料来源：荷兰合作银行。

2016 中国特色餐饮集团 50 强

排序	集团
1	杭州饮食服务集团有限公司
2	上海杏花楼（集团）股份有限公司
3	山东凯瑞餐饮集团
4	重庆陶然居饮食文化（集团）有限公司
5	小南国餐饮控股有限公司
6	蓝海酒店集团
7	中国全聚德（集团）股份有限公司
8	外婆家餐饮集团有限公司
9	广州酒家集团股份有限公司

10　丰收日（集团）股份有限公司
11　北京西贝餐饮管理有限公司
12　绍兴咸亨集团股份有限公司
13　北京华天饮食集团公司
14　上海避风塘美食有限公司
15　广东东江饮食集团
16　合肥蜀王餐饮集团
17　南京大惠企业发展有限公司
18　安徽同庆楼集团
19　眉州东坡餐饮管理（北京）有限公司
20　南京古南都投资发展集团有限公司
21　宁波白金汉爵酒店投资有限公司
22　唐宫（中国）控股有限公司
23　厦门市舒友海鲜大酒楼有限公司
24　宁波石浦酒店管理发展有限公司
25　成都大蓉和餐饮管理有限公司
26　浙江向阳渔港集团股份有限公司
27　重庆和之吉饮食文化有限公司
28　武汉市亢龙太子酒轩有限责任公司
29　北京旺顺阁餐饮管理有限公司
30　武汉艳阳天商贸发展有限公司
31　温州云天楼实业有限公司
32　成都红杏酒家有限责任公司
33　西安饮食服务（集团）股份有限公司
34　上海老城隍庙餐饮（集团）有限公司
35　广州市炳胜饮食集团
36　新荣记餐饮服务公司
37　济南嘉和世纪酒店管理有限公司
38　湖南徐记酒店管理有限公司
39　哈尔滨东方合众餐饮有限责任公司
40　新世纪青年饮食有限公司

41	狗不理集团股份有限公司
42	北京便宜坊烤鸭集团有限公司
43	长沙饮食集团有限公司
44	成都老房子餐饮管理有限公司
45	耀华饮食集团
46	黄山大厦餐饮集团
47	武汉湖锦娱乐发展有限责任公司
48	西安晶海餐饮管理有限公司
49	重庆阿兴记产业（集团）有限公司
50	杭州楼外楼实业集团股份有限公司

2016 中国火锅餐饮集团 20 强

排序	集团
1	四川海底捞餐饮股份有限公司
2	北京黄记煌餐饮管理有限责任公司
3	内蒙古小尾羊餐饮连锁有限公司
4	重庆德庄实业（集团）有限公司
5	重庆刘一手餐饮管理有限公司
6	呷哺呷哺餐饮管理有限公司
7	刘一锅餐饮管理有限公司
8	浙江凯旋门澳门豆捞控股集团有限公司
9	内蒙古小肥羊餐饮连锁有限公司
10	重庆鲁西肥牛餐饮文化发展有限公司
11	四川香天下餐饮管理有限公司
12	重庆佳永小天鹅餐饮有限公司
13	北京新辣道餐饮管理有限公司
14	重庆朝天门餐饮控股集团有限公司
15	北京东来顺集团有限责任公司
16	河南百年老妈饮食管理有限公司
17	巴奴毛肚火锅

18	辣莊餐饮管理有限公司
19	四川蜀九香企业管理有限公司
20	陕西一尊餐饮管理有限公司

2016 中国快餐集团 10 强

排序	集团
1	味千（中国）控股有限公司
2	真功夫餐饮管理有限公司
3	北京庆丰包子铺
4	安徽老乡鸡餐饮有限公司
5	宁波市好味当餐饮股份有限公司
6	宁波新四方餐饮管理有限公司
7	乌鲁木齐市苏氏企业发展有限公司
8	大连亚惠美食有限公司
9	烟台蓝白餐饮有限公司
10	北京嘉和一品企业管理有限公司

2016 中国团餐集团 10 强

排序	集团
1	河北千喜鹤饮食股份有限公司
2	东莞市鸿骏膳食管理有限公司
3	快客利（中国）控股集团有限公司
4	北京健力源餐饮管理有限公司
5	上海麦金地集团股份有限公司
6	北京金丰餐饮有限公司
7	武汉华工后勤管理有限公司
8	深圳市德保膳食管理有限公司
9	宁波康喜乐嘉餐饮管理有限公司
10	广东好来客餐饮管理有限公司

表 17－3　　　2015 年全球食品和饮料企业 100 强排名

排名	公司	国家	销售额（美元）
1	雀巢	瑞士	4845
2	百事	美国	4136
3	可口可乐	美国	2918
4	JBS	巴西	2783
5	ADM	美国	2690
6	百威英博	比利时	2690
7	亿滋	美国	2198
8	南非米勒酿酒	英国	2140
9	泰森食品	美国	2140
10	嘉吉	美国	2100
11	玛氏	美国	2055
12	联合利华	英国	1973
13	达能	法国	1843
14	喜力	荷兰	1662
15	拉克塔利斯	法国	1385
16	麒麟	日本	1323
17	朝日	日本	1195
18	三得利	日本	1195
19	卡夫	美国	1134
20	帝亚吉欧	英国	1132
21	通用磨坊	美国	1107
22	皇家菲仕兰坎皮纳	荷兰	988
23	恒天然	新西兰	967
24	康尼格拉	美国	965
25	巴西食品	巴西	950
26	CHS Inc.	美国	928

续　表

排名	公司	国家	销售额（美元）
27	家乐氏	美国	921
28	阿拉福兹	丹麦	841
29	宾堡	墨西哥	839
30	史密斯菲德	美国	823
31	日本火腿	日本	772
32	英联食品	英国	756
33	保乐力加	法国	742
34	FEMSA	墨西哥	742
35	嘉士伯	丹麦	735
36	明治	日本	720
37	亨氏联合	美国	718
38	费列罗	意大利	701
39	邦吉	荷兰	696
40	维扬	荷兰	683
41	Sudzucker	德国	669
42	皇冠	丹麦	665
43	山崎面包	日本	636
44	HBC	瑞士	595
45	玛鲁哈	日本	593
46	玛弗里格	巴西	585
47	萨普托	加拿大	564
48	迪安	美国	561
49	荷美尔	美国	545
50	CCE	西欧	511
51	嘉里	新加坡	505
52	金宝汤	美国	501

续　表

排名	公司	国家	销售额（美元）
53	伊利	中国	472
54	帕玛拉特	意大利	463
55	DMK 乳业	德国	459
56	味之素	日本	447
57	好时	美国	445
58	欧特家博士	德国	442
59	红牛	泰国	436
60	索地雅	法国	433
61	蒙牛	中国	429
62	麦肯	加拿大	427
63	森永	日本	425
64	Muller 乳业	德国	424
65	莫德罗	墨西哥	422
66	宜瑞安	美国	414
67	Nissui 水产	日本	383
68	百吉福	法国	382
69	斯纳普	美国	373
70	LVMH 酩悦	法国	362
71	味好美	美国	357
72	斯马克	美国	349
73	百加得	百慕大	349
74	日清制粉	日本	336
75	伊藤火腿	日本	329
76	札幌控股	日本	322
77	泰莱	英国	312
78	伊藤园	日本	310

续 表

排名	公司	国家	销售额（美元）
79	百味来	意大利	306
80	泰国酿酒	泰国	302
81	智宝	德国	300
82	日清	日本	296
83	百乐嘉利宝	瑞士	292
84	阿马提尔	澳洲	288
85	施雷伯	美国	280
86	蓝多湖	美国	280
87	日本可口可乐	日本	280
88	丘比	日本	279
89	青岛	中国	274
90	枫叶食品	加拿大	267
91	都乐食品	美国	264
92	Molson Coors	美国	262
93	辛普劳	美国	255
94	日本烟草	日本	251
95	莎莉	美国	246
96	德尔蒙	美国	238
97	贝勒	法国	235
98	爱普香料	加拿大	235
99	D. E 咖啡	荷兰	224
100	嘉露酒庄	美国	224

资料来源：互联网。

领先的专业供应链解决方案提供商

密集的干线网络
高效的城市配送
100个冷库

上海郑明现代物流有限公司二十年来由单一的冷链运输商已华丽转型以冷链物流为主导，汽配物流、电商物流、医药化工物流、物流金融等多种专业化供应链模式并存的供应链集成商，正朝着领先的专业供应链解决方案提供商迈进。

公司现有仓储基地达一百个以上，并在上海、北京、广州、深圳、武汉、南京等一线城市建立大型冷链物流配送中心和众多配送网点。目前拥有及运作的五十万平方米的仓库，其中，冷藏、冷冻、恒温库共计三十多万平方米。

上海郑明现代物流始终坚持“服务至上、以人为本”的企业宗旨，秉承“心系所托，物畅其流”的服务理念，以优质的服务、规范的管理、领先的技术和强大的资源整合能力，以每年超过50%的增长速度在中国物流业中迅速崛起。

上海郑明现代物流有限公司
总机：021-62277668
传真：021-62771923
客服：400-887-6668
地址：上海市普陀区
长寿路433弄3号楼19-20层
邮编：200060
网址：www.zhengming-sh.com

Shanghai Zhengming Modern Logistics Co.,Ltd
TEL:021-62277668
FAX:021-62771923
HOTLINE:400-887-6668
ADD:19/20F,No.3,433Changshou Rd,PuTuo District,Shanghai
PC:200060
WEB:www.zhengming-sh.com